Annales 2019

SUJETS & CORRIGÉS

Les épreuves *à 100 points*

3e

Mathématiques

Carole Feugère
Gilles Mora

Français

Thomas Bouhours

Oral

Thomas Bouhours
Pascal Jézéquel
Nicolas Coppens

Nathan

PRÉSENTATION

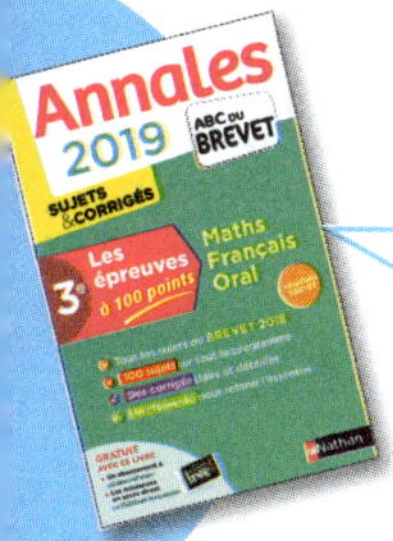

Ces *Annales ABC du Brevet* ont été conçues pour vous aider à préparer efficacement les nouvelles **épreuves à 100 points** du *Brevet 2019*. Vous y trouverez les sujets de **France métropolitaine** et ceux des **centres étrangers** (Polynésie, Amérique du Nord...). **Les corrigés sont rédigés par nos auteurs** et conformes aux nouveaux programmes du collège qui sont entrés en application à la rentrée 2016. Vous pourrez ainsi vous entraîner sur des sujets conformes dans les conditions réelles de l'épreuve : c'est **la clé du succès**.

Les épreuves du Brevet

→ **En juin 2019**, l'examen du Brevet sera constitué de :
– 4 épreuves écrites : Mathématique – Français – Physique-Chimie-SVT-Technologie – Histoire-Géographie-EMC ;
– 1 épreuve orale.

→ Nous proposons dans ce titre **2 sujets complets** de la **1re épreuve**, **2 sujets complets** de la **2de épreuve** et **5 sujets pour préparer l'oral**.

Un entraînement sur les épreuves à 100 points

→ **Des sujets** sur toutes les matières des épreuves à 100 points.

→ Les **sujets** sont **classés selon les notions et les thèmes** du programme.

→ **Les Infos-Brevet** : des dossiers complets dans chaque matière (Maths, Français et Oral) qui rassemblent des informations et des conseils pratiques pour bien aborder les épreuves.

S'exercer pour le jour J

→ Chaque exercice est accompagné d'un **barème détaillé** et d'une **estimation du temps** imparti pour le résoudre.

→ **Des sujets complets** vous permettent de vous tester en conditions réelles.

Et en plus, une offre numérique innovante

→ **Gratuitement** avec ce livre, **un abonnement au site abcbrevet.com** vous est offert. Vous y trouverez des exercices et des fiches de révisions, ainsi que des sujets d'annales.

→ Grâce à l'**application gratuite Nathan live**, flashez les pages de votre ouvrage pour avoir accès à des exercices de révisions interactifs en direct et des audios pour les dictées.

(!) L'application nécessite une connexion Internet

COMMENT FAIRE ? C'EST FACILE !

1. Téléchargez l'application gratuite **Nathan live** disponible dans tous les stores sur votre smartphone ou votre tablette (Appstore, GooglePlay, Windows Store).
2. Ouvrez l'application. Flashez les pages de vos annales où ce logo apparaît en plaçant votre appareil au-dessus de la page.
3. Consultez les ressources !

En flashant cette page

▸ Des exercices interactifs sur tous les thèmes du programme.

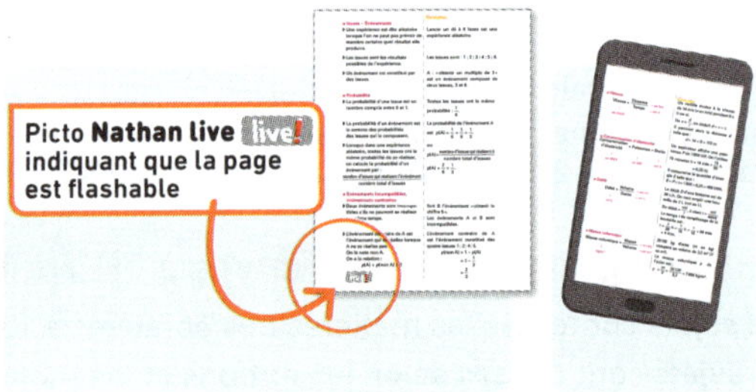

Couverture : Élise Launay **Cartes** : AFDEC - Légende Cartographie **Schémas** : COREDOC
Coordination éditoriale : Julie Langlais – Maëlle Beauvais
Fabrication : Camille Friquet **Mise en page** : Nord Compo
Conception graphique intérieur : Julie Lannes

Nathan 2018 - 25, avenue Pierre de Coubertin - 75013 Paris - ISBN 978-2-09-157370-0

SOMMAIRE

Infos-Brevet

Comment obtenir le Brevet ?

Le DNB (Diplôme National du Brevet)

- Le Brevet permet d'**évaluer les compétences** acquises par l'élève à l'issue du collège et du **cycle 4**.
- Le DNB s'obtient par les notes :

– du **contrôle continu** qui représente **400 points** :

- l'évaluation des huit composantes du socle commun de compétences, de connaissances et de culture entre désormais dans le calcul des points pour l'obtention du brevet.

- la maîtrise de chacune des huit composantes du socle commun est évaluée lors du dernier conseil de classe de 3e.

– de **l'examen final** qui représente **400 points** :

- 4 épreuves écrites : 300 points.

- 1 épreuve orale : 100 points.

- Pour être déclaré admis au diplôme national du Brevet, il faut cumuler un total de **400 points** sur un total de **800** (soit 10 sur 20).
- Des **mentions sont attribuées** selon le barème suivant :

– mention assez bien pour un total de points au moins égal à 480 sur 800.

– mention bien pour un total de points au moins égal à 560 sur 800.

– mention très bien pour un total au moins égal à 640 sur 800.

Qu'est-ce qui change avec les aménagements du Brevet ?

- Un système de notation revu.
- 4 épreuves écrites.
- L'histoire des arts à l'épreuve orale.

Les 4 épreuves écrites

Mathématiques	Français	Sciences	Histoire-Géo-EMC
100 points	100 points	50 points	50 points
2 heures	3 heures	1 heure	2 heures

L'épreuve orale

- D'une durée de 15 minutes, l'épreuve orale évalue votre capacité à exposer un projet et est notée sur 100 points.
- Vous devez présenter un projet, de votre choix, que vous avez étudié lors des EPI (Enseignements pratiques interdisciplinaires), d'un parcours éducatif (Avenir, Citoyen, Éducation culturelle et artistique) ou en histoire des arts.
- L'oral se déroule en deux temps :
  - présentation du projet (5 min) ;
  - questions du jury (10 min).
- Vous pouvez présenter le projet seul ou en groupe de 2 ou 3.

Infographie

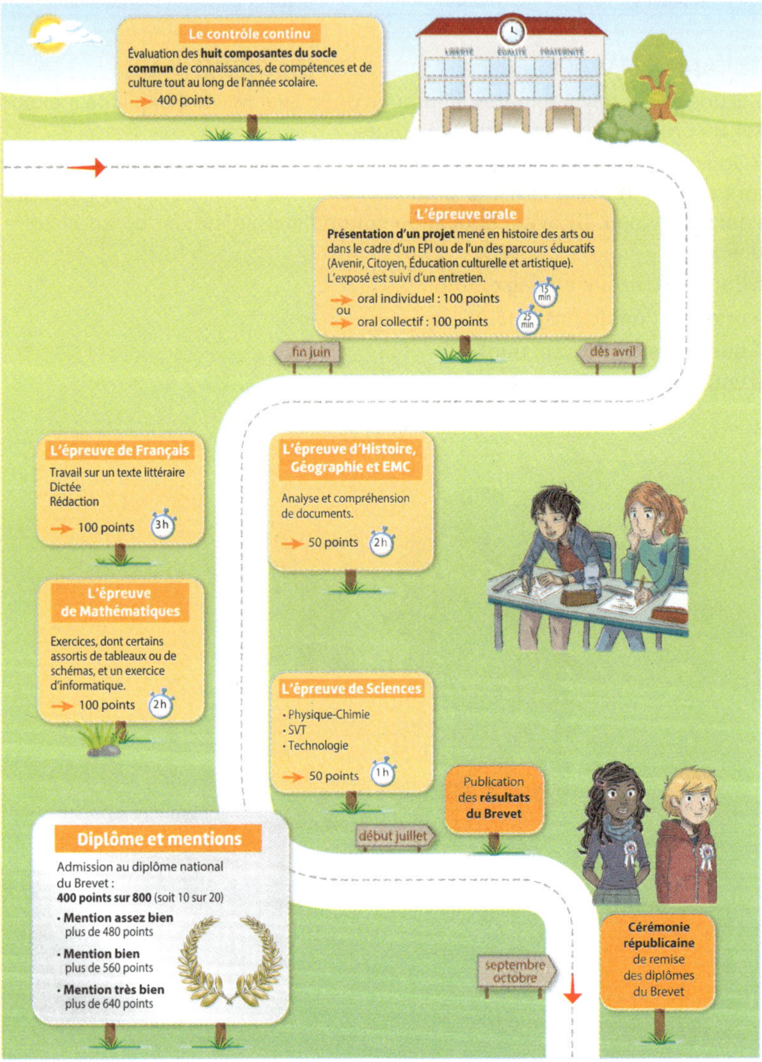

SOMMAIRE

INFOS-BREVET

L'épreuve de Maths expliquée

Comment s'organise l'épreuve ?

- **Durée** : 2 heures.
- **Notation** : sur 100 points.

Les points sont répartis de la façon suivante : 90 points pour les exercices et 10 points réservés à la présentation de la copie et à l'utilisation de la langue française.

- Un ou plusieurs exercices portent sur une thématique commune (par exemple la sécurité routière).
- Les exercices peuvent prendre différentes formes : exercices à prise d'initiative, questionnaire à choix multiples...
- Ils peuvent s'appuyer sur des situations issues de la vie courante ou d'autres disciplines.

Top chrono !

Pour vous organiser efficacement, prévoyez environ :

- **5 minutes pour lire attentivement le sujet.** Cela vous permet de cibler les exercices avec lesquels vous êtes le plus à l'aise et de commencer par ceux-là ;
- **10 à 30 minutes par exercice**, selon sa longueur. Surveillez attentivement le temps qu'il vous reste. Ne vous éternisez pas sur une question ;
- **10 minutes pour vous relire** en fin d'épreuve : mettez en évidence les résultats, effacez les ratures, vérifiez l'orthographe...

Quel matériel pour cette épreuve ?

- **Le kit du bon géomètre** : compas, règle, équerre et rapporteur.
- **Votre calculatrice** (avec les piles chargées) : indispensable et irremplaçable !
- **Attention** : « *L'utilisation des téléphones portables et, plus largement, de tout appareil permettant des échanges ou la consultation d'informations, est interdite* » et ce, dans tous les examens. Aussi vous n'avez pas le droit d'utiliser votre téléphone pour effectuer des calculs ou pour consulter l'heure. Vous devrez veiller à le ranger éteint (pas même en veille ou en mode silencieux) dans votre sac, lui-même déposé à l'entrée ou au fond de la salle d'examen.

La méthode pour le Brevet

De l'organisation

Comment aborder votre sujet

- **Prenez le temps de lire l'intégralité du sujet** avant de vous lancer. Ainsi, vous prenez connaissance des thèmes abordés et réfléchissez aux exercices par lesquels vous débuterez.
- **Commencez** par les exercices avec lesquels vous êtes le plus à l'aise. En effet, vous pouvez traiter les exercices dans l'ordre de votre choix.
- **Gérez correctement votre temps.** Prévoyez de garder un peu de temps pour la relecture.

Au brouillon

- **Utilisez les feuilles de brouillon** pour faire certains **calculs**, tracer les **figures** ou les **constructions** de manière à apprécier la place nécessaire à la réalisation sur la copie.
- **Pour les QCM**, faites les calculs intégralement sur votre brouillon pour vous assurer de la bonne réponse. Pas de précipitation !

En bref

Commencez par les exercices que vous préférez, vous prendrez confiance en vous au début de l'épreuve et gagnerez tout de suite des points !

De la rigueur et de la cohérence

- **Énoncez clairement les théorèmes utilisés** sans négliger de vérifier les hypothèses. Par exemple, pour faire de la trigonométrie, assurez-vous de travailler dans un triangle rectangle ; pour utiliser le théorème de Thalès, vous devez avoir des droites parallèles.
- **En géométrie**, complétez les mesures données par l'énoncé sur la figure si elle est fournie dans le sujet ou bien dessinez-en une sur votre brouillon. Cela vous aidera dans votre réflexion.
- **Essayez de traiter les questions les unes après les autres** dans un même exercice. Si toutefois vous séchez sur une question, passez à la suite (en laissant un peu de place, quitte à y revenir plus tard éventuellement) en considérant le résultat comme démontré.

Astuce

Parfois, le résultat d'une question peut apparaître plus loin dans l'exercice (d'où encore l'intérêt de lire avec attention l'énoncé en entier).

- **Soyez cohérent dans vos réponses.**

➜ Si l'on vous demande de montrer qu'un triangle est rectangle, c'est qu'il l'est ! Ne concluez pas qu'il n'est pas rectangle. Si tel est le cas, c'est qu'il y a une erreur quelque part… (si elle n'est pas dans l'énoncé, où est-elle d'après vous ?).

➜ De même dans un QCM, si vos calculs ne mènent à aucune des réponses proposées, vous devez chercher votre erreur…

➜ Si en calculant le prix d'un pain au chocolat par exemple, vous trouvez 256 €, interrogez-vous.

En bref

Les mathématiques sont une discipline scientifique qui requiert de la rigueur. Aussi, pensez à expliquer le plus clairement possible vos raisonnements.

Du soin

- **Faites attention à l'orthographe.** Un théorème de *Phythagore* ou un théorème de *Talès* ne sont pas les bienvenus ! On leur préfère de très loin *Pythagore* et *Thalès*.

- **Évitez les ratures** qui nuisent à la lisibilité ou les « pâtés » de blanc correcteur.
- **Évitez le « je » ou le « nous »** dans la rédaction.
- **Soulignez ou encadrez vos résultats.** Et vérifiez par la même occasion que ce que vous avez mis en évidence répond bien à la question posée dans le sujet.
- **Notez bien les numéros des questions** quand vous traitez un exercice.

En bref

Les enseignants qui corrigent vos copies sont sensibles aux efforts faits pour rendre une copie soignée et agréable à lire. Prenez alors votre plus belle écriture et rendez un travail propre !

Le programme de Maths

Finalités et objectifs

Au collège, les mathématiques contribuent à entraîner les élèves à la pratique d'une démarche scientifique. L'objectif est de développer les capacités d'expérimentation et de raisonnement, d'imagination et d'analyse critique. La mise en œuvre du programme doit permettre de développer les six compétences majeures de l'activité mathématique : **chercher**, **modéliser**, **représenter**, **raisonner**, **calculer**, **communiquer**.

Partie 1 : Nombres et calculs

Attendus de fin de cycle :

- Utiliser les nombres pour comparer, calculer et résoudre des problèmes.
- Comprendre et utiliser les notions de divisibilité et de nombres premiers.
- Utiliser le calcul littéral.

Thèmes	Connaissances
Arithmétique	• Diviseurs, multiples. • Notions de nombres premiers. • Décomposition en produit de facteurs premiers. • Fractions irréductibles.
Écritures littérales	• Établir et utiliser une expression littérale. • Double distributivité. • Égalités remarquables. • Utiliser un calcul littéral pour prouver un résultat général, pour valider ou réfuter une conjecture.
Équations et inéquations du premier degré	• Résoudre une équation. • Propriétés des inégalités. • Résoudre une inéquation. • Résoudre des problèmes se ramenant au premier degré.

Partie 2 : Organisation et gestion de données, fonctions

Attendus de fin de cycle :

- Interpréter, représenter et traiter des données.
- Comprendre et utiliser des notions élémentaires de probabilités.
- Résoudre des problèmes de proportionnalité.
- Comprendre et utiliser la notion de fonction.

Thèmes	Connaissances
Notion de fonction	• Modéliser des phénomènes continus par une fonction. • Déterminer l'image d'un nombre. • Déterminer un antécédent d'un nombre.

Fonctions linéaires, fonctions affines	• Représenter une fonction linéaire ou une fonction affine. • Déterminer une fonction linéaire ou affine. • Fonctions linéaires et proportionnalité. • Résoudre un problème en utilisant une fonction linéaire ou affine.
Statistiques	• Moyenne, médiane, étendue. • Interpréter des caractéristiques de position ou de dispersion d'une série statistique.
Probabilités	• Notions de probabilités. • Calculer des probabilités dans un contexte simple.

Partie 3 : Grandeurs et mesures

Attendus de fin de cycle :

- Calculer avec des grandeurs mesurables ; exprimer les résultats dans les unités adaptées.
- Comprendre l'effet de quelques transformations sur des grandeurs géométriques.

Thèmes	Connaissances
Aires et volumes	• Calculer des aires et des volumes. • Étudier l'effet d'un agrandissement-réduction.
Grandeurs composées	• Étudier des grandeurs produits ou quotients (vitesse, débit, concentration, masse volumique...). • Changements d'unités.

Partie 4 : Espace et géométrie

Attendus de fin de cycle :

- Représenter l'espace.
- Utiliser les notions de géométrie plane pour démontrer.

Thèmes	Connaissances
Le théorème de Thalès	• Utiliser le théorème de Thalès pour calculer une longueur. • Réciproque du théorème de Thalès. • Homothéties. • Triangles semblables.
Trigonométrie	• Cosinus, sinus, tangente d'un angle aigu. • Calculer une longueur dans un triangle rectangle ou un angle.
Géométrie dans l'espace	• Se repérer dans l'espace. • Sections de solides.

Partie 5 : Algorithmique et programmation

Attendus de fin de cycle :

- Écrire, mettre au point et exécuter un programme simple.

Thèmes	Connaissances
Algorithmique et programmation	• Utilisation d'un nouveau type de variables. • Étude d'un algorithme. • Utilisation des boucles, des instructions conditionnelles.

Sujet 1

100 pts — 2 heures

France métropolitaine, juin 2018

Exercice 1

10 min **11 pts**

Le gros globe de cristal est un trophée attribué au vainqueur de la Coupe du monde de ski. Ce trophée pèse 9 kg et mesure 46 cm de hauteur.

1 Le biathlète français Martin Fourcade a remporté le sixième gros globe de cristal de sa carrière en 2017 à Pyeongchang en Corée du Sud.
Donner approximativement la latitude et la longitude de ce lieu repéré sur la carte ci-dessous. **2 pts**

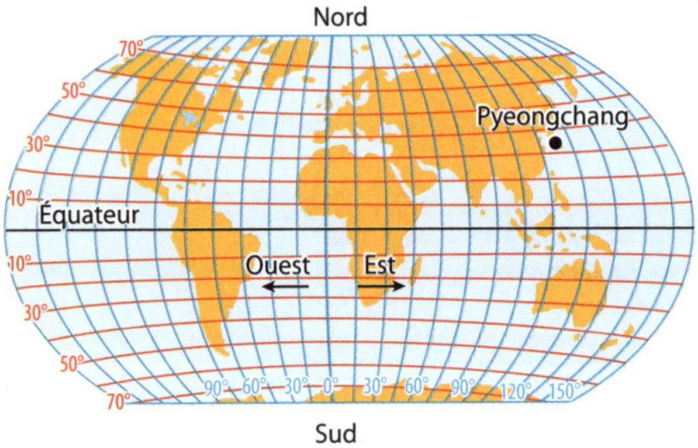

2 On considère que ce globe est composé d'un cylindre en cristal de diamètre 6 cm, surmonté d'une boule de cristal (voir schéma ci-contre).
Montrer qu'une valeur approchée du volume de la boule de ce trophée est de 6 371 cm^3. **3 pts**

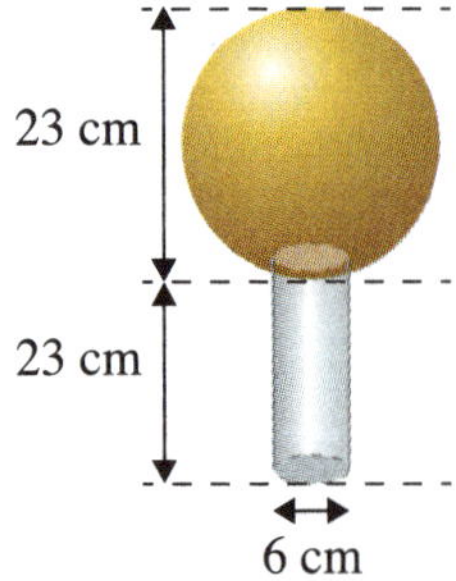

3 Marie affirme que le volume de la boule de cristal représente environ 90 % du volume total du trophée. A-t-elle raison ? **6 pts**

Rappels :

- Volume d'une boule de rayon R : $\mathcal{V} = \frac{4}{3}\pi R^3$.
- Volume d'un cylindre de rayon r et de hauteur h : $\mathcal{V} = \pi r^2 h$.

Exercice 2

15 min **14 pts**

Parmi les nombreux polluants de l'air, les particules fines sont régulièrement surveillées.
Les PM10 sont des particules fines dont le diamètre est inférieur à 0,01 mm.
En janvier 2017, les villes de Lyon et Grenoble ont connu un épisode de pollution aux particules fines. Voici des données concernant la période du 16 au 25 janvier 2017 :

Données statistiques sur les concentrations journalières en PM10 du 16 au 25 janvier 2017 à Lyon

Moyenne : 72,5 µg/m^3
Médiane : 83,5 µg/m^3
Concentration minimale : 22 µg/m^3
Concentration maximale : 107 µg/m^3

Source : http://www.air-rhonealpes.fr

Relevés des concentrations journalières en PM10 du 16 au 25 janvier 2017 à Grenoble

Date	Concentration PM10 en µg/m^3
16 janvier	32
17 janvier	39
18 janvier	52
19 janvier	57
20 janvier	78
21 janvier	63
22 janvier	60
23 janvier	82
24 janvier	82
25 janvier	89

1 Laquelle de ces deux villes a eu la plus forte concentration moyenne en PM10 entre le 16 et le 25 janvier ? 4 pts

2 Calculer l'étendue des séries des relevés en PM10 à Lyon et à Grenoble. Laquelle de ces deux villes a eu l'étendue la plus importante ? Interpréter ce dernier résultat. 5 pts

3 L'affirmation suivante est-elle exacte ? Justifier votre réponse.
« Du 16 au 25 janvier, le seuil d'alerte de 80 µg/m^3 par jour a été dépassé au moins 5 fois à Lyon. » 5 pts

Exercice 3

15 min **12 pts**

Dans son lecteur audio, Théo a téléchargé 375 morceaux de musique. Parmi eux, il y a 125 morceaux de rap. Il appuie sur la touche « lecture aléatoire » qui lui permet d'écouter un morceau choisi au hasard parmi tous les morceaux disponibles.

1 Quelle est la probabilité qu'il écoute du rap ? 4 pts

2 La probabilité qu'il écoute du rock est égale à $\frac{7}{15}$.

Combien Théo a-t-il de morceaux de rock dans son lecteur audio ? **4 pts**

3 Alice possède 40 % de morceaux de rock dans son lecteur audio.
Si Théo et Alice appuient tous les deux sur la touche « lecture aléatoire » de leur lecteur audio, lequel a le plus de chances d'écouter un morceau de rock ? **4 pts**

Exercice 4

15 min **14 pts**

La figure ci-dessous n'est pas représentée en vraie grandeur.
Les points C, B et E sont alignés.
Le triangle ABC est rectangle en A.
Le triangle BDC est rectangle en B.

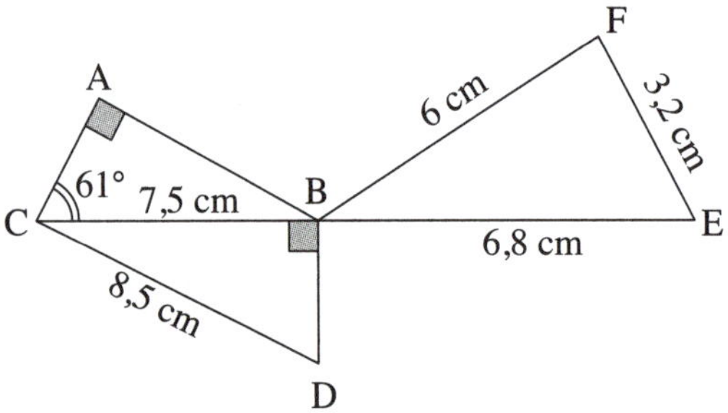

1 Montrer que la longueur BD est égale à 4 cm. **3 pts**

2 Montrer que les triangles CBD et BFE sont semblables. **3 pts**

3 Sophie affirme que l'angle $\widehat{BFE}$ est un angle droit. A-t-elle raison ? **3 pts**

4 Max affirme que l'angle $\widehat{ACD}$ est un angle droit. A-t-il raison ? **5 pts**

Exercice 5

20 min **16 pts**

Voici un programme de calcul.

- Choisir un nombre
- Multiplier ce nombre par 4
- Ajouter 8
- Multiplier le résultat par 2

1 Vérifier que si on choisit le nombre –1, ce programme donne 8 comme résultat final. **1 pt**

2 Le programme donne 30 comme résultat final, quel est le nombre choisi au départ ? **3 pts**

Dans la suite de l'exercice, on nomme x le nombre choisi au départ.

3 L'expression $A = 2(4x + 8)$ donne le résultat du programme de calcul précédent pour un nombre x donné.
On pose $B = (4 + x)^2 - x^2$.
Prouver que les expressions A et B sont égales pour toutes les valeurs de x. **4 pts**

4 Pour chacune des affirmations suivantes, indiquer si elle est vraie ou fausse. On rappelle que les réponses doivent être justifiées.

- **Affirmation 1** : Ce programme donne un résultat positif pour toutes les valeurs de x. **4 pts**
- **Affirmation 2** : Si le nombre x choisi est un nombre entier, le résultat obtenu est un multiple de 8. **4 pts**

Exercice 6

20 min **16 pts**

Les longueurs sont en pixels.
L'expression « s'orienter à 90 » signifie que l'on s'oriente vers la droite.
On donne le programme suivant :

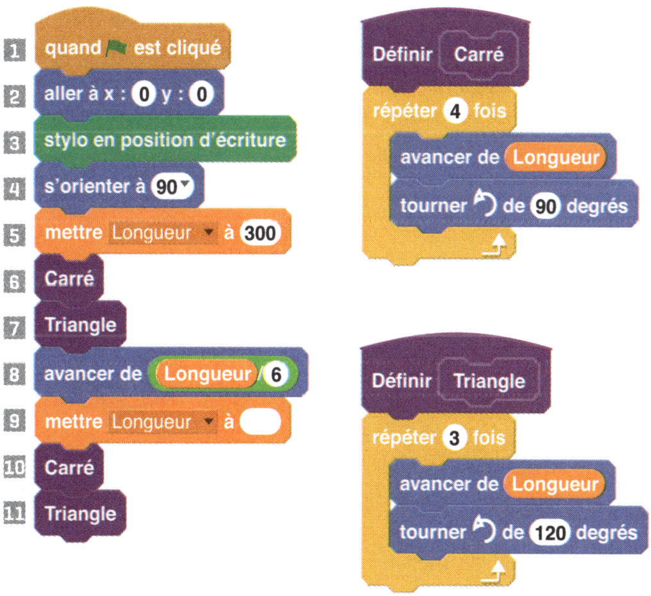

1 On prend comme échelle 1 cm pour 50 pixels.

a. Représenter la figure obtenue si le programme est exécuté jusqu'à la ligne 7 comprise. **6 pts**

b. Quelles sont les coordonnées du stylo après l'exécution de la ligne 8 ? **2 pts**

2 On exécute le programme complet et on obtient la figure ci-dessous qui possède un axe de symétrie vertical.

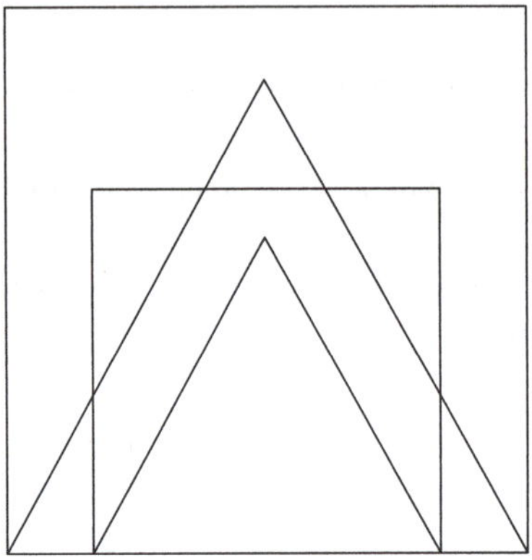

Recopier et compléter la ligne 9 du programme pour obtenir cette figure. **2 pts**

3 **a.** Parmi les transformations suivantes, translation, homothétie, rotation, symétrie axiale, quelle est la transformation géométrique qui permet d'obtenir le petit carré à partir du grand carré ?
Préciser le rapport de réduction. **3 pts**

b. Quel est le rapport des aires entre les deux carrés dessinés ? **3 pts**

Exercice 7

25 min **17 pts**

Le hand-spinner est une sorte de toupie plate qui tourne sur elle-même.

On donne au hand-spinner une vitesse de rotation initiale au temps $t = 0$, puis, au cours du temps, sa vitesse de rotation diminue jusqu'à l'arrêt complet du hand-spinner. Sa vitesse de rotation est alors égale à 0.

Grâce à un appareil de mesure, on a relevé la vitesse de rotation exprimée en nombre de tours par seconde.

Sur le graphique ci-dessous, on a représenté cette vitesse en fonction du temps exprimé en secondes :

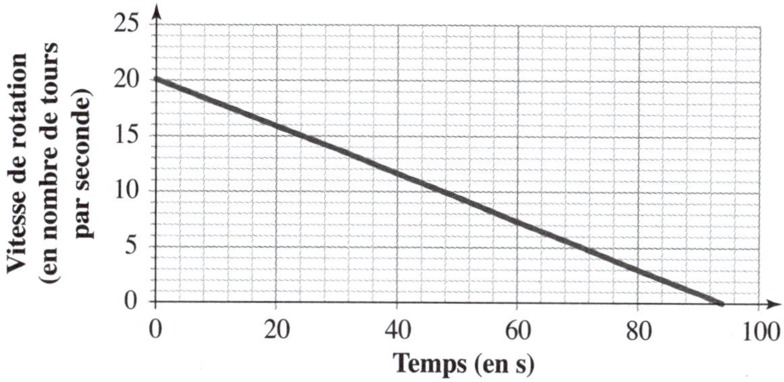

Inspiré de https://www.sciencesetavenir.fr/fondamental/combien-de-temps-peut-tourner-votre-hand-spinner_112808

1 Le temps et la vitesse de rotation du hand-spinner sont-ils proportionnels ? Justifier. **2 pts**

2 Par **lecture graphique,** répondre aux questions suivantes :

a. Quelle est la vitesse de rotation initiale du hand-spinner (en nombre de tours par seconde) ? **1 pt**

b. Quelle est la vitesse de rotation du hand-spinner (en nombre de tours par seconde) au bout d'1 minute et 20 secondes ? **2 pts**

c. Au bout de combien de temps le hand-spinner va-t-il s'arrêter ? **2 pts**

3 Pour calculer la vitesse de rotation du hand-spinner en fonction du temps t, notée $V(t)$, on utilise la fonction suivante :

$$V(t) = -0{,}214 \times t + V_{\text{initiale}}$$

- t est le temps (exprimé en s) qui s'est écoulé depuis le début de rotation du hand-spinner ;
- V_{initiale} est la vitesse de rotation à laquelle on a lancé le hand-spinner au départ.

a. On lance le hand-spinner à une vitesse initiale de 20 tours par seconde. Sa vitesse de rotation est donc donnée par la formule : $V(t) = -0{,}214 \times t + 20$. Calculer sa vitesse de rotation au bout de 30 s. **2 pts**

b. Au bout de combien de temps le hand-spinner va-t-il s'arrêter ? Justifier par un calcul. **4 pts**

c. Est-il vrai que, d'une manière générale, si l'on fait tourner le hand-spinner deux fois plus vite au départ, il tournera deux fois plus longtemps ? Justifier. **4 pts**

Sujet 1 Corrigé

Les clés pour réussir

Exercice 1

Révisez **La géométrie dans l'espace et les pourcentages**

- La latitude du point M est la mesure en degrés de l'angle α, suivie de l'indication Nord ou Sud.
- La longitude du point M est la mesure en degrés de l'angle β, suivie de l'indication Est ou Ouest.

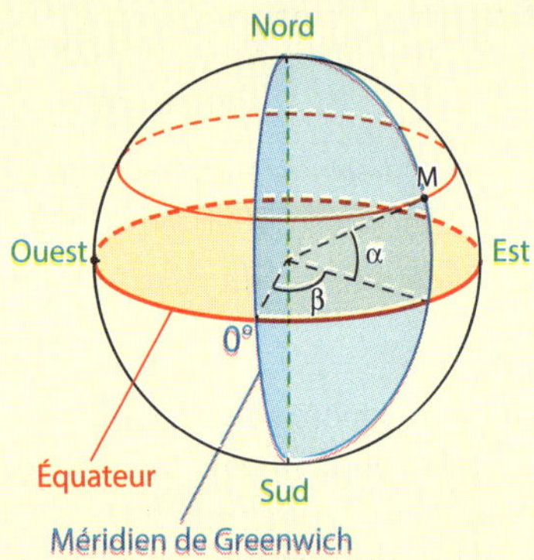

- Une proportion p d'un volume se calcule comme :

$$p = \frac{\text{volume partiel}}{\text{volume total}}$$

Les difficultés du sujet

1 Les mesures en degrés des latitudes et longitudes ne tombent pas exactement sur des graduations indiquées. La valeur centrale entre a et b est $\frac{a+b}{2}$.

2 Le volume d'une boule se calcule à partir du rayon r de la boule. $r = \text{diamètre} \div 2$.

3 Calculez d'abord le volume du cylindre de rayon r puis déduisez-en le volume total du trophée. Enfin, comparez le quotient $\frac{\text{volume boule}}{\text{volume total}}$ à 90 % = 0,9 pour déterminer si Marie a raison ou tort.

Exercice 2

Révisez **Les statistiques**

- Moyenne d'une série de valeurs = $\frac{\text{somme des valeurs}}{\text{nombre de valeurs}}$

- Étendue d'une série = valeur maximale – valeur minimale
- Dans une série, il y a autant de valeurs supérieures ou égales à la médiane que de valeurs inférieures ou égales.

Les difficultés du sujet

1 La concentration moyenne est donnée dans l'énoncé pour Lyon, alors qu'elle doit être calculée pour Grenoble.

3 Il s'agit d'interpréter concrètement la valeur de la concentration médiane à Lyon, sachant que cette concentration médiane dépasse le seuil d'alerte de 80 µg/m³.

Exercice 3

Révisez **Les probabilités**

- En situation d'équiprobabilité, une probabilité p se calcule avec la formule : $p = \dfrac{\text{nombre de cas favorables}}{\text{nombre de cas possibles}}$.
- proportion = $\dfrac{\text{effectif}}{\text{effectif total}}$

Les difficultés du sujet

2 $\dfrac{7}{15}$ correspond à la proportion de titres de rock dans le lecteur audio.

Exercice 4

Révisez **La géométrie dans le plan**

- Le théorème de Pythagore permet de calculer la longueur manquante dans un triangle rectangle, dont on connaît les deux autres longueurs.
- Deux triangles semblables ont leurs côtés deux à deux proportionnels, et leurs angles deux à deux de même mesure.
- Dans un triangle rectangle :

$\cos\widehat{x} = \dfrac{\text{côté adjacent à } \widehat{x}}{\text{hypoténuse}}$ $\sin\widehat{x} = \dfrac{\text{côté opposé à } \widehat{x}}{\text{hypoténuse}}$

$\tan\widehat{x} = \dfrac{\text{côté opposé à } \widehat{x}}{\text{côté adjacent à } \widehat{x}}$

Les difficultés du sujet

2 Dans les triangles CBD et BFE, calculez les trois quotients :
$\dfrac{\text{grand côté}}{\text{grand côté}}, \dfrac{\text{petit côté}}{\text{petit côté}}, \dfrac{3^{e}\text{ côté}}{3^{e}\text{ côté}}$.
La proportionnalité des côtés justifie les triangles semblables.

3 Pensez à utiliser la propriété selon laquelle deux triangles semblables ont des angles deux à deux égaux.
Le triangle BCD est rectangle en B, donc...

4 L'angle $\widehat{ACD}$ se décompose en $\widehat{ACB}$ et $\widehat{BCD}$.

La trigonométrie permet de calculer une mesure de $\widehat{BCD}$.

Exercice 5

Révisez **Les calculs numériques et littéraux**

- $(a+b)^2 = (a+b)(a+b) = a^2 + 2ab + b^2$
- Un nombre a est un multiple de b lorsqu'il s'écrit sous la forme $a = n \times b$ où n est un nombre entier.

Les difficultés du sujet

2 Remontez le programme de calcul en partant du résultat 30.

3 Utilisez la distributivité pour développer A et B. Vous devez obtenir deux expressions égales.

4 • Cherchez une valeur de x pour laquelle $2(4x+8)$ est négatif.

- A peut être factorisée davantage encore en remarquant que $4x + 8$ admet pour facteur commun 4 de part et d'autre du signe +.

$2 \times 4 = 8$: un facteur 8 apparaît dans la forme factorisée de A.

Exercice 6

Révisez **L'algorithmique et les transformations**

- Une homothétie de rapport k ($k > 0$) est une transformation qui multiplie les distances par k et les aires par k^2.

Les difficultés du sujet

1 La figure de l'énoncé vous guide dans la construction attendue.

3 **a.** Une seule transformation géométrique est caractérisée par le rapport qui vaut $\dfrac{\text{côté du petit carré}}{\text{côté du grand carré}}$.

b. Le rapport cherché est $\dfrac{\text{aire du petit carré}}{\text{aire du grand carré}}$.

Exercice 7

Révisez **Les fonctions**

- Une situation de proportionnalité entre deux grandeurs est illustrée par une droite passant par l'origine du repère.
- L'équation $at + b = 0$ a pour solution $t = -\dfrac{b}{a}$.

Les difficultés du sujet

2 **a.** La vitesse initiale est celle obtenue pour $t = 0$ s.

c. Le hand-spinner est à l'arrêt quand sa vitesse de rotation est égale à 0 tour/s.

3 b. Vous êtes ramené à résoudre une équation du premier degré dans laquelle vous devez isoler t.

c. • La vitesse de rotation est $V(t) = -0{,}214\ t + V_{\text{initiale}}$.
Commencez par chercher pour quelle valeur de t on a : $V(t) = 0$.
Le calcul est très proche de celui fait en **3 b.**

• Puis résolvez à nouveau l'équation $V(t) = 0$ quand la vitesse initiale a doublé, soit quand $V(t) = -0{,}214\ t + 2\ V_{\text{initiale}}$.

• Comparez les deux valeurs de t ainsi obtenues.

Exercice 1

1 Lecture de coordonnées géographiques

Pyeongchang se situe approximativement :

– à une **latitude de 35° Nord** : en effet, la valeur centrale entre 30° et 40° est 35° ;

– à une **longitude de 128° Est** :
les méridiens sont gradués tous les 15°. Le point étudié se situe au milieu des méridiens de degrés 120 et 135.

Gagnez des points !

$$\frac{120 + 135}{2} = 127{,}5$$

soit environ 128.

2 Volume $\mathcal{V}$ de la boule du trophée

La boule du trophée a pour diamètre 23 cm, soit pour rayon :
$r = 23 \div 2 = 11{,}5$ cm.
Son volume $\mathcal{V}$ correspondant est :

$$\mathcal{V} = \frac{4}{3}\pi r^3$$

$$\mathcal{V} = \frac{4}{3} \times \pi \times 11{,}5^3$$

$$\mathcal{V} = \frac{12167\ \pi}{6}\ \text{cm}^3 \text{ (volume exact)}$$

$\mathcal{V} \approx 6\ 371\ \text{cm}^3$ (valeur arrondie au cm^3 près).

Une valeur approchée du volume de la boule de ce trophée est bien 6 371 cm³.

L'astuce du prof

Lisez attentivement l'énoncé. Les formules utilisées sont rappelées à la fin.

3 Étude de l'affirmation de Marie

• Le volume $\mathcal{V}'$ du cylindre portant la boule est :

$$\mathcal{V}' = \pi r^2 h$$

or $r = \dfrac{\text{diamètre}}{2} = \dfrac{6}{2} = 3$ cm

d'où $\mathcal{V}' = \pi \times 3^2 \times 23$.

$\mathcal{V}' = 207\pi\ \text{cm}^3$ (volume exact)

$\mathcal{V}' \approx 650\ \text{cm}^3$ (valeur arrondie au cm^3 près)

Pensez-y !

Les formules proposées utilisent des rayons. L'énoncé donne des diamètres.

- Le trophée complet a pour volume :
$\mathcal{V}_{\text{trophée}} = \mathcal{V} + \mathcal{V}' = 6\,371 + 650 = 7\,021 \text{ cm}^3$.
- Le volume de la boule de cristal par rapport au trophée complet représente une proportion p :

$$p = \frac{\mathcal{V}}{\mathcal{V}_{\text{trophée}}}$$

$$p = \frac{6371}{7021}$$

$p \approx 0{,}907$
soit $p \approx 90{,}7$ %.
En conclusion, le volume de la boule de cristal représente bien environ 90 % du volume total du trophée : **l'affirmation de Marie est exacte.**

Rappel
Une proportion est un nombre compris entre 0 et 1, exprimé en % pour être plus représentatif.

Gagnez des points !
N'oubliez pas de conclure !

Exercice 2

1 Comparaison de concentrations moyennes en PM10

- À Lyon, la concentration moyenne en PM10 entre le 16 et le 25 janvier 2017 est de 72,5 µg/m³.
- À Grenoble, cette concentration est de :

$$\frac{32 + 39 + 52 + 57 + 78 + 63 + 60 + 82 + 82 + 89}{10} = 63{,}4 \ \mu\text{g/m}^3.$$

Gagnez des points !

$$\text{moyenne} = \frac{\text{somme des 10 concentrations}}{10}$$

- 72,5 > 63,4.

Lyon a la plus forte concentration moyenne en PM10 entre le 16 et le 25 janvier.

2 Comparaison des étendues de concentration en PM10

- À Lyon, la concentration minimale est de 22 µg/m³ et la concentration maximale est de 107 µg/m³.
L'étendue correspondante est : $e_{\text{Lyon}} = 107 - 22 = 85$ µg/m³.
- À Grenoble, la concentration en PM10 varie entre 32 µg/m³ (le 16 janvier) et 89 µg/m³ (le 25 janvier).
L'étendue correspondante vaut : $e_{\text{Grenoble}} = 89 - 32 = 57$ µg/m³.
- 85 > 57 soit $e_{\text{Lyon}} > e_{\text{Grenoble}}$.
La ville de Lyon a l'étendue de concentration la plus importante en PM10.
- Interprétation du résultat :
C'est la ville de Lyon qui a connu les écarts les plus importants en concentration de PM10 entre le 16 et le 25 janvier 2017.

Remarque
Interpréter une étendue, c'est donner une explication concrète du résultat dans le contexte de l'exercice.

3 Étude du dépassement du seuil d'alerte à Lyon

La concentration médiane en PM10 à Lyon s'élève à 83,5 µg/m³ sur les 10 jours relevés. Cela signifie concrètement qu'au moins la moitié des concentrations relevées sont supérieures ou égales à la médiane. Ainsi, au moins 5 jours (sur 10 relevés) ont connu une concentration supérieure ou égale à 83,5 µg/m³.

Remarque

La médiane Me est aussi la valeur telle qu'au moins la moitié des valeurs sont inférieures ou égales à Me.

Le seuil d'alerte étant fixé à 80 µg/m³, on peut conclure que le seuil d'alerte a été dépassé au moins 5 fois à Lyon : **l'affirmation proposée est exacte.**

Exercice 3

1 Probabilité d'écouter du rap

Théo a 125 morceaux de rap parmi 375 morceaux de musique.

La probabilité p pour Théo d'écouter un morceau de rap est :

$$p = \frac{125}{375}$$

$$p = \frac{1}{3}.$$

Remarque

La lecture aléatoire justifie la situation d'équiprobabilité où les probabilités se calculent comme :

$$p = \frac{\text{nombre de cas favorables}}{\text{nombre de cas possibles}}$$

2 Nombre de morceaux de rock

Sur 375 morceaux de musique, $\frac{7}{15}$ sont des morceaux de rock.

$$\frac{7}{15} \times 375 = 175.$$

Gagnez des points !

effectif
= proportion × effectif total

Théo a 175 titres de rock dans son lecteur audio.

3 Comparaison de probabilités

- Alice possède 40 % de morceaux de rock dans son lecteur audio.

La probabilité p_1 qu'Alice écoute du rock est :

$$p_1 = \frac{40}{100} = 0,4.$$

- La probabilité pour Théo d'écouter du rock est :

$$p_2 = \frac{7}{15} \text{ (donnée de la question 2)}.$$

$$p_2 \simeq 0,47.$$

Remarque

On écrit les deux probabilités sous forme décimale pour les comparer.

- $p_1 < p_2$

Théo a plus de chances qu'Alice d'écouter un titre de rock.

Exercice 4

1 Calcul de la longueur BD

Dans le triangle BCD rectangle en B, on applique le théorème de Pythagore :

$$BC^2 + BD^2 = CD^2$$

$7{,}5^2 + BD^2 = 8{,}5^2$
$BD^2 = 8{,}5^2 - 7{,}5^2$
$BD^2 = 16$
$BD = \sqrt{16}$ $\quad (BD > 0)$
$BD = 4$ cm

La longueur BD est bien égale à 4 cm.

Gagnez des points !
Précisez le triangle dans lequel vous travaillez, surtout quand il y en a plusieurs sur la figure.

2 Triangles semblables

Dans un tableau, on met en correspondance les côtés de chaque triangle, par ordre décroissant de longueur par exemple.

Triangle CBD	CD = 8,5 cm	CB = 7,5 cm	BD = 4 cm
Triangle BFE	BE = 6,8 cm	BF = 6 cm	EF = 3,2 cm

$\frac{8{,}5}{6{,}8} = 1{,}25$; $\frac{7{,}5}{6} = 1{,}25$; $\frac{4}{3{,}2} = 1{,}25$.

Les côtés de ces deux triangles sont proportionnels avec comme coefficient 1,25 : **les triangles CBD et BFE sont donc semblables.**

Remarque
Le triangle CBD est un agrandissement du triangle BFE de coefficient 1,25.

Autre méthode

On peut aussi calculer les quotients inverses :
$\frac{6{,}8}{8{,}5} = 0{,}8$; $\frac{6}{7{,}5} = 0{,}8$; $\frac{3{,}2}{4} = 0{,}8$.

Les trois quotients sont égaux : les triangles CBD et BFE sont semblables.
Le triangle BFE est une réduction du triangle CBD de coefficient 0,8.

3 Étude de l'affirmation de Sophie

D'après la question 2, les triangles CBD et BFE sont semblables.
Ainsi, les angles de l'un sont égaux aux angles de l'autre : le triangle BCD possède un angle droit en B. Son angle associé dans le triangle BFE est l'angle $\widehat{BFE}$ (qui a donc même mesure).

On en déduit que l'angle $\widehat{BFE}$ est un angle droit : **l'affirmation de Sophie est alors exacte.**

Remarque
On a aussi $\widehat{BCD} = \widehat{FBE}$ et $\widehat{BCD} = \widehat{BEF}$.

Autre méthode

La réciproque du théorème de Pythagore permet également de montrer que le triangle BFE est rectangle en E (donc que $\widehat{BFE}$ est un angle droit).

En effet, $\begin{cases} BE^2 = 6{,}8^2 = 46{,}24 \\ BF^2 + FE^2 = 6^2 + 3{,}2^2 = 36 + 10{,}24 = 46{,}24 \end{cases}$

L'égalité $BE^2 = BF^2 + FE^2$ permet de conclure.

4 Étude de l'affirmation de Max

- Dans le triangle BCD rectangle en B, utilisons la trigonométrie.

$$\cos\widehat{BCD} = \frac{\text{côté adjacent à }\widehat{BCD}}{\text{hypoténuse}} = \frac{CB}{CD} = \frac{7{,}5}{8{,}5}$$

- À la calculatrice, on déduit :

$$\widehat{BCD} = \cos^{-1}\left(\frac{7{,}5}{8{,}5}\right)$$

$$\widehat{BCD} = 28{,}1° .$$

Gagnez des points !

Dans un triangle rectangle dont les longueurs des côtés sont connues, la trigonométrie permet de calculer les mesures des angles.

Autres méthodes

Comme on connaît les mesures des trois côtés du triangle BCD, on peut aussi utiliser le sinus ou la tangente.

- $\sin\widehat{BCD} = \frac{\text{côté opposé à }\widehat{BCD}}{\text{hypoténuse}} = \frac{BD}{CD} = \frac{4}{8{,}5}$.

D'où $\widehat{BCD} = \sin^{-1}\left(\frac{4}{8{,}5}\right)$, soit $\widehat{BCD} \simeq 28{,}1°$.

- $\tan\widehat{BCD} = \frac{\text{côté opposé à }\widehat{BCD}}{\text{côté adjacent à }\widehat{BCD}} = \frac{BD}{CB} = \frac{4}{7{,}5}$.

D'où $\widehat{BCD} = \tan^{-1}\left(\frac{4}{7{,}5}\right)$, soit $\widehat{BCD} \simeq 28{,}1°$.

- Revenons à l'angle étudié :

$\widehat{ACD} = \widehat{ACB} + \widehat{BCD} = 61 + 28{,}1 = 89{,}1°$

$\widehat{ACD} \neq 90°$

En conclusion, l'angle $\widehat{ACD}$ n'est pas un angle droit : **l'affirmation de Max est donc fausse.**

Exercice 5

1 Vérification d'un résultat

- On choisit le nombre -1.
- Multiplions ce nombre par 4 : $-1 \times 4 = -4$.
- Ajoutons 8 : $-4 + 8 = 4$.
- Multiplions le résultat par 2 : $4 \times 2 = 8$.

Si on choisit le nombre – 1, ce programme donne bien 8 comme résultat final.

2 Calcul d'un nombre de départ connaissant le résultat

L'idée est de « remonter le programme à l'envers ».

- Le résultat est 30.
- Divisons le résultat par 2 : $30 \div 2 = 15$.
- Soustrayons 8 : $15 - 8 = 7$.
- Divisons ce nombre par 4 : $7 \div 4 = \frac{7}{4} = 1{,}75$.

Le nombre choisi au départ donnant 30 pour résultat final est 1,75.

Pensez-y !

L'opération « inverse » d'une addition est une soustraction ; l'opération « inverse » d'une multiplication est une division.

Vérification

$1{,}75 \times 4 = 7$
$7 + 8 = 15$
$15 \times 2 = 30$.
Quand on choisit 1,75 pour nombre de départ, le programme retourne bien 30 pour résultat.

3 Égalité de deux expressions

- $A = 2\,(4x + 8)$
  $= 2 \times 4x + 2 \times 8 = 8x + 16$
- $B = (4 + x)^2 - x^2$
  $= (4 + x) \times (4 + x) - x^2$
  $= 4 \times 4 + 4 \times x + x \times 4 + x \times x - x^2$
  $= 16 + 4x + 4x + \cancel{x^2} - \cancel{x^2} = 8x + 16$

Gagnez des points !

On développe les deux expressions et on montre qu'elles sont égales.

Autre méthode

On développe la première partie de B en utilisant l'identité remarquable $(a + b)^2 = a^2 + 2ab + b^2$ avec $a = 4$ et $b = x$.
$B = (4 + x)^2 - x^2 = 4^2 + 2 \times 4 \times x + x^2 - x^2 = 16 + 8x$

- A et B ont la même forme développée.

Ainsi, A et B sont égales pour toutes les valeurs de *x*.

Autre méthode

- $A = 2(4x + 8) = 2 \times (2 \times 2x + 2 \times 4) = 2 \times 2 \times (2x + 4) = 4(2x + 4)$
- $B = (4 + x)^2 - x^2$

On factorise B en utilisant l'identité remarquable $a^2 - b^2 = (a - b)(a + b)$ avec $a = 4 + x$ et $b = x$.

$B = (4 + \cancel{x} - \cancel{x})(4 + x + x) = 4(4 + 2x)$

- A et B ont même forme factorisée : A = B.

Méthode

Pour montrer que deux expressions sont égales pour toutes les valeurs de x, il faut montrer l'égalité des expressions littérales (avec les x).

En effet, ce n'est pas parce que deux expressions sont égales pour une valeur de x, qu'elles sont égales pour toutes les valeurs de x.

Ainsi, si vous calculez (par exemple) A et B pour $x = 1$:

$A = 2(4 \times 1 + 8) = 2 \times (4 + 8) = 2 \times 12 = 24$

$B = (4 + 1)^2 - 1^2 = 5^2 - 1^2 = 25 - 1 = 24$

Vous avez (seulement !) montré que A = B pour $x = 1$; mais ce raisonnement est incomplet et donc insuffisant.

4 Vrai – Faux

- **Étude de l'affirmation 1**

D'après la question 3, si x est le nombre choisi au départ, le programme retourne pour résultat $A = 2\,(4x + 8)$.

Pour $x = -5$: $A = 2\,(4 \times (-5) + 8) = 2 \times (-20 + 8) = 2 \times (-12) = -24$.

Pour $x = -5$, ce programme retourne pour résultat un nombre négatif (–24).

L'affirmation 1 est fausse.

Gagnez des points !

Pour prouver qu'une égalité est fausse, il suffit de trouver une valeur de x pour laquelle l'égalité n'est pas vérifiée. On parle de contre-exemple.

Autre méthode

Le nombre –5 n'est pas le seul nombre qui retourne un résultat négatif.

En effet, tous les nombres strictement inférieurs à –2 renvoient un résultat négatif.

Pour justifier cela, on résout l'inéquation :

$2(4x + 8) < 0$

$\div 2$

$4x + 8 < 0$

-8

$4x < -8$

$\div 4$

$x < -\frac{8}{4}$

$x < -2$

- **Étude de l'affirmation 2**

$A = 2\,(4x + 8)$
on remarque le facteur commun 4
$A = 2\,(4 \times x + 4 \times 2)$
on factorise $(4x + 8)$ par 4
$A = 2 \times 4(x + 2)$
on calcule 2×4
$A = 8\,(x + 2)$

Si x est le nombre choisi au départ, le programme renvoie pour résultat A qui s'écrit aussi $8(x + 2)$.

Si le nombre x choisi est un nombre entier, $(x + 2)$ est aussi un nombre entier. Et par conséquent, le nombre $8 \times (x + 2)$ est un multiple de 8.

L'affirmation 2 est vraie.

> **L'astuce du prof**
> Un multiple de 8 s'écrit $8 \times k$ où k est un entier.

Exercice 6

1 a. Figure obtenue

– Initialement, le stylo est à l'origine du repère [aller à x : 0 y : 0].

– Là, le stylo trace un trait horizontal vers la droite [s'orienter à 90] de longueur 300. (donc 6 cm sur la figure).

– Grâce au bloc [carré], un carré de côté 300 est construit.

– Le bloc [Triangle] permet de construire un triangle équilatéral.

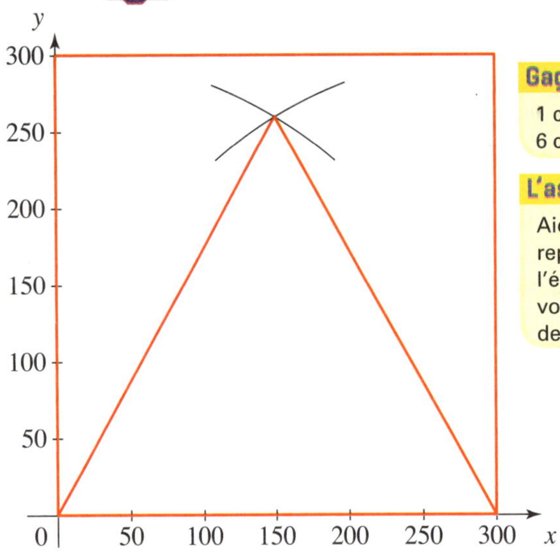

> **Gagnez des points !**
> 1 cm ↔ 50 pixels
> 6 cm ↔ 6 × 50 pixels

> **L'astuce du prof**
> Aidez-vous de la figure représentée dans l'énoncé pour vous faire une idée de la figure obtenue.

b. Position du stylo après la ligne 8

Une fois le triangle construit, le stylo est revenu à sa position initiale et orienté vers la droite, soit au point de coordonnées (0 ; 0). L'instruction [avancer de Longueur / 6] déplace le stylo de $300 \div 6 = 50$.

Après l'exécution de la ligne 8, les coordonnées du stylo sont donc (50 ; 0).

2 Ligne 9 à compléter

Pour compléter la ligne 9, il faut d'abord analyser la figure obtenue.
La donnée manquante correspond à la longueur du côté du carré vert ou du triangle équilatéral vert.

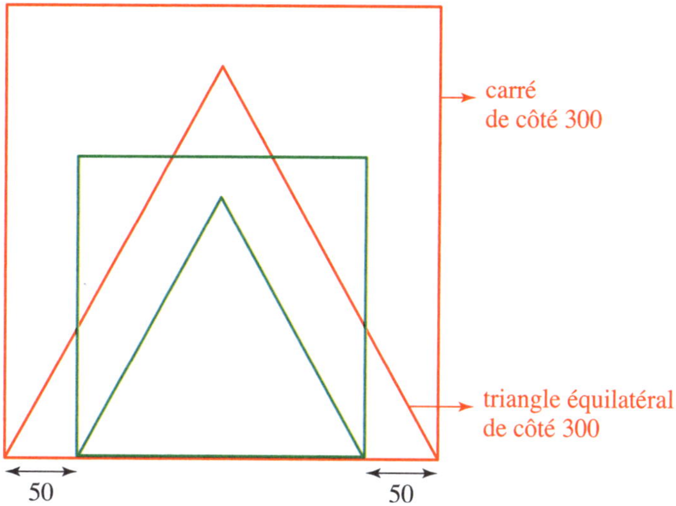

On en déduit que le côté vert a pour longueur 300 – 50 – 50 = 200.

D'où la ligne 9 : mettre Longueur à 200

3 a. Transformation donnant le petit carré

La transformation géométrique permettant d'obtenir le petit carré à partir du grand carré est une **homothétie de rapport** $\frac{\text{longueur du petit carré}}{\text{longueur du grand carré}} = \frac{200}{300} = \mathbf{\frac{2}{3}}$.

Remarque

Un rapport de réduction est un nombre compris entre 0 et 1.

Autres méthodes

On peut trouver la transformation cherchée en procédant par élimination.

- On cherche une transformation qui permet d'obtenir un petit carré à partir d'un grand carré.

On cherche donc une transformation qui ne conserve pas les distances. Or une translation, une rotation ou une symétrie axiale conservent les distances. La seule transformation qui ne conserve pas les distances est une homothétie.

- L'énoncé demande de préciser un rapport de réduction. La seule transformation à laquelle est associée un rapport (d'agrandissement ou de réduction) est l'homothétie.

b. Rapport des aires des carrés

Le rapport des aires entre les deux carrés dessinés est le nombre :

$$\frac{\text{Aire du carré vert}}{\text{Aire du carré rouge}}$$

On a donc : $\frac{200 \times 200}{300 \times 300} = \frac{40\,000}{90\,000} = \frac{4}{9}$

Autre méthode

Le petit carré s'obtient à partir du grand carré par une homothétie de rapport $k = \frac{2}{3}$.

Dans un agrandissement/réduction, quand les longueurs sont multipliées par k, les aires sont multipliées par k^2 :

$k^2 = \left(\frac{2}{3}\right)^2 = \frac{2^2}{3^2} = \frac{4}{9}$.

Exercice 7

1 Proportionnalité temps/vitesse de rotation

La vitesse de rotation du hand-spinner en fonction du temps est représentée par une droite ne passant pas par l'origine du repère.

Ainsi, temps et vitesse de rotation de hand-spinner ne sont pas proportionnels.

2 Lectures graphiques

a. Vitesse initiale

La vitesse de rotation initiale du hand-spinner est la vitesse lue pour $t = 0$ s ; elle est de **20 tours par seconde** (voir point rouge).

b. Vitesse au bout d'une minute et 20 secondes

1 min 20 s = 60 s + 20 s = 80 s.

Pour $t = 80$ s, on lit $v = 3$ tours/s (voir pointillés bleus).

Au bout d'une minute et 20 secondes, la vitesse du hand-spinner est de 3 tours par seconde.

L'astuce du prof

Tracez des pointillés pour vos lectures graphiques.

c. Arrêt du hand-spinner

On lit (voir point vert) $v = 0$ tours/s pour $t \approx 93$ s, soit 1 min 33 s.

Le hand-spinner s'arrête au bout d'une minute et 33 secondes.

Pensez-y !

93 s = 60 s + 33 s
= 1 min 33 s

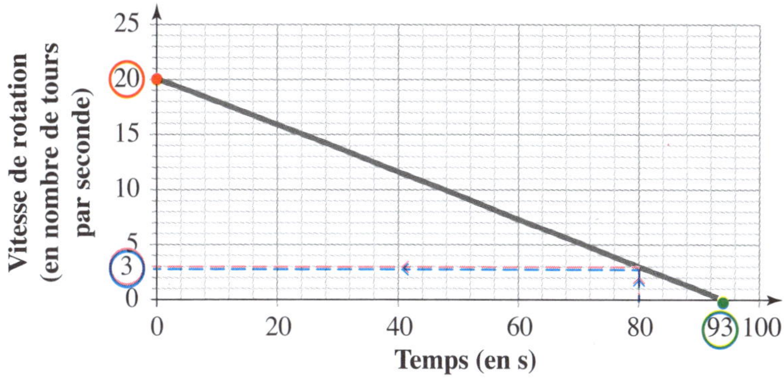

3 Calculs

a. Vitesse au bout de 30 s

Pour $t = 30$ s, on obtient :

$V(30) = -0,214 \times 30 + 20 = 13,58$.

Au bout de 30 secondes, la vitesse de rotation du hand-spinner est de 13,58 tours par seconde.

b. Arrêt du hand-spinner

Il s'agit de déterminer pour quelle valeur de t on obtient $V(t) = 0$.

Gagnez des points !
On résout une équation du premier degré.

$-0,214 \times t + 20 = 0$

on soustrait 20 de part et d'autre du =

$-0,214\ t = -20$

on isole t en divisant par $-0,214$

$t = \dfrac{-20}{-0,214}$

$t \approx 93$ (résultat arrondi à l'unité).

Le hand-spinner s'arrête au bout de 93 secondes, soit au bout d'une minute et 33 secondes.

c. Étude d'une affirmation

- Quand on fait tourner le hand-spinner, sa vitesse de rotation est : $V(t) = -0,214\ t + V_{initiale}$.
- Le hand-spinner s'arrête quand :

$-0,214\ t + V_{initiale} = 0$

$-0,214\ t = -V_{initiale}$

$t = \dfrac{-V_{initiale}}{-0,214}$

$t = \dfrac{V_{initiale}}{0,214}$

L'astuce du prof
Les calculs sont identiques à ceux faits en 3b sauf qu'on remplace 20 par $V_{initiale}$.

Quand le hand-spinner a une vitesse initiale notée $V_{initiale}$, il s'arrête au bout d'un temps $t_{arrêt} = \dfrac{V_{initiale}}{0,214}$.

• Si l'on fait tourner le hand-spinner deux fois plus vite au départ, sa vitesse de rotation devient :
$V(t) = -0{,}214\,t + 2\,V_{\text{initiale}}$.

• Dans ce cas, il s'arrête quand :
$-0{,}214\,t + 2\,V_{\text{initiale}} = 0$
$-0{,}214\,t = -2\,V_{\text{initiale}}$

$$t = \frac{-2V_{\text{initiale}}}{-0{,}214}$$

$$t = 2 \times \underbrace{\frac{V_{\text{initiale}}}{0{,}214}}$$

$$t = 2 \times t_{\text{arrêt}}$$

• En conclusion, quand la vitesse initiale de rotation du hand-spinner double (passant de V_{initiale} à $2 \times V_{\text{initiale}}$), alors le temps d'arrêt du hand-spinner double aussi (passant de $t_{\text{arrêt}}$ à $2 \times t_{\text{arrêt}}$).
Il est donc vrai de dire que **si l'on fait tourner le hand-spinner deux fois plus vite au départ, il tournera deux fois plus longtemps.**

Sujet 2 Amérique du Nord, juin 2018

100 pts 2 heures

MATHÉMATIQUES

Exercice 1

15 min **14 pts**

Le tableau ci-dessous a été réalisé à l'aide d'un tableur.
Il indique le nombre d'abonnements Internet à haut débit et à très haut débit entre 2014 et 2016, sur réseau fixe, en France. (*Sources : Arcep et Statistica.*)

	A	B	C	D
1		2014	2015	2016
2	Nombre d'abonnements Internet à haut débit (en millions)	22,855	22,63	22,238
3	Nombre d'abonnements Internet à très haut débit (en millions)	3,113	4,237	5,446
4	Total (en millions)	25,968	26,867	27,684

1 Combien d'abonnements Internet à très haut débit, en millions, ont été comptabilisés pour l'année 2016 ? **2 pts**

2 Vérifier qu'en 2016, il y avait 817 000 abonnements Internet à haut débit et à très haut débit de plus qu'en 2015. **4 pts**

3 Quelle formule a-t-on pu saisir dans la cellule B4 avant de la recopier vers la droite, jusqu'à la cellule D4 ? **4 pts**

4 En 2015, seulement 5,3 % des abonnements Internet très haut débit utilisaient la fibre optique.
Quel nombre d'abonnements Internet à très haut débit cela représentait-il ? **4 pts**

Exercice 2

15 min **14 pts**

La figure ci-contre n'est pas en vraie grandeur.
On donne les informations suivantes :

- Le triangle ADE a pour dimensions : AD = 7 cm, AE = 4,2 cm et DE = 5,6 cm.
- F est le point de [AD] tel que AF = 2,5 cm.
- B est le point de [AD) et C est le point de [AE) tels que : AB = AC = 9 cm.
- La droite (FG) est parallèle à la droite (DE).

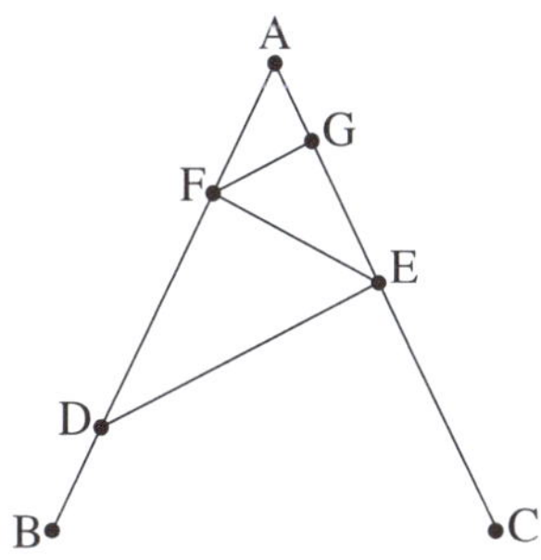

1 Réaliser une figure en vraie grandeur. **2 pts**

2 Prouver que ADE est un triangle rectangle en E. **6 pts**

3 Calculer la longueur FG. **6 pts**

Exercice 3

15 min **15 pts**

Deux urnes contiennent des boules numérotées indiscernables au toucher. Le schéma ci-contre représente le contenu de chacune des urnes.

On forme un nombre entier à deux chiffres en tirant au hasard une boule dans chaque urne :

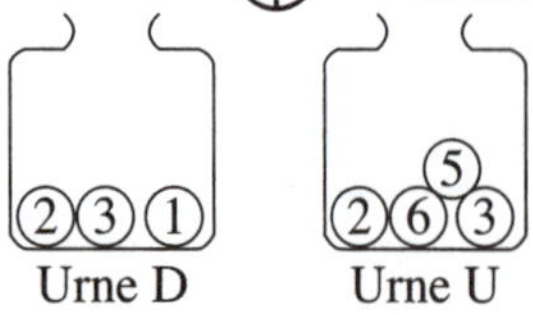

- le chiffre des dizaines est le numéro de la boule issue de l'urne D ;
- le chiffre des unités est le numéro de la boule issue de l'urne U.

Exemple : en tirant la boule ① de l'urne D et ensuite la boule ⑤ de l'urne U, on forme le nombre 15.

1 A-t-on plus de chance de former un nombre pair que de former un nombre impair ? **4 pts**

2 **a.** Sans justifier, indiquer les nombres premiers qu'on peut former lors de cette expérience. **3 pts**

b. Montrer que la probabilité de former un nombre premier est égale à $\frac{1}{6}$. **3 pts**

3 Définir un événement dont la probabilité de réalisation est égale à $\frac{1}{3}$. **5 pts**

Exercice 4

15 min **14 pts**

Dans cet exercice, aucune justification n'est attendue.

Simon travaille sur un programme. Voici des copies de son écran :

Script principal

Bloc carré

Information

L'instruction 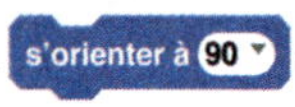

signifie qu'on se dirige vers la droite.

1 Il obtient le dessin ci-contre.

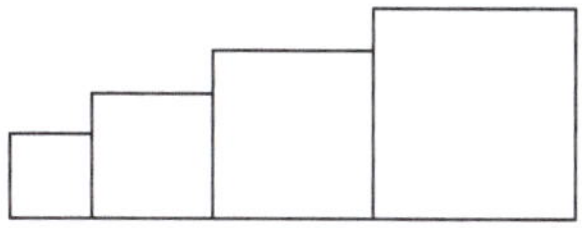

a. D'après le script principal, quelle est la longueur du côté du plus petit carré dessiné ? **2 pts**

b. D'après le script principal, quelle est la longueur du côté du plus grand carré dessiné ? **3 pts**

2 Dans le script principal, où peut-on insérer l'instruction `ajouter 2 à la taille du stylo` de façon à obtenir le dessin ci-contre ? **4 pts**

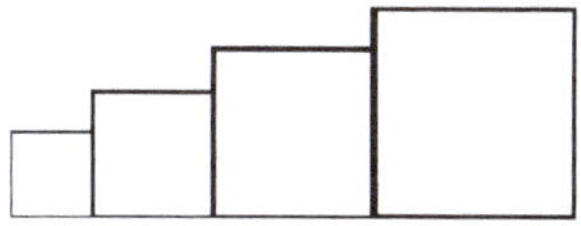

3 On modifie maintenant le script principal de la façon suivante :
Parmi les dessins ci-dessous, lequel obtient-on ? **5 pts**

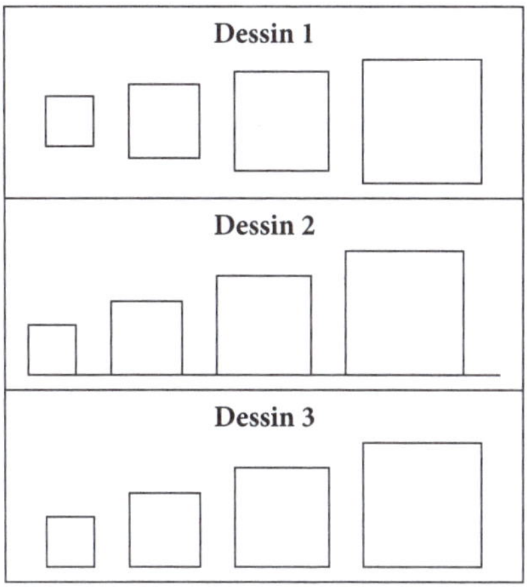

Pour rappel : le Bloc carré

Exercice 5

10 min **6 pts**

Gaspard travaille avec un logiciel de géométrie dynamique pour construire une frise. Il a construit un triangle ABC isocèle en C (motif ①), puis il a obtenu le losange ACBD (motif ②).

Voici des captures d'écran de son travail.

Motif ①	**Motif ②**
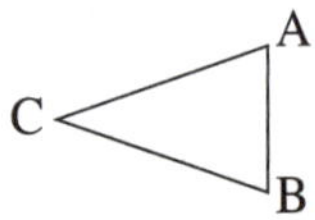	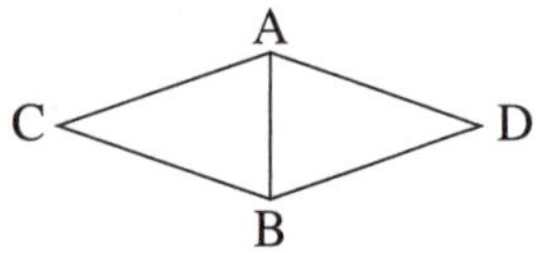

1 Préciser une transformation permettant de compléter le motif ① pour obtenir le motif ②. **3 pts**

2 Une fois le motif ② construit, Gaspard a appliqué à plusieurs reprises une translation. Il obtient ainsi la frise ci-dessous.

Préciser de quelle translation il s'agit. **3 pts**

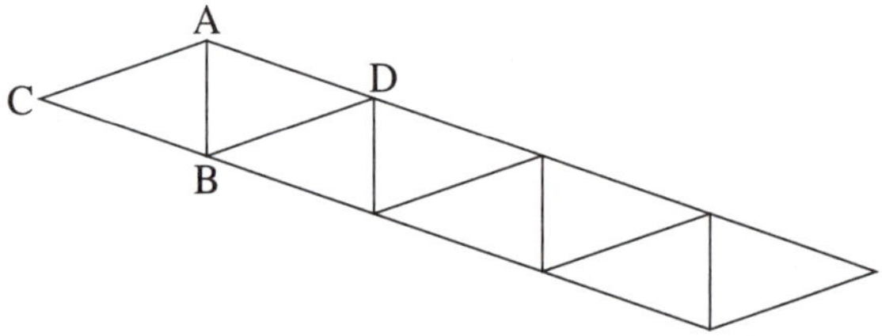

Exercice 6

20 min **16 pts**

On rappelle que toute trace de recherche, même incomplète, pourra être prise en compte dans l'évaluation.

Madame Martin souhaite réaliser une terrasse en béton en face de sa baie vitrée. Elle réalise le dessin ci-contre.

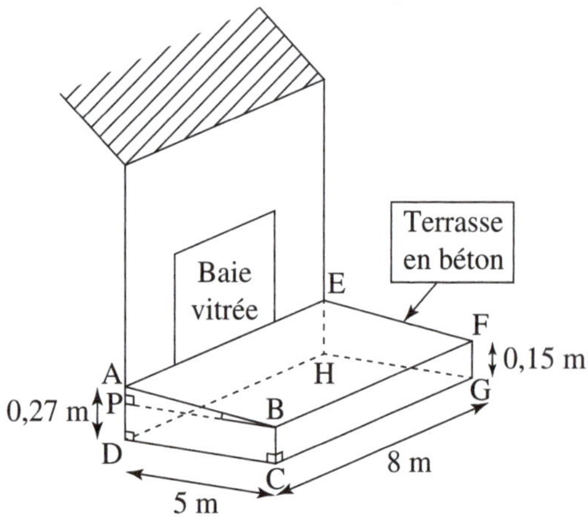

Pour faciliter l'écoulement des eaux de pluie, le sol de la terrasse doit être incliné.

La terrasse a la forme d'un prisme droit dont la base est le quadrilatère ABCD et la hauteur est le segment [CG].

P est le point du segment [AD] tel que BCDP est un rectangle.

1 L'angle $\widehat{ABP}$ doit mesurer entre 1° et 1,5°.
Le projet de Madame Martin vérifie-t-il cette condition ? **6 pts**

2 Madame Martin souhaite se faire livrer le béton nécessaire à la réalisation de sa terrasse. Elle fait appel à une entreprise spécialisée.
À l'aide des informations ci-après, déterminer le montant de la facture établie par l'entreprise. **10 pts**

Information 1 Distance entre l'entreprise et la maison de Madame Martin : 23 km.
Information 2 – Formule du volume d'un prisme droit Volume d'un prisme droit = aire de la base du prisme × hauteur du prisme.
Information 3 – Conditions tarifaires de l'entreprise spécialisée • Prix du m^3 de béton : 95 €. • Capacité maximale du camion-toupie : 6 m^3. • Frais de livraison : 5 € par km parcouru par le camion-toupie. • L'entreprise facture les distances aller et retour (entreprise/lieu de livraison) parcourues par le camion-toupie.  © ADOBE STOCK PHOTO/nethuz

Exercice 7

20 min **15 pts**

Les trois questions suivantes sont indépendantes.

1 $A = 2x(x-1) - 4(x-1)$. Développer et réduire l'expression A. **5 pts**

2 Montrer que le nombre –5 est une solution de l'équation :

$$(2x+1) \times (x-2) = 63$$

4 pts

3 On considère la fonction f définie par $f(x) = -3x + 1{,}5$.

a. Parmi les graphiques ci-dessous, lequel représente la fonction f ? **2 pts**

b. Justifier votre choix. **4 pts**

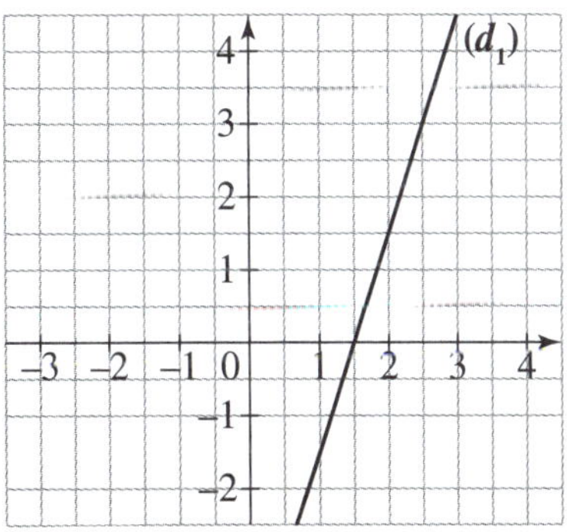

Graphique A

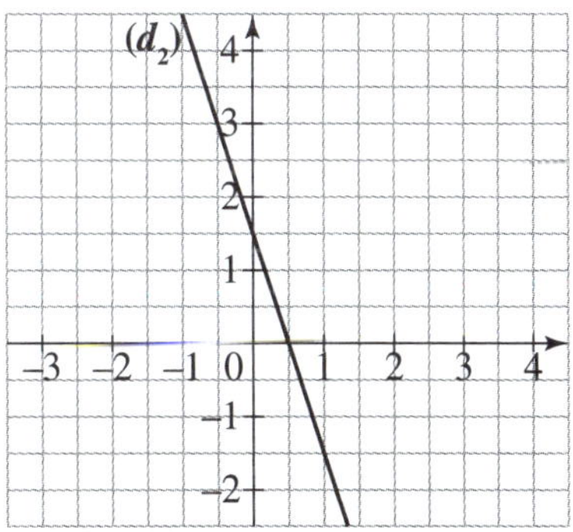

Graphique B

Exercice 8

10 min **6 pts**

On considère la fenêtre de téléchargement ci-dessous.

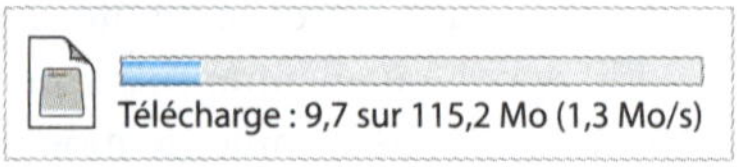

Si la vitesse de téléchargement reste constante, faudra-t-il plus d'une minute et vingt-cinq secondes pour que le téléchargement se termine ?

Sujet 2 Corrigé

Les clés pour réussir

Exercice 1

Révisez Le tableur et les pourcentages

- Prendre t % d'un nombre revient à le multiplier par $\frac{t}{100}$.
- Une formule dans un tableur est précédée par le signe « = ».

Les difficultés du sujet

2 et **4** Les données sont proposées en millions. Il s'agit de les transformer en unités, par exemple, 0,817 million = 817 000.

Exercice 2

Révisez La géométrie dans le plan

- La réciproque du théorème de Pythagore permet de montrer qu'un triangle est rectangle quand on connaît les longueurs de ses trois côtés.
- Si (MN)//(BC), d'après le théorème de Thalès :

$$\frac{AM}{AB} = \frac{AN}{AC} = \frac{MN}{BC}$$

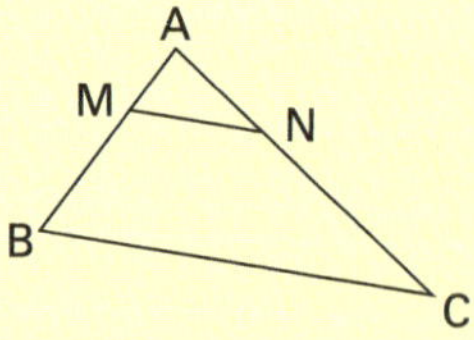

Les difficultés du sujet

2 et **3** Les données sont nombreuses. Complétez les mesures sur la figure, puis repérez les configurations-clés : un triangle dont on connaît les mesures des trois côtés et une configuration de Thalès.

Exercice 3

Révisez **Les probabilités et l'arithmétique**

- En situation d'équiprobabilité, une probabilité p se calcule avec la formule :

$$p = \frac{\text{nombre d'issues favorables}}{\text{nombre d'issues possibles}}$$

- Un nombre pair est un nombre qui a pour chiffre des unités 0 ; 2 ; 4 ; 6 ; 8.
- Un nombre premier est un nombre admettant exactement deux diviseurs : 1 et lui-même.

Les difficultés du sujet

1 C'est la composition de l'urne U qui détermine la parité du nombre formé.

3 On peut former 12 nombres avec les boules proposées. Il s'agit alors de définir un événement composé de 4 issues puisque $\frac{4}{12} = \frac{1}{3}$. Il y a plusieurs réponses possibles.

Exercice 4

Révisez **Les algorithmes**

Les difficultés du sujet

1 a. La réponse se trouve dans le script principal.

1 b. Ce programme construit 4 carrés dont chaque côté augmente de 20.

3 Procédez par élimination en comparant les trois dessins obtenus. Étudiez la valeur de y et le lever de stylo.

Exercice 5

Révisez **Les transformations**

Les difficultés du sujet

Deux translations permettent d'obtenir la frise proposée.

Exercice 6

Révisez **La trigonométrie, les calculs numériques et les grandeurs composées**

- Dans un triangle ABC rectangle en C :

$$\cos \widehat{B} = \frac{\text{côté adjacent à } \widehat{B}}{\text{hypoténuse}}$$

$$\sin \widehat{B} = \frac{\text{côté opposé à } \widehat{B}}{\text{hypoténuse}}$$

$$\tan \widehat{B} = \frac{\text{côté opposé à } \widehat{B}}{\text{côté adjacent à } \widehat{B}}$$

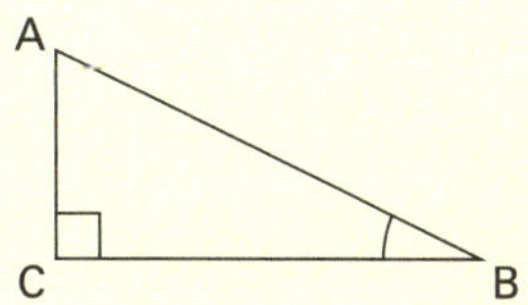

- Aire d'un trapèze = $\dfrac{(b + B) \times h}{2}$

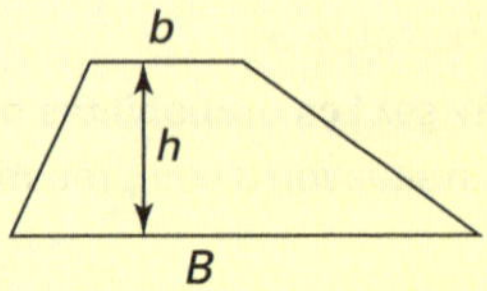

Les difficultés du sujet

1 En utilisant la touche $\tan^{-1}$ de la calculatrice, vous obtenez une mesure de l'angle cherché à partir de la valeur de sa tangente.

2 La difficulté de cette question réside dans la longueur des calculs à mener. Soyez méthodique et procédez par étape :

- Calculez le volume de la terrasse.
- Déduisez-en le montant de la facture de béton.
- En fonction du volume de béton nécessaire, déterminez le nombre de trajets aller-retour du camion-toupie.
- Calculez la distance à parcourir.
- Déduisez-en le montant des frais de transport.
- La somme du prix du béton et des frais de transport donnera le montant total de la facture.

Exercice 7

Révisez **Les calculs et les fonctions**

- Un nombre est solution d'une équation quand il vérifie l'égalité correspondant à cette équation.
- Une fonction affine $f(x) = ax + b$ est représentée graphiquement par une droite de coefficient directeur a et d'ordonnée à l'origine b.

Les difficultés du sujet

1 Soyez vigilant avec le signe « – » devant le facteur $(x - 1)$.

3 **b.** Le choix du graphique peut être justifié par un calcul d'image, l'ordonnée à l'origine, le coefficient directeur...

Exercice 8

Révisez **Les grandeurs composées**

$$\text{Vitesse de téléchargement} = \frac{\text{quantité de données chargées}}{\text{temps de téléchargement}}$$

Les difficultés du sujet

Déterminez la quantité de données qu'il reste à télécharger. Calculez le temps nécessaire à ce téléchargement, et comparez-le à 1 min 25 s.

Exercice 1

1 Lecture de données

Pour l'année 2016, **5,446 millions** d'abonnements Internet à très haut débit ont été comptabilisés (en case D3).

> **Remarque**
> 5,446 millions = 5 446 000

2 Comparaison de données

En 2016, le nombre d'abonnements Internet à haut et très haut débit comptabilisés est de 27,684 millions contre 26,867 millions en 2015.

> **Rappel**
> 1 million = 1 000 000

Cela correspond à une augmentation de :
27,684 – 26,867 = 0,817 million, soit 817 000 abonnements.
C'est le résultat annoncé.

3 Formule saisie dans la cellule B4

La cellule B4 contient la somme des nombres d'abonnements Internet contenus dans les cellules B2 et B3.
Ainsi, on entre en B4 :

= B2+B3 ou = SOMME(B2:B3)

> **L'astuce du prof**
> Pour déterminer la formule, on remplace les nombres par le nom de la cellule correspondante.

4 Nombre d'abonnements Internet à très haut débit utilisant la fibre optique

En 2015, 5,3 % des abonnements Internet à très haut débit (au nombre de 4,237 millions) utilisaient la fibre optique.

$\frac{5,3}{100} \times 4,237 = 0,224\,561$ million

soit **224 561 utilisateurs**.

> **Remarque**
> On fait les calculs dans la même unité (en millions), puis on convertit le résultat.

Exercice 2

1 Construction en vraie grandeur

Programme de construction :

- Tracez un segment [AD] de longueur 7 cm.
- Avec un compas pointé en A, construisez un arc de cercle de rayon 4,2 cm. Avec un compas pointé en D, construisez un arc de cercle de rayon 5,6 cm. À l'intersection des deux arcs se trouve le point E.
- Placez F à 2,5 cm de A sur [AD) (au compas ou à la règle).
- Construisez B et C (au compas ou à la règle) à 9 cm de A sur [AD) et sur [AE).
- Tracez la droite (DE), puis la parallèle à (DE) passant par F : vous obtenez le point G situé sur le segment [AE].

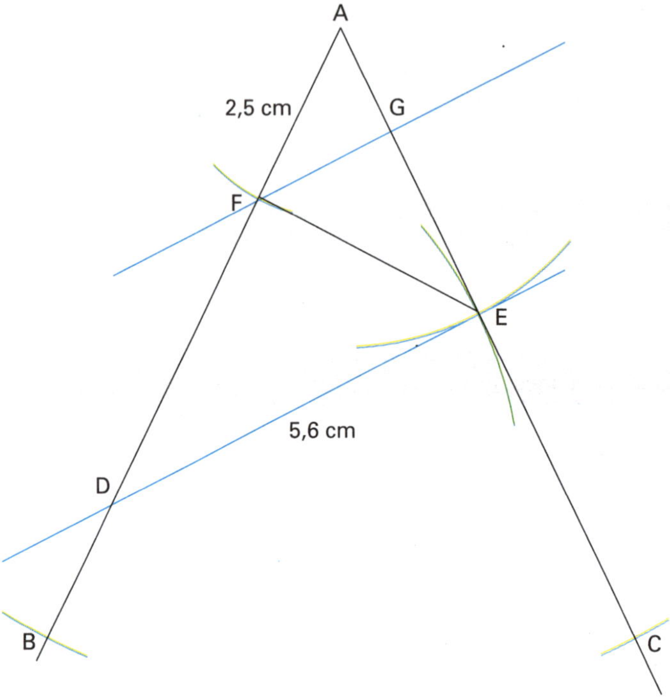

2 Nature du triangle ADE

Dans le triangle ADE où [AD] est le plus grand côté :

$AD^2 = 7^2 = 49$
$AE^2 + DE^2 = 4{,}2^2 + 5{,}6^2 = 17{,}64 + 31{,}36 = 49$
On déduit : $AD^2 = AE^2 + DE^2$.

D'après la réciproque du théorème de Pythagore, **le triangle ADE est rectangle en E**.

3 Calcul de la longueur FG

Les points A, F, D et les points A, G, E sont alignés dans cet ordre.
Les droites (FG) et (DE) sont parallèles.
D'après le théorème de Thalès :

$$\frac{AG}{AE} = \frac{AF}{AD} = \frac{FG}{DE}, \text{ soit } \frac{AG}{4{,}2} = \boxed{\frac{2{,}5}{7} = \frac{FG}{5{,}6}}.$$

Par produit en croix, on déduit de l'égalité encadrée : $7 \times FG = 2{,}5 \times 5{,}6$.

$FG = \frac{2{,}5 \times 5{,}6}{7} = \frac{14}{7}$ d'où **FG = 2 cm**.

Remarque
Avec l'égalité des deux premiers quotients, on aurait pu calculer la longueur AG.

L'astuce du prof
On peut vérifier sur la construction que la valeur calculée correspond.

Exercice 3

1 Comparaison de probabilités

L'urne des unités contient les 4 chiffres {2 ; 3 ; 5 ; 6}.

Ainsi, un nombre pair aura sa terminaison en 2 ou en 6.

La probabilité de former un nombre pair vaut alors : $\frac{2}{4} = \frac{1}{2} = 0{,}5$.

La probabilité de former un nombre impair (se terminant par 3 ou 5) est : $\frac{2}{4} = \frac{1}{2} = 0{,}5$.

Finalement, il y a **autant de chances de former un nombre pair qu'un nombre impair.**

Remarque

« Obtenir un nombre pair » et « obtenir un nombre impair » sont deux évènements contraires, dont la somme des probabilités vaut 1.

Autre méthode

On écrit la liste des 12 issues possibles. On dénombre 6 issues formant un nombre pair. La probabilité cherchée est donc $\frac{6}{12} = 0{,}5$.

2 a. Liste des nombres premiers que l'on peut former

Les seuls nombres premiers que l'on peut former avec pour chiffre des dizaines {1 ; 2 ; 3} et pour chiffre des unités {2 ; 3 ; 5 ; 6} sont **13 et 23**.

b. Probabilité de former un nombre premier

- Pour constituer un nombre, on choisit un chiffre des dizaines parmi 3 et un chiffre des unités parmi 4.
Il y a donc $3 \times 4 = 12$ nombres possibles.
- On peut former 2 nombres premiers.
La probabilité p de former un nombre premier est donc :

$$p = \frac{2}{12} = \frac{\cancel{2} \times 1}{\cancel{2} \times 6} = \frac{1}{6}.$$

On trouve bien le résultat annoncé.

Remarque

Un nombre est constitué de chiffres (de 0 à 9), comme un mot est constitué de lettres.

3 Évènement de probabilité $\frac{1}{3}$

- On peut former 12 nombres :
{12 ; 13 ; 15 ; 16 ; 22 ; 23 ; 25 ; 26 ; 32 ; 33 ; 35 ; 36}
- On cherche un évènement de probabilité :

$$p' = \frac{1}{3} = \frac{4}{12}$$

$$p' = \frac{\text{nombre de cas favorables}}{\text{nombre de cas possibles}} = \frac{\text{nombre de cas favorables}}{12}$$

On est donc ramené à chercher un évènement composé de 4 issues.
Il y en a plusieurs, par exemple :
– « obtenir un multiple de 3 » (12 ; 15 ; 33 ; 36) ;
– « obtenir un multiple de 4 » (12 ; 16 ; 32 ; 36) ;
– « obtenir un nombre commençant par un 1 » (ou un 2 ou un 3) ;
– « obtenir un nombre compris entre 14 et 24 »...

Exercice 4

1 a. Longueur du côté du plus petit carré

Dans le script principal, l'instruction `mettre côté à 40` indique que la longueur du carré est initialisée à **40**.

b. Longueur du côté du plus grand carré

Dans le script principal, l'instruction `ajouter à côté 20` est répétée 4 fois.
Les quatre carrés représentés ont pour côtés 40 ; 60 ; 80 ; 100.
La longueur du côté du plus grand carré est 100.

2 Ajout d'une instruction

• En étudiant le nouveau dessin obtenu, il apparaît qu'à chaque nouvelle construction, le trait est épaissi.

• Ainsi, on insère l'instruction `ajouter 2 à la taille du stylo` dans le script principal après l'instruction `carré`.

3 Dessin obtenu avec le nouveau script

• Dans le script principal, l'instruction `avancer de coté` est remplacée par `avancer de côté + 30`. Le reste est identique.

• Sur le dessin 1, l'ordonnée *y* est modifiée à chaque nouveau carré. Dans le script, il n'y a pas de modification de la valeur de *y* (qui reste donc égal à 0).
Le dessin 1 n'est donc pas celui obtenu avec le nouveau script.

L'astuce du prof
On compare les deux scripts pour comprendre la différence.

Gagnez des points !
Analysez les dessins obtenus et procédez par élimination pour trouver le dessin obtenu.

• Sur le dessin 2, le stylo reste en position d'écriture du début à la fin. Or le bloc carré, répété 4 fois, a pour dernière instruction `relever le stylo`. Le dessin 2 n'est donc pas celui obtenu avec le nouveau script.

• En conclusion, **le nouveau script permet de réaliser le dessin 3.**

Exercice 5

1 Transformation permettant d'obtenir le motif ②

Le motif ABD est le symétrique par rapport à la droite (AB) du motif ABC.
Le motif ② est obtenu à partir du motif ① par la **symétrie d'axe (AB)**.

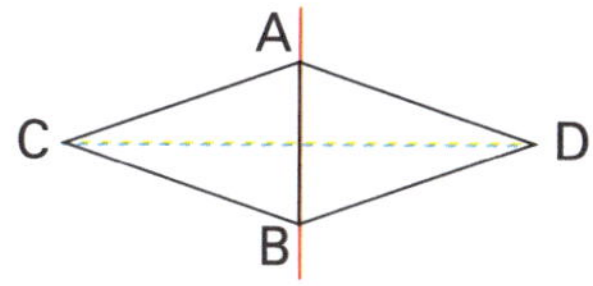

Remarque
La symétrie d'axe (AB) a le même rôle qu'un miroir.

2 Transformation permettant d'obtenir la frise

On repère sur la frise la répétition du motif ②.
Le motif vert est obtenu par « glissement » du motif ② de A vers D (ou de C vers B) ; de même, on obtient le motif bleu à partir du vert et le noir à partir du bleu.
La translation permettant d'obtenir la frise est donc la **translation transformant A en D (ou C en B)**.

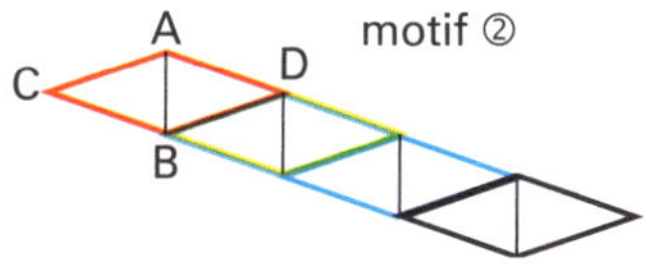

Remarque
La translation qui transforme A en D sera étudiée en seconde et notée « translation de vecteur $\overrightarrow{AD}$ ».

Exercice 6

1 Étude de la faisabilité du projet

Il s'agit de déterminer une mesure de l'angle $\widehat{ABP}$.

- **Justification d'égalité de longueurs**

Le quadrilatère BCDP étant un rectangle, on a :
FG = BC = PD = 0,15 m
BP = CD = 5 m

Vue de face

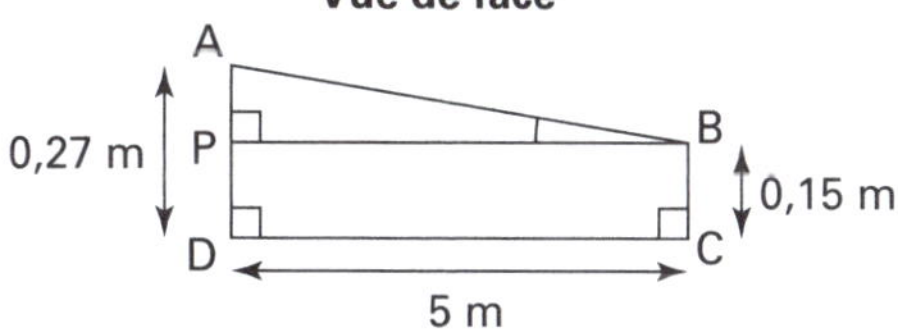

L'astuce du prof
Faites un croquis sur lequel vous reportez les longueurs connues.

- **Calcul de la longueur AP**

Le point P est situé sur le segment [AD], donc :
AP = AD – PD = 0,27 – 0,15
AP = 0,12 m

- **Calcul de la mesure de $\widehat{ABP}$**

Dans le triangle APB rectangle en P,

$$\tan \widehat{ABP} = \frac{\text{côté opposé à } \widehat{ABP}}{\text{côté adjacent à } \widehat{ABP}} = \frac{AP}{PB}$$

Gagnez des points !
Assurez-vous d'être dans un triangle rectangle pour utiliser la trigonométrie.

$\tan \widehat{ABP} = \frac{0{,}12}{5} = 0{,}024$

À la calculatrice, on déduit :

$\widehat{ABP} = \tan^{-1}(0{,}024)$

$\widehat{ABP} \simeq 1{,}37°$

Pensez-y !

Vérifiez que votre calculatrice est bien en mode degrés.

• En conclusion, l'angle $\widehat{ABP}$ est compris entre 1° et 1,5° : **le projet de Madame Martin vérifie la condition de bon écoulement des eaux de pluie.**

2 Calcul du montant de la facture

• Volume *V* de béton nécessaire

La quantité de béton nécessaire à la réalisation de la terrasse correspond au volume *V* d'un prisme droit de base ABCD et de hauteur CG.

V = aire de la base du prisme × hauteur du prisme (information 2)

$V = \mathcal{A}_{ABCD} \times CG$

On décompose le quadrilatère ABCD en un rectangle PBCD et un triangle APB :

$\mathcal{A}_{ABCD} = \mathcal{A}_{PBCD} + \mathcal{A}_{APB}$

$\mathcal{A}_{PBCD} = \text{longueur} \times \text{largeur} = DC \times BC = 5 \times 0{,}15 = 0{,}75$

$\mathcal{A}_{APB} = \frac{\text{base} \times \text{hauteur}}{2} = \frac{PB \times AP}{2} = \frac{5 \times 0{,}12}{2} = 0{,}3$

$\mathcal{A}_{ABCD} = 0{,}75 + 0{,}3 = 1{,}05 \text{ m}^2$

Autre méthode

Le quadrilatère ABCD est un trapèze d'aire :

$$\frac{(\text{petite base} + \text{grande base}) \times \text{hauteur}}{2}$$

$$\mathcal{A}_{ABCD} = \frac{(BC + AD) \times DC}{2} = \frac{(0{,}15 + 0{,}27) \times 5}{2} = 1{,}05 \text{ m}^2$$

On en déduit : $V = 1{,}05 \times 8 = 8{,}4 \text{ m}^3$.

8,4 m^3 de béton sont nécessaires pour la construction de la terrasse.

• Prix du béton

1 m^3 de béton coûte 95 € (information 3).

$8{,}4 \times 95 = 798$.

Le béton est facturé 798 €.

• Nombre de toupies de béton nécessaires

La capacité maximale du camion-toupie est 6 m^3 (information 3).

Ayant besoin de 8,4 m^3 de béton, 2 toupies de béton seront nécessaires.

• **Distance parcourue par le camion-toupie**

L'entreprise facture les distances aller et retour parcourues par le camion-toupie (information 3).

L'entreprise se situe à 23 km du domicile de Madame Martin (information 1).

Sachant que le camion-toupie devra effectuer deux trajets, il parcourra :

$$\underbrace{(23 \times 2)}_{\text{trajet aller-retour}} \times \underbrace{2}_{\text{2 trajets}} = 92 \text{ km}$$

Gagnez des points !

Lisez attentivement l'énoncé, car il contient de nombreuses informations.

• **Frais de livraison**

1 km parcouru est facturé 5 € (information 3).

$92 \times 5 = 460$.

Les frais de livraison s'élèvent à 460 €.

• En conclusion, la facture de Madame Martin s'élève à :

prix du béton + frais de livraison

= 798 + 460 = **1 258 €**

Gagnez des points !

N'oubliez pas la conclusion.

Exercice 7

1 Développement et réduction

$A = 2x(x - 1) - 4(x - 1)$

$A = 2x \times x - 2x \times 1 - 4 \times x - 4 \times (-1)$

$A = 2x^2 - 2x - 4x + 4$

$\mathbf{A = 2x^2 - 6x + 4}$

Méthode

On applique la distributivité : $k(a - b) = ka - kb$.

2 Solution d'une équation

On calcule $(2x + 1) \times (x - 2)$ pour $x = -5$.

$(2 \times (-5) + 1) \times (-5 - 2)$

$= (-10 + 1) \times (-7) = (-9) \times (-7) = 63$

Le nombre –5 est donc solution de l'équation $(2x + 1) \times (x - 2) = 63$.

Méthode

Il suffit de remplacer x par –5 dans le produit et de vérifier si oui ou non on obtient 63.

3 a. Représentation graphique de la fonction f

Le **graphique B** représente la fonction f.

b. Justification

$f(x) = -3x + 1,5$.

f est une fonction affine représentée graphiquement par une droite dont l'ordonnée à l'origine est $f(0)$.

$f(0) = -3 \times 0 + 1,5 = 1,5$

La droite représentant f coupe donc l'axe vertical en 1,5 : c'est $\boldsymbol{d_2}$.

Remarques

• $f(1) = -3 \times 1 + 1,5 = -1,5$. La droite représentant f passe par le point de coordonnées (1 ; –1,5). d_1 et d_2 passent toutes deux par ce point. Aussi ce calcul ne permet-il pas de justifier notre choix.

• La droite d_1 représente la fonction $f(x) = 1,5x - 3$.

Autres méthodes

- **Avec le coefficient directeur de la droite**

On a $f(x) = -3x + 1{,}5$. La fonction f est représentée par une droite dont le coefficient directeur est -3. (C'est le « a » de $ax + b$.)

Pour d_1, on lit $a = 3$.

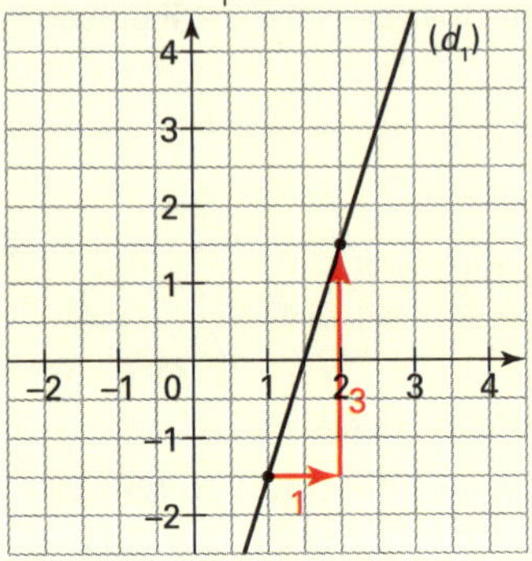

Pour d_2, on lit $a = -3$.

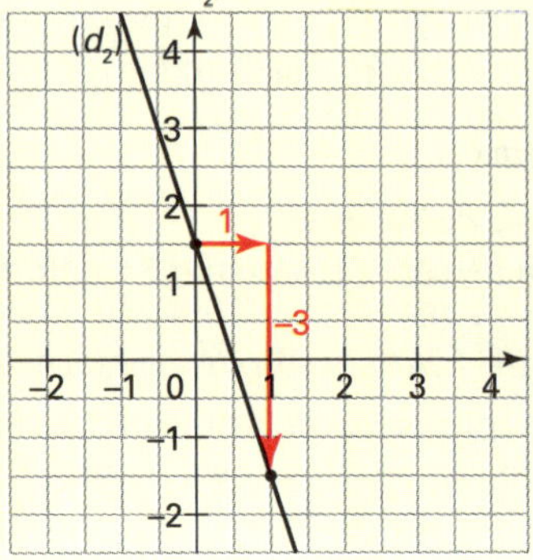

La fonction représentant f est donc d_2.

- **Avec un calcul d'image**

$f(x) = -3x + 1{,}5$.

Par exemple, on calcule $f(2) = -3 \times 2 + 1{,}5 = -4{,}5$. La droite représentant f passe donc par le point de coordonnées $(2 ; -4{,}5)$: c'est le cas pour d_2 ; mais pas pour d_1.

Exercice 8

- 9,7 Mo sont téléchargés sur un total de 115,2 Mo.

Restent à télécharger : $115{,}2 - 9{,}7 = 105{,}5$ Mo.

- La vitesse de téléchargement est de 1,3 Mo/s.

Le temps t de téléchargement de 105,5 Mo est donc de :

$$t = \frac{105{,}5}{1{,}3}$$

$t \approx 81$ s (temps arrondi à la seconde près)

Gagnez des points !

Attention aux unités !

- 81 s = 60 s + 21 s = 1 min 21 s.

Il faudra donc **moins d'une minute et vingt-cinq secondes** pour que le téléchargement se termine.

Autre méthode

1 min 25 s = (60 + 25) s = 85 s. En 85 s, on peut télécharger $85 \times 1{,}3 = 110{,}5$ Mo. Il reste 105,5 Mo à télécharger. $105{,}5 < 110{,}5$: le temps proposé est donc suffisant pour télécharger le reste des données.

Sujet 3 Pondichéry, mai 2018

100 pts — 2 heures

Exercice 1

15 min — 13 pts

On considère un jeu composé d'un plateau tournant et d'une boule. Représenté ci-contre, ce plateau comporte 13 cases numérotées de 0 à 12.

On lance la boule sur le plateau. La boule finit par s'arrêter au hasard sur une case numérotée.

La boule a la même probabilité de s'arrêter sur chaque case.

1 Quelle est la probabilité que la boule s'arrête sur la case numérotée 8 ? **2 pts**

2 Quelle est la probabilité que le numéro de la case sur laquelle la boule s'arrête soit un nombre impair ? **3 pts**

3 Quelle est la probabilité que le numéro de la case sur laquelle la boule s'arrête soit un nombre premier ? **4 pts**

4 Lors des deux derniers lancers, la boule s'est arrêtée à chaque fois sur la case numérotée 9. A-t-on maintenant plus de chances que la boule s'arrête sur la case numérotée 9 plutôt que sur la case numérotée 7 ? Argumenter à l'aide d'un calcul de probabilités. **4 pts**

Exercice 2

15 min — 9 pts

Le pavage représenté sur la figure 1 ci-après est réalisé à partir d'un motif appelé pied-de-coq qui est présent sur de nombreux tissus utilisés pour la fabrication de vêtements.

Le motif pied-de-coq est représenté par le polygone ci-après (figure 2) qui peut être réalisé à l'aide d'un quadrillage régulier.

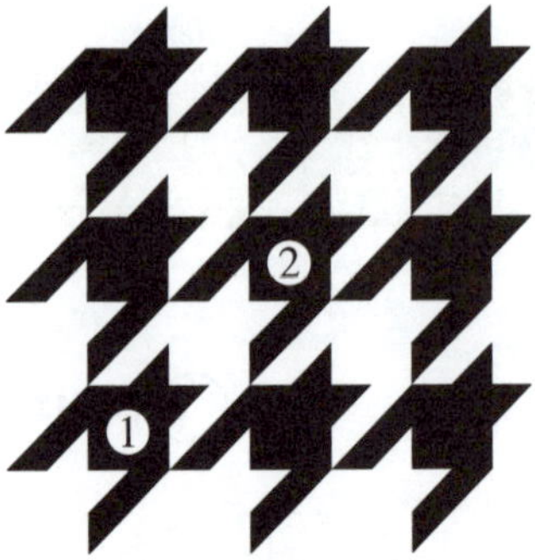

Figure 1

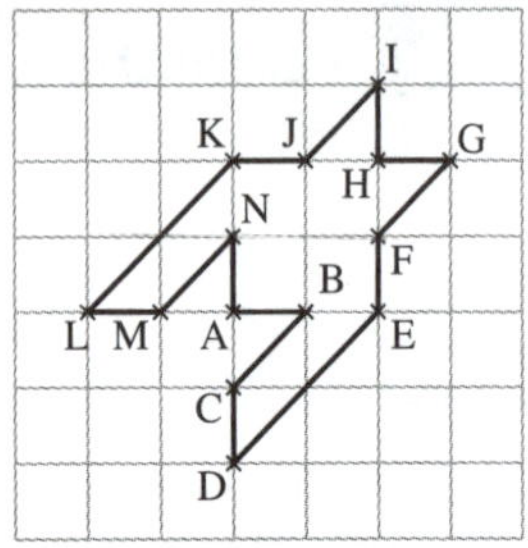

Figure 2

1 Sur la figure 1, quel type de transformation géométrique permet d'obtenir le motif 2 à partir du motif 1 ? **2 pts**

2 Dans cette question, on considère que : AB = 1 cm (figure 2).
Déterminer l'aire d'un motif pied-de-coq. **4 pts**

3 Marie affirme « si je divise par 2 les longueurs d'un motif, son aire sera aussi divisée par 2 ».
A-t-elle raison ? Expliquer pourquoi. **3 pts**

Exercice 3

10 min **9 pts**

Cet exercice est un QCM (questionnaire à choix multiples). Pour chacune des questions, quatre réponses sont proposées et une seule est exacte. Une réponse fausse ou absente n'enlève pas de point.
Pour chacune des trois questions, sélectionner la bonne réponse.

3 pts par question

	1	2	3
	$2{,}53 \times 10^{15} =$	La latitude de l'équateur est :	$\dfrac{\dfrac{2}{3}+\dfrac{5}{6}}{7} =$
Réponse A	2,530 000 000 000 000 00	0°	$\dfrac{3}{14}$
Réponse B	2 530 000 000 000 000	90° Est	$\dfrac{1}{9}$
Réponse C	253 000 000 000 000 000	90° Nord	0,214 285 714
Réponse D	37,95	90° Sud	0,111 111 111

Exercice 4

25 min **18 pts**

Programme A	Programme B
• Choisir un nombre • Soustraire 3 • Calculer le carré du résultat obtenu	• Choisir un nombre • Calculer le carré de ce nombre • Ajouter le triple du nombre de départ • Ajouter 7

1 Corinne choisit le nombre 1 et applique le programme A. Expliquer en détaillant les calculs que le résultat du programme de calcul est 4. **2 pts**

2 Tidjane choisit le nombre – 5 et applique le programme B. Quel résultat obtient-il ? **2 pts**

3 Lina souhaite regrouper le résultat de chaque programme à l'aide d'un tableur. Elle crée la feuille de calcul ci-dessous. Quelle formule, copiée ensuite à droite dans les cellules C3 à H3, a-t-elle saisie dans la cellule B3 ? **3 pts**

B2 =(B1-3)^2

	A	B	C	D	E	F	G	H
1	Nombre de départ	-3	-2	-1	0	1	2	3
2	Résultat du programme A	36	25	16	9	4	1	0
3	Résultat du programme B	7	5	5	7	11	17	25

4 Zoé cherche à trouver un nombre de départ pour lequel les deux programmes de calcul donnent le même résultat. Pour cela, elle appelle x le nombre choisi au départ et exprime le résultat de chaque programme de calcul en fonction de x.

a. Montrer que le résultat du programme A en fonction de x peut s'écrire sous forme développée et réduite : $x^2 - 6x + 9$. **4 pts**

b. Écrire le résultat du programme B en fonction de x. **2 pts**

c. Existe-t-il un nombre de départ pour lequel les deux programmes donnent le même résultat ? Si oui, lequel ? **5 pts**

Exercice 5

25 min **20 pts**

Dans tout l'exercice, l'unité de longueur est le mm.

On lance une fléchette sur une plaque carrée sur laquelle figure une cible circulaire (en gris sur la figure ci-après). Si la pointe de la fléchette est sur le bord de la cible, on considère que la cible n'est pas atteinte.

On considère que cette expérience est aléatoire et l'on s'intéresse à la probabilité que la fléchette atteigne la cible.

- La longueur du côté de la plaque carrée est 200.
- Le rayon de la cible est 100.
- La fléchette est représentée par le point F de coordonnées $(x\ ;\ y)$ où x et y sont des nombres aléatoires compris entre – 100 et 100.

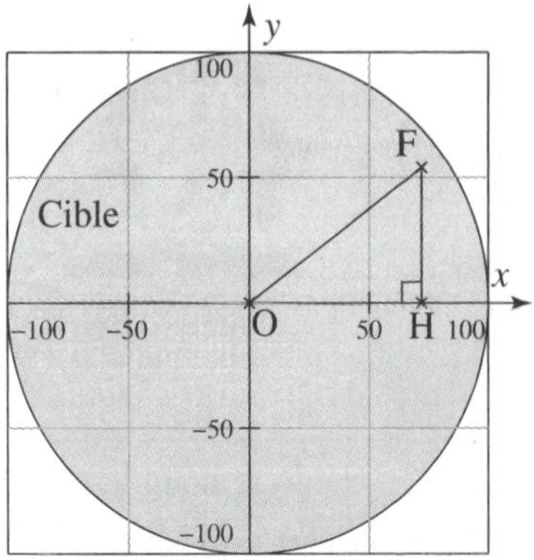

1 Dans l'exemple ci-dessus, la fléchette F est située au point de coordonnées (72 ; 54). **4 pts**
Montrer que la distance OF, entre la fléchette et l'origine du repère, est 90.

2 D'une façon générale, quel nombre ne doit pas dépasser la distance OF pour que la fléchette atteigne la cible ? **2 pts**

3 On réalise un programme qui simule plusieurs fois le lancer de cette fléchette sur la plaque carrée et qui compte le nombre de lancers atteignant la cible. Le programmeur a créé trois variables nommées **carré de OF**, **distance** et **score.**

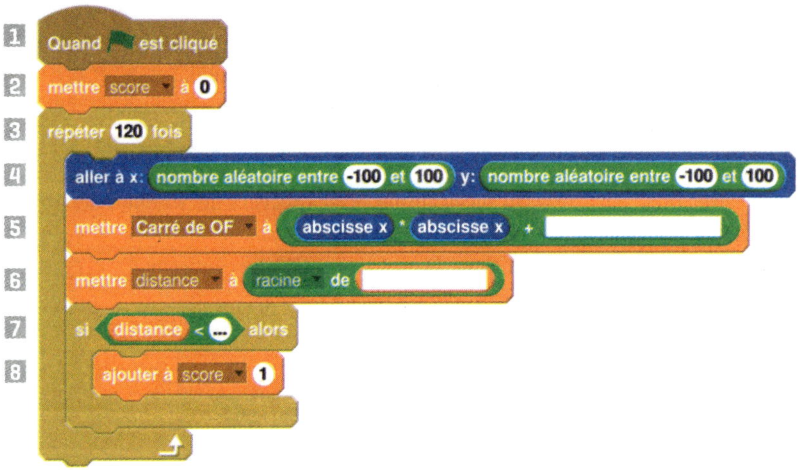

a. Lorsqu'on exécute ce programme, combien de lancers sont simulés ? **1 pt**

b. Quel est le rôle de la variable **score** ? **1 pt**

c. Compléter uniquement les lignes 5, 6 et 7 du programme afin qu'il fonctionne correctement. **6 pts**

d. Après une exécution du programme, la variable **score** est égale à 102. À quelle fréquence la cible a-t-elle été atteinte dans cette simulation ? Exprimer le résultat sous la forme d'une fraction irréductible. **2 pts**

4 On admet que la probabilité d'atteindre la cible est égale au quotient : aire de la cible divisée par aire de la plaque carrée. Donner une valeur approchée de cette probabilité au centième près. **4 pts**

Exercice 6

15 min **15 pts**

Chris fait une course à vélo tout terrain (VTT). Le graphique ci-dessous représente sa fréquence cardiaque (en battements par minute) en fonction du temps lors de la course.

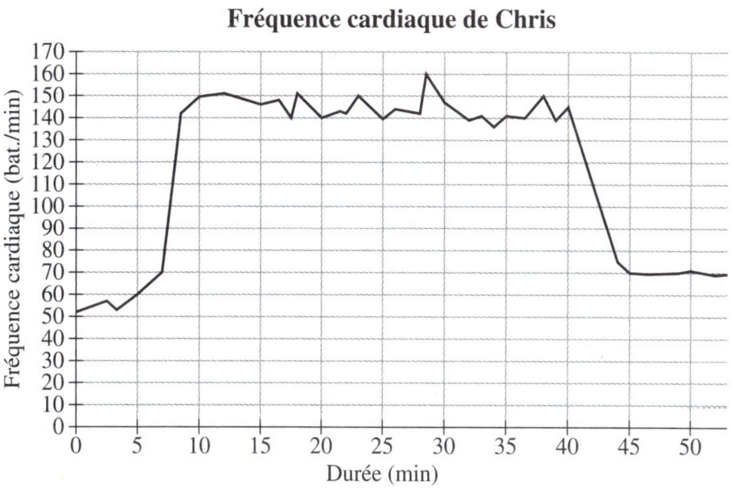

1 Quelle est la fréquence cardiaque de Chris au départ de sa course ? **1 pt**

2 Quel est le maximum de la fréquence cardiaque atteinte par Chris au cours de sa course ? **2 pts**

3 Chris est parti à 9 h 33 de chez lui et termine sa course à 10 h 26. Quelle a été la durée, en minutes, de sa course ? **2 pts**

4 Chris a parcouru 11 km lors de cette course. Montrer que sa vitesse moyenne est d'environ 12,5 km/h. **4 pts**

5 On appelle FCM (fréquence cardiaque maximale) la fréquence maximale que peut supporter l'organisme. Celle de Chris est FCM = 190 battements par minute. En effectuant des recherches sur des sites internet spécialisés, il a trouvé le tableau ci-après.

Effort	Léger	Soutenu	Tempo	Seuil anaérobie
Fréquence cardiaque mesurée	Inférieur à 70 % de la FCM	70 à 85 % de la FCM	85 à 92 % de la FCM	92 à 97 % de la FCM

Estimer la durée de la période pendant laquelle Chris a fourni un effort soutenu au cours de sa course. **6 pts**

Exercice 7

15 min **16 pts**

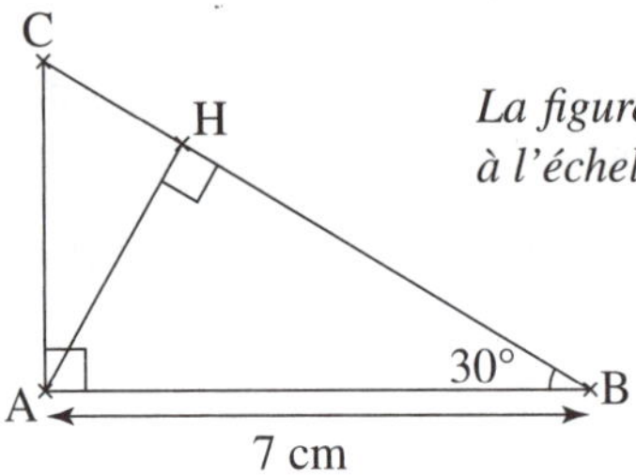

La figure ci-contre n'est pas à l'échelle.

On considère ci-dessus un triangle ABC rectangle en A tel que $\widehat{ABC} = 30°$ et AB = 7 cm. H est le pied de la hauteur issue de A.

1 Tracer la figure en vraie grandeur. Laisser les traits de construction apparents. **3 pts**

2 Démontrer que AH = 3,5 cm. **5 pts**

3 Démontrer que les triangles ABC et HAC sont semblables. **4 pts**

4 Déterminer le coefficient de réduction permettant de passer du triangle ABC au triangle HAC. **4 pts**

Sujet 3 Corrigé

Les clés pour réussir

Exercice 1

Révisez **Les probabilités**

Les difficultés du sujet

1 et **2** En situation d'équiprobabilité, une probabilité p se calcule avec la formule :

$$p = \frac{\text{nombre d'issues favorables}}{\text{nombre total d'issues}}$$

3 Un nombre premier est un nombre qui admet uniquement deux diviseurs distincts : 1 et lui-même.

4 • Dire que l'on a plus de chances que la boule s'arrête sur la case 9 plutôt que sur la case 7, c'est dire que la probabilité d'obtenir la case 9 est plus grande que celle d'obtenir la case 7.

• N'oubliez pas qu'à chaque lancer, la boule a la même probabilité de s'arrêter sur chaque case.

Exercice 2

Révisez **Les transformations**

• Dans un agrandissement ou une réduction, si les longueurs sont multipliées par k, les aires sont multipliées par k^2.

• L'aire d'un carré de côté c cm est c^2 cm^2.

Les difficultés du sujet

1 Le motif a simplement subi un glissement. Cette transformation porte un nom…

2 Comptez les carrés entiers et les demi-carrés.

3 C'est une réduction. Que se passe-t-il dans ce cas pour les aires ? Essayez sur un exemple simple, comme un carré : calculez l'aire d'un carré de côté 6 cm, puis celle d'un carré de côté 3 cm.

Exercice 3

Révisez **Le calcul numérique**

Les difficultés du sujet

3 Calculez d'abord la somme $\frac{2}{3}+\frac{5}{6}$ en écrivant les fractions au même dénominateur. Divisez ensuite le résultat par 7, c'est-à-dire multipliez-le par $\frac{1}{7}$.

Exercice 4

Révisez **Le calcul numérique et littéral**

Les difficultés du sujet

3 Dans la barre de saisie (en haut), il y a la formule pour le résultat du programme A (en B2). Prenez exemple…

4 **a.** Écrivez les différentes étapes en choisissant le nombre x comme nombre de départ. Vous obtenez un produit qu'il faut développer.

c. La réponse est donnée par la solution de l'équation :

Résultat du programme A = Résultat du programme B

Exercice 5

Révisez Les algorithmes et la programmation

- Si ABC est rectangle en A, d'après le théorème de Pythagore :

$$AB^2 + AC^2 = BC^2$$

- Fréquence d'une valeur = $\dfrac{\text{effectif de la valeur}}{\text{effectif total}}$.
- Aire d'un disque = $\pi \times \text{rayon}^2$.

Les difficultés du sujet

1 Le triangle OHF est rectangle et on connaît deux longueurs grâce aux coordonnées du point F.

3 Décomposez le programme de calcul. Vous ne pourrez répondre aux questions que si vous avez bien compris son fonctionnement et son intérêt. En particulier, identifiez le rôle de chacune des trois variables utilisées. Les premières questions peuvent vous aider.

4 Déterminez l'aire de la cible (c'est un disque) avec la formule ci-dessus, et l'aire de la plaque (c'est un carré), puis calculez le quotient.

Exercice 6

Révisez Le calcul numérique, les grandeurs composées et les pourcentages

- Vitesse (en km/h) = $\dfrac{\text{distance (en km)}}{\text{temps (en h)}}$
- Pour calculer t % d'une quantité q, on calcule le produit $\dfrac{t}{100} \times q$.

Les difficultés du sujet

1 et **2** Vous devez effectuer des lectures graphiques.
On obtient alors des valeurs approchées des valeurs demandées.

4 • Utilisez la formule ci-dessus. Faites attention aux unités.
• Commencez par calculer le nombre de kilomètres parcourus en une minute, puis transformez en km/h...

5 Calculez d'abord 70 % et 85 % de la FCM, puis lisez graphiquement pour quelles durées ces fréquences cardiaques sont atteintes.

Exercice 7

Révisez La géométrie plane

- $\cos\hat{B} = \dfrac{\text{côté adjacent à } \hat{B}}{\text{hypoténuse}} = \dfrac{AB}{BC}$
- $\sin\hat{B} = \dfrac{\text{côté opposé à } \hat{B}}{\text{hypoténuse}} = \dfrac{AC}{BC}$

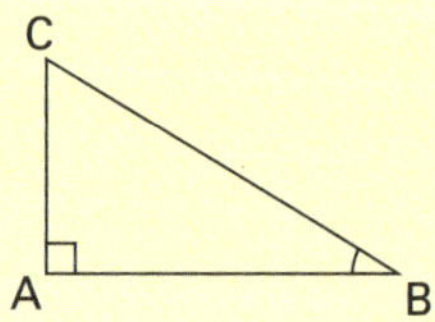

- $\tan\hat{B} = \dfrac{\text{côté opposé à } \hat{B}}{\text{côté adjacent à } \hat{B}} = \dfrac{AC}{AB}$
- Deux triangles sont semblables s'ils ont les mêmes angles.

Les difficultés du sujet

2 Citez le triangle dans lequel vous allez utiliser la trigonométrie.

3 Expliquez pourquoi ces deux triangles ont des angles de même mesure.

4 Vous trouverez ce coefficient de réduction (nombre compris entre 0 et 1) en effectuant un quotient.

Exercice 1

1 Probabilité que la boule s'arrête sur le 8

La boule a la même probabilité de s'arrêter sur chaque case. Ainsi, la probabilité que la boule s'arrête sur la case numérotée 8 est :

$$p_1 = \frac{\text{nombre de cases numérotées 8}}{\text{nombre total de cases}}$$

$$p_1 = \frac{1}{13}$$

Remarque

On parle de situation d'équiprobabilité.

La probabilité que la boule s'arrête sur le numéro 8 est $\frac{1}{13}$.

2 Probabilité que la boule s'arrête sur un numéro impair

$$p_2 = \frac{\text{nombre de cases avec un numéro impair}}{\text{nombre total de cases}}$$

Les numéros impairs sont : 1 ; 3 ; 5 ; 7 ; 9 et 11.
Il y a donc 6 cases avec un numéro impair.
Ainsi, $p_2 = \frac{6}{13}$.

La probabilité que la boule s'arrête sur un numéro impair est $\frac{6}{13}$.

3 Probabilité que la boule s'arrête sur un nombre premier

$$p_3 = \frac{\text{nombre de cases avec un nombre premier}}{\text{nombre total de cases}}$$

Les nombres premiers sont : 2 ; 3 ; 5 ; 7 et 11.
Il y a 5 cases avec un nombre premier.

Ainsi, $p_3 = \frac{5}{13}$.

Pensez-y !

1 n'est pas un nombre premier, car il n'a qu'un seul diviseur : lui-même.

La probabilité que la boule s'arrête sur un nombre premier est $\frac{5}{13}$.

4 Comparaison de probabilités

À chaque lancer, la probabilité d'obtenir le 9 est $\frac{1}{13}$ et la probabilité d'obtenir le 7 est également $\frac{1}{13}$.

La probabilité que la boule s'arrête sur la case 9 est égale à la probabilité que la boule s'arrête sur la case 7.

> **Remarque**
> Le fait que la boule s'est arrêtée 2 fois auparavant sur la case 9 ne change rien. Les lancers sont indépendants.

Exercice 2

1 Transformation géométrique

La figure ② est obtenue par glissement de la figure ①.

Il s'agit donc d'une translation qui permet d'obtenir le motif ② à partir du motif ①.

> **Remarque**
> Ce glissement est un déplacement caractérisé par un sens, une direction, une longueur.

2 Aire du motif

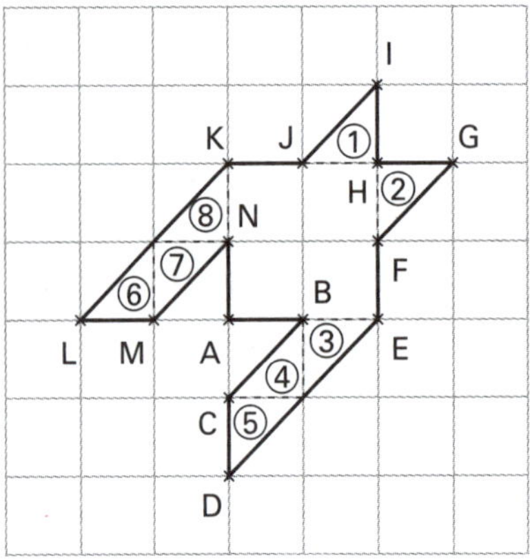

Le motif pied-de-coq est composé d'un carré (AEHK) et de 8 triangles rectangles isocèles (numérotés de 1 à 8 sur la figure) identiques.

- Le carré AEHK a une surface de 4 cm².
- Un triangle rectangle isocèle (comme HGF) a une surface de 0,5 cm² (la moitié de la surface d'un carré de 1 cm de côté).
- $4 + 8 \times 0{,}5 = 8$.

L'aire d'un motif pied-de-coq est 8 cm².

> **Remarque**
> AEHK est constitué de 4 carrés de 1 cm de côté.

3 Aire d'un motif dont on divise les longueurs par 2

Lorsque les longueurs d'une figure géométrique sont multipliées par k, la surface est multipliée par k^2.

Diviser par 2 revient à multiplier par $k = \frac{1}{2}$.

$$k^2 = \left(\frac{1}{2}\right)^2 = \frac{1}{2} \times \frac{1}{2} = \frac{1}{4}$$

Par conséquent, la surface est multipliée par $\frac{1}{4}$.

Multiplier par $\frac{1}{4}$ revient à diviser par 4, donc l'aire du motif sera divisée par 4.

Marie a donc tort.

Remarque

Retrouvez ce résultat à partir d'un exemple simple.
Un carré de 6 cm de côté a une aire de 36 cm².
Un carré de 3 cm de côté (donc en divisant par 2) a une aire de 9 cm².
On a $36 \div 4 = 9$.
Donc l'aire a bien été divisée par 4.

Exercice 3

1 Écriture scientifique d'un nombre

$2{,}53 \times 10^{15} = 2\underbrace{530\,000\,000\,000\,000}_{15\text{ chiffres}}$

Réponse B

Remarque

On décale la virgule de 15 « crans » vers la droite.

2 Latitude de l'équateur

La latitude du point M est la mesure en degrés de l'angle $\widehat{MOL}$ suivie de l'indication Nord ou Sud.

La latitude de l'équateur est 0°.

Réponse A

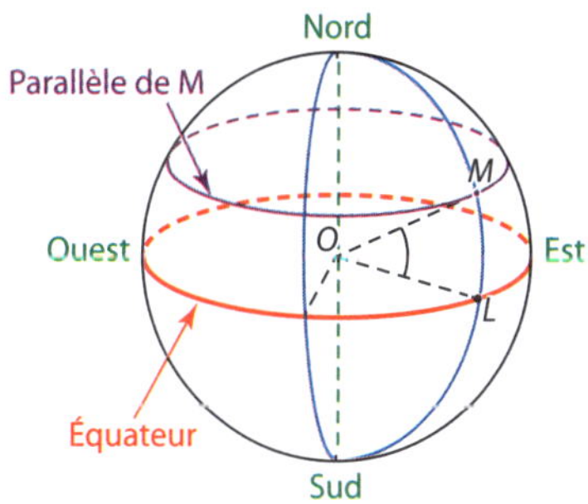

3 Calcul fractionnaire

$$\frac{\frac{2}{3}+\frac{5}{6}}{7} = \frac{\frac{4}{6}+\frac{5}{6}}{7}$$

$$= \frac{\frac{9}{6}}{7}$$

On simplifie $\frac{9}{6}$ par 3

$$= \frac{\frac{3}{2}}{7}$$

Diviser par 7 revient à multiplier par $\frac{1}{7}$

$$= \frac{3}{2} \times \frac{1}{7}$$

$$= \frac{3}{14}$$

Réponse A

Pensez-y !

Attention, la réponse 0,111 111 111 est une valeur approchée du résultat.

Exercice 4

1 Résultat du programme A avec le nombre 1

- Choisir un nombre : 1.
- Soustraire 3 : $1 - 3 = -2$.
- Calculer le carré du résultat obtenu : $(-2)^2 = 4$.

Le résultat obtenu en prenant 1 comme nombre de départ est 4.

2 Résultat du programme B avec le nombre – 5

- Choisir un nombre : – 5.
- Calculer le carré de ce nombre : $(-5)^2 = 25$.
- Ajouter le triple du nombre de départ : $25 + 3 \times (-5) = 25 - 15 = 10$.
- Ajouter 7 : $10 + 7 = 17$.

Le résultat obtenu en prenant – 5 comme nombre de départ est 17.

3 Formule dans la cellule B3

- On commence par élever au carré le nombre inscrit dans la cellule B1, soit `= B1 ^ 2` ou `= B1 * B1`.
- On ajoute le triple du nombre de départ : `= B1 ^ 2 + 3 * B1`
- On ajoute 7 : `= B1 ^ 2 + 3 * B1 + 7`

Ainsi, dans la cellule B3, Lina a saisi :

`= B1 ^ 2 + 3 * B1 + 7`

> **Pensez-y !**
> N'oubliez pas le signe = devant la formule.

4 a. Résultat du programme A avec le nombre *x*

- Choisir un nombre : x.
- Soustraire 3 : $x - 3$.
- Calculer le carré du résultat obtenu : $(x - 3)^2$.

Le résultat du programme A en ayant choisi x comme nombre de départ est $(x - 3)^2$.

On développe $(x - 3)^2$:

$$\begin{aligned}(x-3)^2 &= (x-3)(x-3)\\ &= x^2 - 3x - 3x + 9\\ &= x^2 - 6x + 9\end{aligned}$$

Le résultat du programme A sous forme développée est $x^2 - 6x + 9$.

> **Autre méthode**
> Pour développer $(x - 3)^2$, on peut aussi utiliser l'égalité remarquable $(a + b)^2 = a^2 + 2ab + b^2$ avec $a = x$ et $b = 3$:
> $$(x + 3)^2 = x^2 + 2 \times x \times 3 + 3^2 = x^2 + 6x + 9$$

b. Résultat du programme B avec le nombre x

- Choisir un nombre : x.
- Calculer le carré de ce nombre : x^2.
- Ajouter le triple du nombre de départ : $x^2 + 3x$.
- Ajouter 7 : $x^2 + 3x + 7$.

Avec le programme B, le résultat en fonction de x est $x^2 + 3x + 7$.

c. Détermination d'un nombre donnant le même résultat

On cherche x tel que : $\underbrace{x^2 + 6x + 9}_{\text{Résultat avec le programme A}} = \underbrace{x^2 + 3x + 7}_{\text{Résultat avec le programme B}}$

$$x^2 - 6x + 9 = x^2 + 3x + 7$$

On retranche x^2

$$\cancel{x^2} - \cancel{x^2} - 6x + 9 = \cancel{x^2} - \cancel{x^2} + 3x + 7$$

$$-6x + 9 = 3x + 7$$

On retranche $3x$

$$-6x - 3x + 9 = \cancel{3x} - \cancel{3x} + 7$$

$$-9x + 9 = 7$$

On retranche 9

$$-9x + \cancel{9} - \cancel{9} = 7 - 9$$

$$-9x = -2$$

On divise par -9

$$\frac{-\cancel{9}x}{-\cancel{9}} = \frac{-2}{-9}$$

$$x = \frac{2}{9}$$

En choisissant $\frac{2}{9}$ comme nombre de départ, on obtient le même résultat avec les programmes A et B.

Vérification

On choisit $\frac{2}{9}$ comme nombre de départ.

- Avec le programme A, on obtient successivement :

$$\frac{2}{9}$$

$$\frac{2}{9} - 3 = \frac{2}{9} - \frac{27}{9} = -\frac{25}{9}$$

$$\left(\frac{-25}{9}\right)^2 = \frac{625}{81}$$

- Avec le programme B, on obtient successivement :

$\frac{2}{9}$

$\left(\frac{2}{9}\right)^2 = \frac{4}{81}$

$\frac{4}{81} + 3 \times \frac{2}{9} = \frac{4}{81} + \frac{6}{9} = \frac{4}{81} + \frac{54}{81} = \frac{58}{81}$

$\frac{58}{81} + 7 = \frac{58}{81} + \frac{567}{81} = \frac{625}{81}$

- Les deux programmes donnent bien le même résultat.

Exercice 5

1 Distance OF

Dans le triangle OHF rectangle en H :

$OH^2 + FH^2 = OF^2$

$72^2 + 54^2 = OF^2$

$OF^2 = 8\ 100$

$OF = \sqrt{8100}$

$OF = 90.$

La distance OF est 90 mm.

Remarque

La donnée des coordonnées du point F permet d'avoir les longueurs OH (abscisse de F) et FH (ordonnée de F).

2 Distance OF maximale

Pour que la fléchette atteigne la cible, il faut que la distance OF ne dépasse pas le rayon de la cible, c'est-à-dire **100 mm.**

3 a. Nombre de lancers simulés

Le nombre de lancers simulés est donné par l'instruction répéter 120 fois.

120 lancers sont donc simulés lorsqu'on exécute ce programme.

b. Rôle de la variable score

La variable score permet de compter le nombre de fois où la distance est inférieure à 100. Elle contient donc le **nombre de fois où la cible est atteinte sur les 120 lancers simulés**.

c. Programme complété

Le programme se décompose de la façon suivante :

Répéter 120 fois :

- placer aléatoirement un point de coordonnées $(x\ ;\ y)$ avec $-100 \leq x \leq 100$ et $-100 \leq y \leq 100$ (c'est le point F) ;
- calculer carré de $OF = x^2 + y^2$;

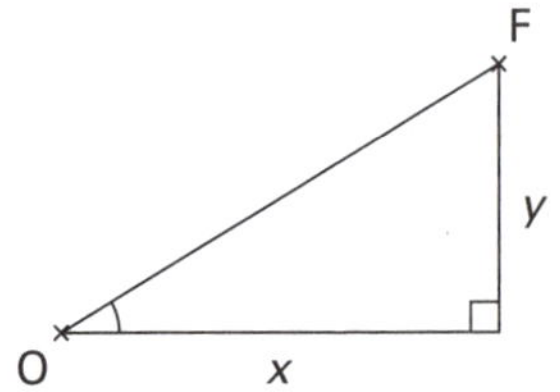

- calculer distance = $\sqrt{x^2 + y^2}$ (c'est la distance OF) ;
- si distance < 100 (si OF < 100, la fléchette atteint la cible), ajouter 1 à la variable SCORE (à chaque fois que la fléchette atteint la cible, la variable score augmente de 1).

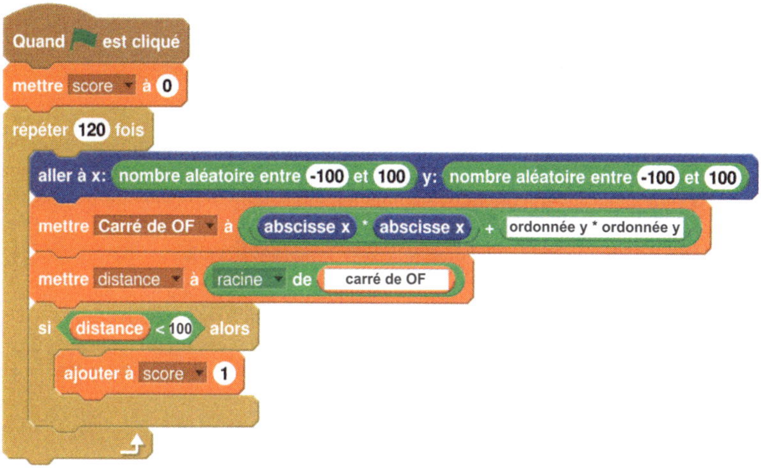

d. Calcul d'une fréquence

La variable score est égale à 102. Cela signifie que la cible a été atteinte 102 fois sur les 120 lancers.

Ainsi, la cible a été atteinte avec une fréquence égale à $\frac{102}{120}$.

$$\frac{102}{120} = \frac{\cancel{2} \times 51}{\cancel{2} \times 60} = \frac{51}{60} = \frac{\cancel{3} \times 17}{\cancel{3} \times 20} = \frac{17}{20}$$

La fréquence sous forme de fraction irréductible est $\frac{17}{20}$.

Méthode

Vous pouvez aussi décomposer 102 et 120 en produits de facteurs premiers : $102 = 2 \times 3 \times 17$ et $120 = 2 \times 3 \times 20$, puis simplifier.

4 Probabilité d'atteindre la cible

Aire de la cible : $\pi \times R^2 = \pi \times 100^2 = 10\,000\,\pi$

Aire de la plaque carrée : $200 \times 200 = 40\,000$

La probabilité d'atteindre la cible est : $\frac{10\,000\pi}{40\,000} = \frac{\pi}{4} \approx 0{,}79$

La probabilité d'atteindre la cible est d'environ 0,79.

Exercice 6

1 Fréquence cardiaque au départ de la course

Au début de la course, la **fréquence cardiaque de Chris est environ de 52 battements par minute** (voir graphique).

Méthode

On lit sur le graphique la fréquence cardiaque pour la durée de 0 min.

2 Maximum de la fréquence cardiaque

La fréquence maximale est environ **160 battements par minute** (voir graphique).
(Cette fréquence maximale est atteinte au bout de 28 minutes de course.)

Méthode

On lit l'ordonnée du point le plus haut sur la courbe.

3 Durée de la course

10 h 26 – 9 h 33 = 53 minutes
La course a duré 53 minutes.

Méthode

De 9 h 33 à 10 h 33, il y a 1 heure. Donc pour 10 h 26, il y a 7 minutes de moins, soit 53 minutes.

4 Vitesse moyenne

$$v = \frac{d}{t}$$

$$v = \frac{11}{53} \quad \begin{matrix} \to \text{en km} \\ \to \text{en min} \end{matrix}$$

$v \approx 0{,}208$

La vitesse moyenne de Chris est environ 0,208 km/min.

$0{,}208 \times 60 \approx 12{,}5$

La vitesse moyenne est donc d'environ 12,5 km/h.

Pensez-y !

Faites attention aux unités.

Remarque

Dans une heure, il y a 60 minutes.
0,208 km en 1 min, c'est 0,208 × 60 km en 1 heure.

Autre méthode

$$53 \text{ min} = \frac{53}{60} \text{ h}$$

$$v = \frac{11}{\frac{53}{60}} \approx 12{,}5 \text{ km/h}.$$

5 Durée de l'effort soutenu

70 % de 190 = 0,7 × 190 = 133
85 % de 190 = 0,85 × 190 = 161,5
L'effort est soutenu lorsque la fréquence cardiaque se situe entre 133 et 162 battements par minute.

Graphiquement, c'est entre 8 minutes et 41 minutes que la fréquence cardiaque se situe entre 133 et 162 battements par minute.
41 – 8 = 33.
Pendant 33 minutes, Chris a fourni un effort soutenu.

Fréquence cardiaque de Chris

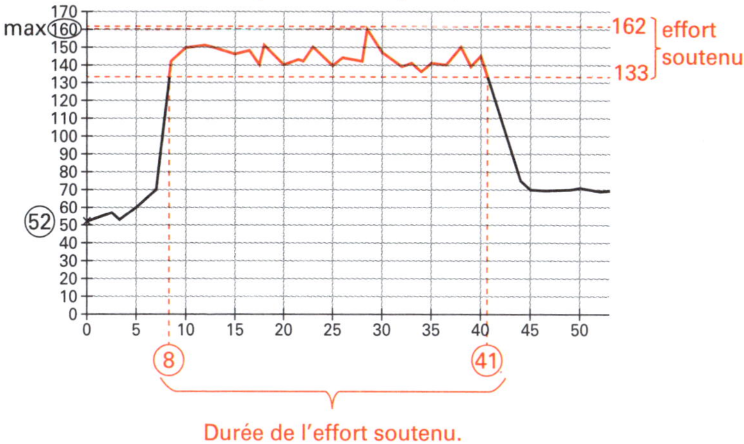

Exercice 7

1 Construction de la figure

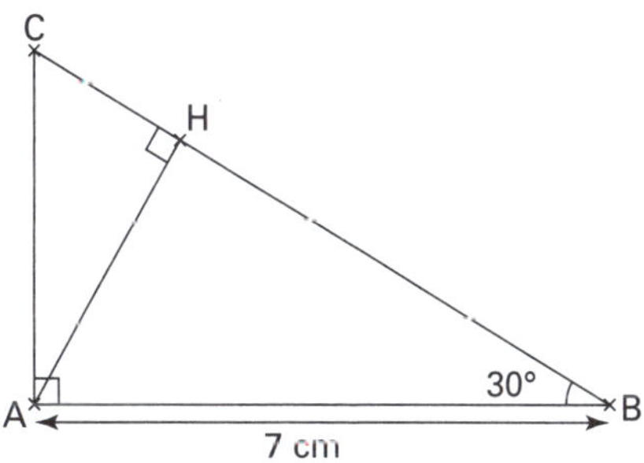

Programme de construction :

- Tracer un segment [AB] de 7 cm.
- À l'aide du rapporteur, tracer l'angle de 30°.
- En utilisant l'équerre, tracer la perpendiculaire à (AB) passant par A.
- Placer le point C puis toujours avec l'équerre, tracer la perpendiculaire à (BC) passant par A.
- Placer le point H.

2 Calcul de la longueur AH

Dans le triangle ABH rectangle en H :

$$\sin\hat{B} = \frac{\text{côté opposé à }\hat{B}}{\text{hypoténuse}}$$

$\sin 30° = \dfrac{AH}{7}$

Produit en croix

$AH = 7 \times \sin 30°$

$AH = 3{,}5$

On trouve bien le résultat annoncé :
AH = 3,5 cm.

> **Remarque**
> Dans ce triangle, on connaît l'angle et l'hypoténuse, et on cherche le côté opposé. C'est donc le sinus qu'il faut choisir.

3 Triangles semblables

ABC et HAC ont l'angle $\widehat{C}$ en commun.

De plus, ces deux triangles sont rectangles. Ainsi, deux angles du triangle ABC sont égaux à deux angles du triangle HAC.
On en déduit que **les triangles ABC et HAC sont semblables.**

> **Pensez-y !**
> Si deux angles de l'un sont égaux à deux angles de l'autre, alors les troisièmes angles sont forcément égaux.

> **Remarque**
> Dans ABC, $\widehat{A} = 90°$, $\widehat{B} = 30°$ et $\widehat{C} = 60°$.
> Dans AHC, $\widehat{A} = 30°$, $\widehat{H} = 90°$ et $\widehat{C} = 60°$.
> Les triangles ABC et AHC ont leurs angles deux à deux égaux.

4 Coefficient de réduction

Le côté [AH] dans le triangle HAC et le côté [AB] dans le triangle ABC sont tous les deux les côtés adjacents de l'angle de 30°. Ils sont donc correspondants.

> **Rappel**
> Si deux triangles sont semblables, alors l'un est une réduction de l'autre.

Le coefficient de réduction pour passer du triangle ABC au triangle HAC est donné par le quotient $\dfrac{AH}{AB} = \dfrac{3{,}5}{7} = 0{,}5$.

Le coefficient de réduction est donc 0,5.

> **Remarque**
> Cela signifie que les longueurs du triangle HAC sont deux fois plus petites que celles du triangle ABC.

Sujet 4 — France métropolitaine, juin 2017

100 pts — 2 heures

Exercice 1

10 min — **8 pts**

Dans une urne contenant des boules vertes et des boules bleues, on tire au hasard une boule et on regarde sa couleur. On replace ensuite la boule dans l'urne et on mélange les boules.
La probabilité d'obtenir une boule verte est $\frac{2}{5}$.

1 Expliquer pourquoi la probabilité d'obtenir une boule bleue est égale à $\frac{3}{5}$. **2 pts**

2 Paul a effectué 6 tirages et a obtenu une boule verte à chaque fois.
Au 7e tirage, aura-t-il plus de chances d'obtenir une boule bleue qu'une boule verte ? **2 pts**

3 Déterminer le nombre de boules bleues dans cette urne sachant qu'il y a 8 boules vertes. **4 pts**

Exercice 2

15 min — **12 pts**

On donne le programme suivant qui permet de tracer plusieurs triangles équilatéraux de tailles différentes.
Ce programme comporte une variable nommée « **côté** ». Les longueurs sont données en pixels.
On rappelle que l'instruction `s'orienter à 90` signifie que l'on se dirige vers la droite.

1 Quelles sont les coordonnées du point de départ du tracé ? **2 pts**

2 Combien de triangles sont dessinés par le script ? **2 pts**

3 **a.** Quelle est la longueur (en pixels) du côté du deuxième triangle tracé ? **2 pts**

Numéros d'instruction	Script	Le bloc triangle
1	Quand 🏴 est cliqué	définir triangle
2	effacer tout	stylo en position écriture
3	aller à x: −200 y: −100	répéter 3 fois
4	s'orienter à 90	avancer de côté
5	Mettre côté à 100	tourner ↺ de 120 degrés
6	répéter 5 fois	relever le stylo
7	triangle	
8	avancer de côté	
9	Ajouter à côté −20	

b. Tracer à main levée l'allure de la figure obtenue quand on exécute ce script. **4 pts**

4 On modifie le script initial pour obtenir la figure ci-dessous.
Indiquer le numéro d'une instruction du script **après laquelle** on peut placer l'instruction tourner ↺ de 60 degrés pour obtenir cette nouvelle figure. **2 pts**

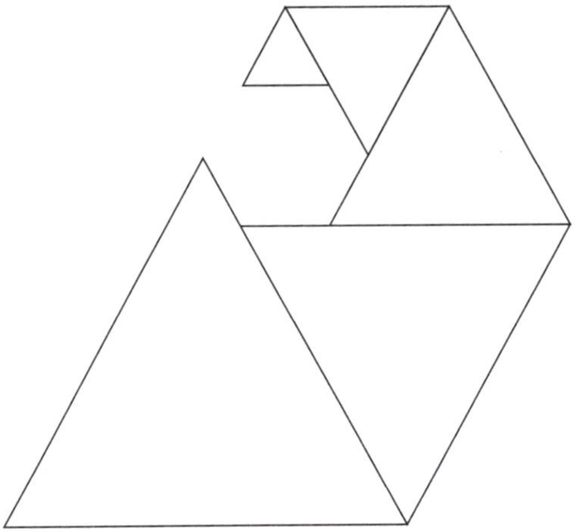

Exercice 3

10 min **8 pts**

Un condensateur est un composant électronique qui permet de stocker de l'énergie électrique pour la restituer plus tard.
Le graphique ci-après montre l'évolution de la tension mesurée aux bornes d'un condensateur en fonction du temps lorsqu'il est en charge.

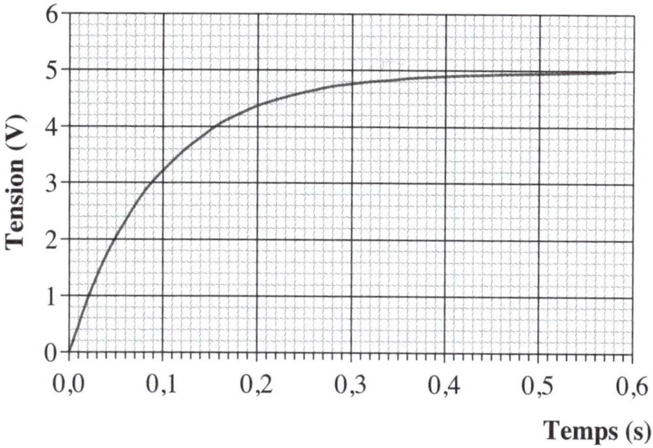

1 S'agit-il d'une situation de proportionnalité ? Justifier. **2 pts**

2 Quelle est la tension mesurée au bout de 0,2 s ? **2 pts**

3 Au bout de combien de temps la tension aux bornes du condensateur aura-t-elle atteint 60 % de la tension maximale qui est estimée à 5 V ? **4 pts**

Exercice 4

25 min **19 pts**

Les panneaux photovoltaïques permettent de produire de l'électricité à partir du rayonnement solaire. Une unité courante pour mesurer l'énergie électrique est le kilowattheure, abrégé en kWh.

1 Le plus souvent, l'électricité produite n'est pas utilisée directement, mais vendue pour être distribuée dans le réseau électrique collectif. Le prix d'achat du kWh, donné en **centimes d'euro**, dépend du type d'installation et de sa puissance totale, ainsi que de la date d'installation des panneaux photovoltaïques. Ce prix d'achat du kWh est donné dans le tableau ci-après.
En mai 2015, on installe une centrale solaire du type B, d'une puissance de 28 kW.
Vérifier que le prix d'achat de 31 420 kWh est d'environ 4 383 €. **3 pts**

Tarifs d'un kWh en centimes d'euro

Type d'installation	Puissance totale	Date d'installation : Du 01/01/15 au 31/03/15	Du 01/04/15 au 30/06/15	Du 01/07/15 au 30/09/15	Du 01/10/15 au 31/12/15
Type A	0 à 9 kW	26,57	26,17	25,78	25,39
Type B	0 à 36 kW	13,46	13,95	14,7	14,4
	36 à 100 kW	12,79	13,25	13,96	13,68

Source : http://www.developpement-durable.gouv.fr

2 Une personne souhaite installer des panneaux photovoltaïques sur la partie du toit de sa maison orientée au sud. Cette partie est grisée sur la figure ci-contre. Elle est appelée pan sud du toit.
La production d'électricité des panneaux solaires dépend de l'inclinaison du toit.
Déterminer, au degré près, l'angle $\widehat{ABC}$ que forme ce pan sud du toit avec l'horizontale. **4 pts**

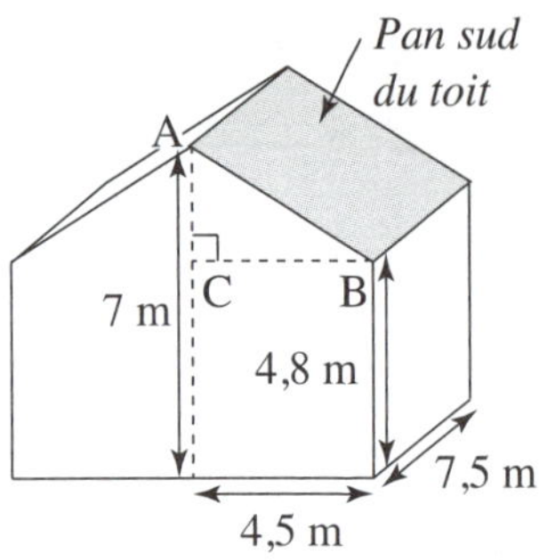

3 a. Montrer que la longueur AB est environ égale à 5 m. **3 pts**

b. Les panneaux photovoltaïques ont la forme d'un carré de 1 m de côté.
Le propriétaire prévoit d'installer 20 panneaux.
Quel pourcentage de la surface totale du pan sud du toit sera alors couvert par les panneaux solaires ? On donnera une valeur approchée du résultat à 1 % près. **4 pts**

c. La notice d'installation indique que les panneaux doivent être accolés les uns aux autres et qu'une bordure d'au moins 30 cm de large doit être laissée libre pour le système de fixation tout autour de l'ensemble des panneaux.
Le propriétaire peut-il installer les 20 panneaux prévus ? **5 pts**

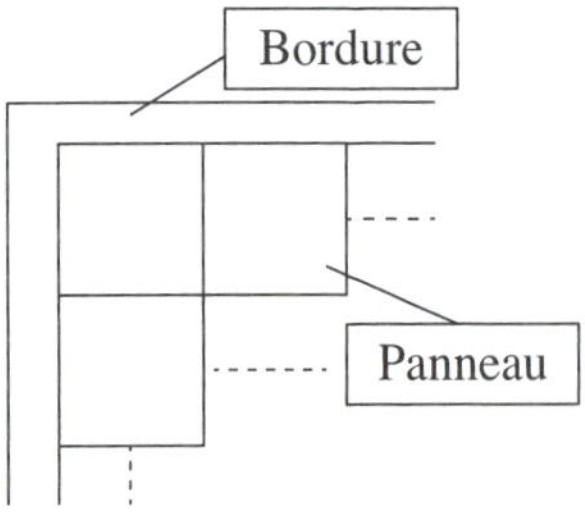

Exercice 5

25 min **20 pts**

1 Lors des Jeux Olympiques de Rio en 2016, la Danoise Pernille Blume a remporté le 50 m nage libre en 24,07 secondes.
A-t-elle nagé plus rapidement qu'une personne qui se déplace en marchant vite, c'est-à-dire à 6 km/h ? **4 pts**

2 On donne l'expression $E = (3x + 8)^2 - 64$.
a. Développer E. **4 pts**
b. Montrer que E peut s'écrire sous forme factorisée : $3x\,(3x + 16)$. **3 pts**
c. Résoudre l'équation $(3x + 8)^2 - 64 = 0$. **5 pts**

3 La distance d de freinage d'un véhicule dépend de sa vitesse et de l'état de la route.
On peut la calculer à l'aide de la formule suivante :

$$d = k \times V^2$$

avec :
– d la distance de freinage en m ;
– V la vitesse du véhicule en m/s ;
– k le coefficient dépendant de l'état de la route ($k = 0,14$ sur route mouillée, $k = 0,08$ sur route sèche).
Quelle est la vitesse d'un véhicule dont la distance de freinage sur route mouillée est égale à 15 m ? **4 pts**

Exercice 6

20 min **19 pts**

Doc. 1 **Le surpoids**

Le surpoids est devenu un problème majeur de santé, celui-ci prédispose à beaucoup de maladies et diminue l'espérance de vie.
L'indice le plus couramment utilisé est celui de masse corporelle (IMC).

Doc. 2 **Calcul de l'IMC**

L'IMC est une grandeur internationale permettant de déterminer la corpulence d'une personne adulte entre 18 ans et 65 ans.

Il se calcule avec la formule suivante :

$$\text{IMC} = \frac{\text{masse}}{\text{taille}^2}$$

avec « masse » en kg et « taille » en m.

Normes :
- $18,5 \leq$ IMC < 25 corpulence normale ;
- $25 \leq$ IMC < 30 surpoids ;
- IMC ≥ 30 obésité.

1 Dans une entreprise, lors d'une visite médicale, un médecin calcule l'IMC de six des employés. Il utilise pour cela une feuille de tableur dont voici un extrait :

	A	B	C	D	E	F	G
1	Taille (en m)	1,69	1,72	1,75	1,78	1,86	1,88
2	Masse (en kg)	72	85	74	70	115	85
3	IMC (*)	25,2	28,7	24,2	22,1	33,2	24,0
4	*(*) valeur approchée au dixième*						

a. Combien d'employés sont en situation de surpoids ou d'obésité dans cette entreprise ? **2 pts**

b. Laquelle de ces formules a-t-on écrite dans la cellule B3, puis recopiée à droite, pour calculer l'IMC ?
Recopier la formule correcte. **3 pts**

= 72/1.69^2	= B1 / (B2 * B2)	= B2 / (B1 * B1)	= $B2 / ($B1 * $B1)

2 Le médecin a fait le bilan de l'IMC de chacun des 41 employés de cette entreprise. Il a reporté les informations recueillies dans le tableau suivant dans lequel les IMC ont été arrondis à l'unité près.

IMC	20	22	23	24	25	29	30	33	Total
Effectif	9	12	6	8	2	1	1	2	41

a. Calculer une valeur approchée, arrondie à l'entier près, de l'IMC moyen des employés de cette entreprise. **4 pts**

b. Quel est l'IMC médian ? Interpréter ce résultat. **5 pts**

c. On lit sur certains magazines : « On estime qu'au moins 5 % de la population mondiale est en surpoids ou est obèse ». Est-ce le cas pour les employés de cette entreprise ? **5 pts**

Exercice 7

15 min **14 pts**

Léo a ramassé des fraises pour faire de la confiture.

1 Il utilise les proportions de sa grand-mère : 700 g de sucre pour 1 kg de fraises.
Il a ramassé 1,8 kg de fraises. De quelle quantité de sucre a-t-il besoin ? **2 pts**

2 Après cuisson, Léo a obtenu 2,7 litres de confiture.
Il verse la confiture dans des pots cylindriques de 6 cm de diamètre et de 12 cm de haut, qu'il remplit jusqu'à 1 cm du bord supérieur.
Combien pourra-t-il remplir de pots ? **6 pts**

Rappels :

- 1 litre = 1 000 cm^3 ;
- volume d'un cylindre = $\pi \times R^2 \times h$.

3 Il colle ensuite sur ses pots une étiquette rectangulaire de fond blanc qui recouvre toute la surface latérale du pot.

a. Montrer que la longueur de l'étiquette est d'environ 18,8 cm. **3 pts**

b. Dessiner l'étiquette à l'échelle $\frac{1}{3}$. **3 pts**

Sujet 4 Corrigé

Les clés pour réussir

Exercice 1

Révisez **Les probabilités**

- Deux événements contraires A et B sont tels que $p(A) + p(B) = 1$.
- En situation d'équiprobabilité, une probabilité p se calcule avec la formule :

$$p = \frac{\text{nombre de cas favorables}}{\text{nombre de cas possibles}}$$

Les difficultés du sujet

1 Obtenir une boule verte et obtenir une boule bleue sont deux événements contraires dont la somme des probabilités vaut 1.

2 À chaque tirage, les conditions sont identiques et ainsi, les nombres de boules vertes et bleues restent les mêmes, comme les probabilités.

3 Nombre de boules et probabilités sont deux nombres proportionnels. Un tableau de proportionnalité permet de calculer le nombre de boules bleues.

Exercice 2

Révisez **Les algorithmes et la programmation**

Les difficultés du sujet

1 et **2** Les réponses sont notées dans le script.

3 **b.** Chaque bloc triangle trace un triangle équilatéral dont la dimension du côté diminue.

4 Identifiez une rotation de 60° entre chaque triangle sur le croquis proposé. Le script trace un triangle, effectue une rotation de la direction d'écriture, puis trace un nouveau triangle…

Exercice 3

Révisez **Les lectures graphiques et la proportionnalité**

- Une situation de proportionnalité entre deux grandeurs s'illustre graphiquement par une droite passant par l'origine du repère.
- Prendre t % d'un nombre, c'est le multiplier par $\frac{t}{100}$.

Les difficultés du sujet

1 Deux critères sont à vérifier : la courbe passe-t-elle par l'origine du repère ? la courbe est-elle une droite ?

3 Commencez par calculer la tension correspondant à 60 % de 5 V. Puis utilisez des pointillés pour lire le temps associé à cette tension en abscisses.

Exercice 4

Révisez **Les calculs numériques et la géométrie dans le plan**

- Dans un triangle rectangle :

$$\cos \hat{x} = \frac{\text{côté adjacent à } \hat{x}}{\text{hypoténuse}} \qquad \sin \hat{x} = \frac{\text{côté opposé à } \hat{x}}{\text{hypoténuse}}$$

$$\tan \hat{x} = \frac{\text{côté opposé à } \hat{x}}{\text{côté adjacent à } \hat{x}}$$

- Le théorème de Pythagore permet de calculer la longueur manquante dans un triangle rectangle dont on connaît déjà deux longueurs.

Les difficultés du sujet

1 • Le tableau contient de nombreuses informations. Trouvez d'abord la colonne des tarifs à partir de la date d'installation de la centrale solaire. Le type de la centrale et sa puissance vous permettent d'obtenir le prix d'achat d'1 kWh.

- Faites attention, les prix proposés sont en centimes d'euro !

3 **a.** Le théorème de Pythagore ou la trigonométrie permettent de calculer AB.

b. • Calculez la surface de panneaux solaires, puis la surface du pan sud du toit (qui est un rectangle).

- Le pourcentage cherché est : $\dfrac{\text{surface des panneaux}}{\text{surface du pan sud}}$.

c. Il s'agit de bien visualiser la situation en faisant un croquis sur lequel vous portez toutes les mesures utiles. Reste à y placer des carrés de côté 1 m.

Exercice 5

Révisez **La vitesse, le développement-factorisation et les équations**

- Vitesse = $\dfrac{\text{distance parcourue}}{\text{temps de parcours}}$
- $(a + b)^2 = a^2 + 2ab + b^2$
- $a^2 - b^2 = (a - b)(a + b)$
- Un produit A × B est nul si et seulement si A = 0 ou B = 0.

Les difficultés du sujet

1 Il s'agit de comparer deux vitesses qu'il faut mettre dans la même unité, le km/h par exemple.

2 **a.** $(3x)^2 = 3x \times 3x = 9x^2$

b. $(3x + 8)^2 - 64 = (3x + 8)^2 - 8^2$. On peut reconnaître l'identité remarquable $a^2 - b^2$ qui se factorise en $(a - b)(a + b)$ avec $a = 3x + 8$ et $b = 8$.

c. Utilisez la question **2** pour vous ramener à une équation produit-nul.

3 Calculez d'abord V^2, puis déduisez-en V grâce à $\boxed{\sqrt{\ }}$.

Exercice 6

Révisez **Le tableur, le calcul numérique et les pourcentages**

- Dans le cas de valeurs regroupées dans un tableau comme ci-contre, la moyenne m est :

x_i	x_1	x_2	...	x_p
n_i	n_1	n_2	...	n_p

$$m = \frac{n_1x_1 + n_2x_2 + .. + n_px_p}{n_1 + n_2 + .. + n_p}$$

- Dans une série ordonnée dans le sens croissant à effectif impair, la médiane Me est le terme « du milieu ».
- $\text{Proportion} = \dfrac{\text{effectif}}{\text{effectif total}}$

Les difficultés du sujet

2 **a.** Mettez des parenthèses dans votre calcul quand vous l'effectuez sur votre calculatrice.

b. Commencez par écrire la liste des IMC, autant de fois que leur effectif : 20 20 20 20 20 20 20 20 20 22 22...

Puis déterminez le terme central.

3 Comparez la proportion obtenue avec 5 % et concluez.

Exercice 7

Révisez **La proportionnalité, les volumes et la réduction**

- Périmètre disque = $2 \times \pi \times$ rayon
- Dans une réduction de rapport k, les longueurs sont multipliées par k.

Les difficultés du sujet

2 Procédez en plusieurs étapes : calculez le volume de confiture dans un pot. Après avoir converti le volume de confiture en cm^3, calculez combien de pots complets peuvent être remplis.

3 **a.** La longueur cherchée est le périmètre du cercle de rayon R associé au cylindre.

b. Il s'agit de construire le rectangle correspondant à l'étiquette dont les dimensions ont été multipliées par $\frac{1}{3}$.

Exercice 1

1 Probabilité d'obtenir une boule bleue

L'urne contient des boules vertes et des boules bleues. Les événements B « obtenir une boule bleue » et V « obtenir une boule verte » sont deux événements contraires.

$p(B) + p(V) = 1$

$p(B) + \frac{2}{5} = 1$

$p(B) = 1 - \frac{2}{5} = \frac{5}{5} - \frac{2}{5}$

D'où le résultat : $\boldsymbol{p(B) = \frac{3}{5}}$.

Rappel
La somme des probabilités de deux événements contraires vaut 1.

Remarque
On dit aussi V = non B.

2 Probabilité d'obtenir une boule verte au 7e tirage

À chaque tirage, on replace la boule tirée dans l'urne et on mélange les boules : les conditions de tirage restent donc à chaque fois identiques.

Ainsi, au 7e tirage (comme à n'importe quel tirage) : $p(V) = \frac{2}{5}$ et $p(B) = \frac{3}{5}$, soit $p(B) > p(V)$.

Paul a plus de chances d'obtenir une boule bleue qu'une boule verte.

3 Calcul du nombre de boules bleues

Dans l'urne, il y a 8 boules vertes, et on sait que $p(V) = \frac{2}{5}$.

Il s'agit alors de déterminer le nombre de boules bleues sachant que $p(B) = \frac{3}{5}$.

Remarque
On est en situation d'équiprobabilité, car les boules sont tirées au hasard.

On peut utiliser un tableau de proportionnalité puisque probabilité et nombre de boules sont proportionnels.

	Couleur verte	Couleur bleue
Nombre de boules	8	x
Probabilité	$\frac{2}{5}$	$\frac{3}{5}$

Par égalité des produits en croix :

$x \times \frac{2}{5} = 8 \times \frac{3}{5}$

$\frac{2}{5}x = \frac{24}{5}$ — On multiplie par 5 chacun des membres

$2x = 24$

$x = 24 \div 2$

$x = 12$

En conclusion, l'urne contient 12 boules bleues.

Autre méthode

$p(\text{V}) = \frac{2}{5} = \frac{\text{nombre de boules vertes}}{\text{nombre total de boules}}$

Soit x le nombre total de boules. Il y a 8 boules vertes.

On obtient l'égalité : $\frac{2}{5} = \frac{8}{x}$.

D'où : $2 \times x = 8 \times 5$

$2x = 40$

$x = 40 \div 2 = 20$

L'urne compte un total de 20 boules, dont 8 boules vertes.
Il y a donc 20 – 8 = 12 boules bleues.

Exercice 2

1 Coordonnées du point de départ du tracé

Les coordonnées du point de départ du tracé se lisent à la 3e ligne d'instruction du script : **(–200 ; –100)**.

2 Nombre de triangles dessinés par le script

Selon la ligne 6 du script, il faut répéter 5 fois l'instruction « bloc triangle ».
Ainsi, **ce script dessine 5 triangles**.

Remarque
L'instruction « répéter 5 fois » constitue une boucle.

3 a. Longueur du côté du deuxième triangle

- Initialement, le côté du triangle est mis à 100 pixels (ligne 5).
- Un premier triangle est construit grâce à la première application du « bloc triangle ».
- Puis la longueur du côté est modifiée (ligne 9) : côté – 20, soit 100 – 20 = 80.
- Le deuxième triangle est alors construit.

Le côté du deuxième triangle tracé mesure 80 pixels.

b. Figure obtenue à l'exécution du script

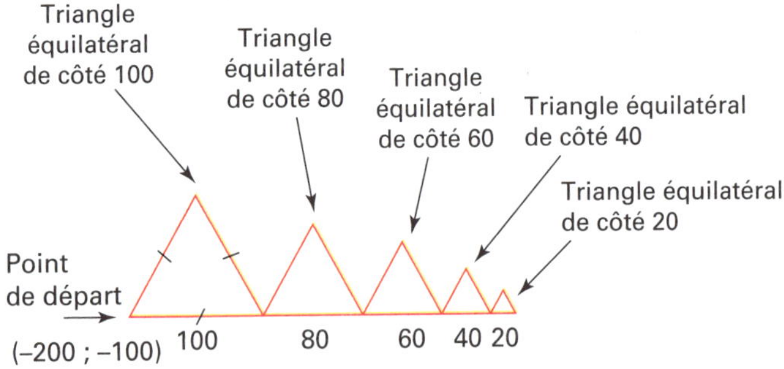

4 Instruction à modifier

Chaque nouveau triangle est construit après que le crayon ait effectué une rotation de 60°.

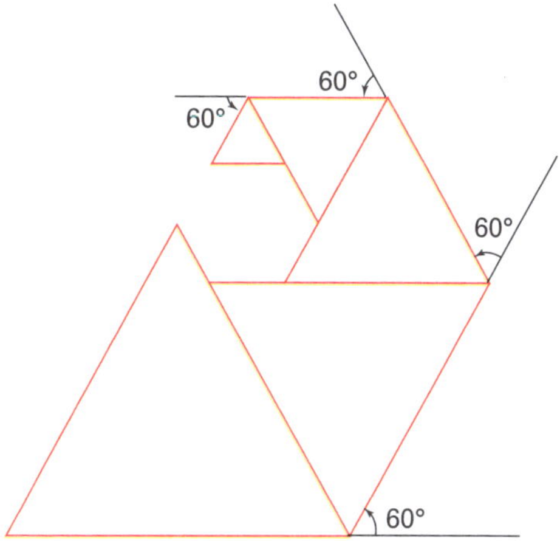

Aussi, **on place l'instruction** tourner ↺ de 60 degrés **après l'instruction n° 8 ou après l'instruction n° 9.**

Exercice 3

1 Étude de proportionnalité

Une situation de proportionnalité entre deux grandeurs s'illustre graphiquement par une droite passant par l'origine du repère.
La courbe proposée passe par l'origine du repère mais n'est pas une droite. **Elle n'illustre donc pas une situation de proportionnalité.**

2 Mesure de tension

Sur le graphique, pour $t = 0{,}2$ s, **on lit une tension associée d'environ 4,4 V** (voir pointillés verts).

> **Pensez-y !**
> Aucune justification n'est demandée. Écrivez une phrase pour répondre.

3 Temps d'accès à 60 % de la tension maximale

- La tension maximale est estimée à 5 V.
60 % de la tension maximale correspond à $\frac{60}{100} \times 5 = 0{,}6 \times 5 = 3$ V.

- Sur le graphique, une tension de 3 V (voir pointillés roses) correspond à $t = 0{,}09$ s.
La tension aux bornes du condensateur aura atteint 60 % de la tension maximale au bout de 0,09 s.

> **L'astuce du prof**
> On trace la droite horizontale $y = 3$ et on lit la valeur de t correspondante.

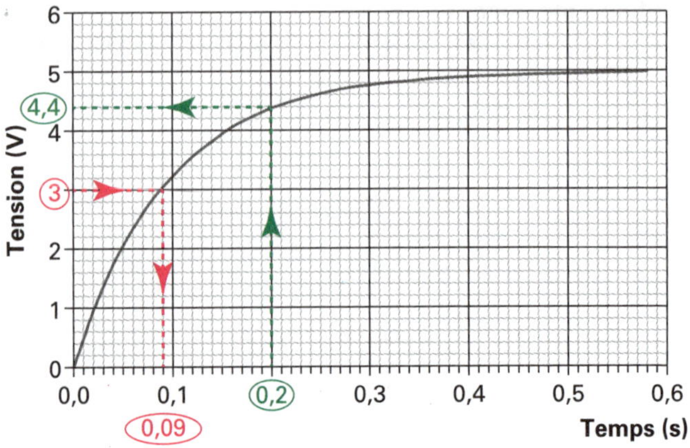

Exercice 4

1 Vérification du prix d'achat de l'électricité

- L'installation étudiée a été faite en mai 2015, donc dans la période du 01/04/15 au 30/06/15.
- C'est une installation de type B d'une puissance totale de 28 kW : le prix d'achat d'un kWh est donc de 13,95 centimes d'euro.
- Le prix d'achat de 31 420 kWh est alors : 31 420 × 13,95 = 438 309 centimes d'euro, soit 4 383,09 €.

Pensez-y !
1 € = 100 centimes d'euro.

Le prix d'achat de 31 420 kWh est bien d'environ 4 383 €.

2 Calcul de l'angle formé par le pan sud du toit

Il s'agit de déterminer la mesure de l'angle $\widehat{ABC}$ dans le triangle ABC.

AC = 7 – 4,8 = 2,2

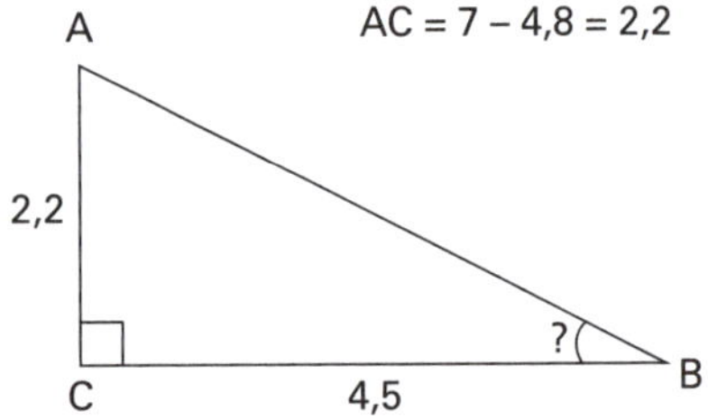

Gagnez des points !
Construisez un croquis sur lequel vous portez toutes les informations données par l'énoncé.

Dans le triangle ABC rectangle en C, on utilise la trigonométrie.

$$\tan \widehat{ABC} = \frac{\text{côté opposé à } \widehat{ABC}}{\text{côté adjacent à } \widehat{ABC}} = \frac{AC}{BC} = \frac{2,2}{4,5}.$$

À la calculatrice, on déduit :

$\widehat{ABC} = \tan^{-1}\left(\frac{2,2}{4,5}\right)$

$\widehat{ABC} \approx$ **26°** (valeur arrondie au degré près).

Pensez-y !

Assurez-vous que votre calculatrice est en mode degrés.

3 a. Calcul de la longueur AB

Dans le triangle ABC rectangle en C, on applique le théorème de Pythagore :

$AB^2 = AC^2 + BC^2$

$AB^2 = 2,2^2 + 4,5^2$

$AB^2 = 4,84 + 20,25$

$AB^2 = 25,09$

AB est une longueur (donc AB > 0), d'où $AB = \sqrt{25,09}$.

Ainsi, AB ≈ 5 m (valeur approchée).

La longueur AB est bien environ égale à 5 m.

Gagnez des points !

Le théorème de Pythagore nécessite de travailler dans un triangle rectangle.

Remarque

Deux nombres ont leur carré égal à 25,09 : $\sqrt{25,09}$ et $-\sqrt{25,09}$. Ici, la seconde valeur est exclue.

Autre méthode

- Comme on a calculé $\widehat{ABC}$ dans la question 2, on peut aussi utiliser la trigonométrie dans le triangle ABC rectangle en C.

$\cos \widehat{ABC} = \frac{\text{côté adjacent}}{\text{hypoténuse}} = \frac{BC}{AB}$ ou $\sin \widehat{ABC} = \frac{\text{côté opposé}}{\text{hypoténuse}} = \frac{AC}{AB}$

$\cos 26° = \frac{4,5}{AB}$

Par produit en croix :

$AB \times \cos 26° = 4,5$

$AB = \frac{4,5}{\cos 26°}$

$AB \approx 5$

$\sin 26° = \frac{2,2}{AB}$

Par produit en croix :

$AB \times \sin 26° = 2,2$

$AB = \frac{2,2}{\sin 26°}$

$AB \approx 5$

- Cette méthode présente toutefois deux inconvénients :

– 26° est déjà une valeur approchée de $\widehat{ABC}$;

– il faut être certain du résultat obtenu en 2 pour le réinvestir dans la question suivante.

b. Occupation de la surface du pan sud du toit par les panneaux solaires

- Un panneau photovoltaïque a la forme d'un carré de 1 m de côté.
Sa surface est donc de 1 × 1 = 1 m².

- Le propriétaire prévoit d'installer 20 panneaux. Cela correspond à une surface de 20 × 1 = 20 m².

- Le pan sud du toit a la forme d'un rectangle de longueur 7,5 m et de largeur AB ≈ 5 m.
Sa surface est donc : 7,5 × 5 = 37,5 m².

- La proportion p du pan sud du toit occupée par ces panneaux photovoltaïques est :

$$p = \frac{\text{surface des panneaux}}{\text{surface du pan sud}} = \frac{20}{37{,}5}$$

$p \approx 0{,}53$ soit 53 % (résultat arrondi à 1 % près).
Environ 53 % du pan sud du toit est occupé par des panneaux photovoltaïques.

Rappel
Une proportion est un nombre compris entre 0 et 1, exprimé en % pour être plus représentatif.

c. Étude de la faisabilité de l'installation

- Schéma du pan sud du toit

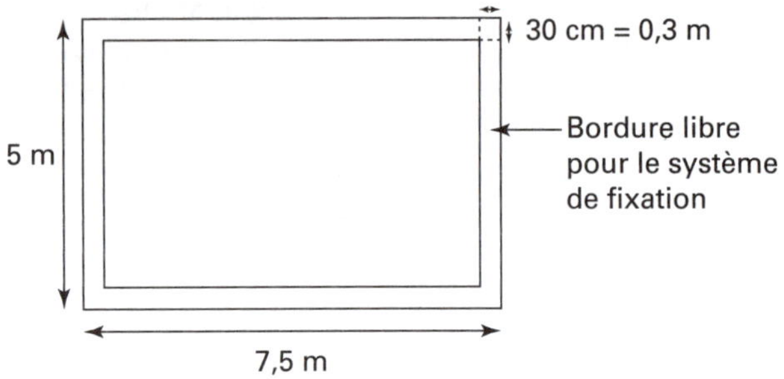

- Ainsi, les dimensions du rectangle disponible pour la pose des panneaux accolés sont :

$7{,}5 - 2 \times 0{,}3 = 6{,}9$ m de longueur
$5 - 2 \times 0{,}3 = 4{,}4$ m de largeur

- Sur une longueur de 6,9 m, on peut poser 6 panneaux carrés de 1 m de côté.

Sur une largeur de 4,4 m, on peut poser 4 panneaux carrés de 1 m de côté.
On peut donc poser un maximum de $6 \times 4 = 24$ panneaux.

Remarque
Le propriétaire peut installer au maximum 4 lignes de 6 panneaux chacune.

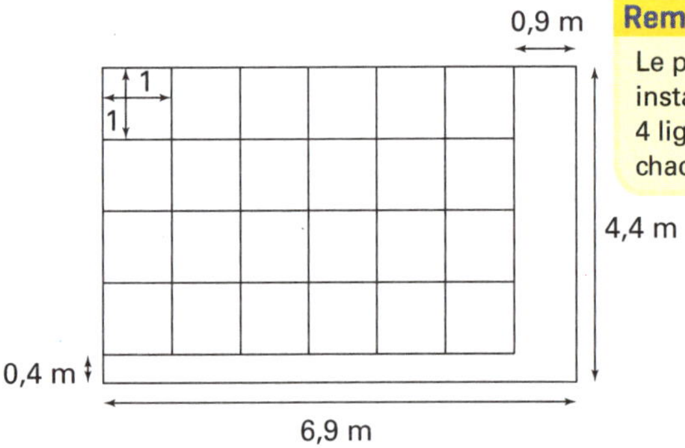

En conclusion, le propriétaire peut installer les 20 panneaux prévus.

Exercice 5

1 Comparaison de vitesses

- Calculons la vitesse v de nage de Pernille Blume en kilomètres par heure.

50 m = 0,05 km

$$24{,}07 \text{ s} = 24{,}07 \times \frac{1}{60} \text{ min} = \frac{24{,}07}{60} \text{ min}$$

$$= \frac{24{,}07}{60} \times \frac{1}{60} \text{ h} = \frac{24{,}07}{3\,600} \text{ h}$$

$$v = \frac{d}{t} = \frac{0{,}05}{\left(\frac{24{,}07}{3\,600}\right)} = 0{,}05 \times \frac{3\,600}{24{,}07}$$

$v \approx 7{,}48$ km/h

$v > 6$ km/h

En conclusion, Pernille Blume a nagé plus rapidement qu'une personne se déplaçant en marchant vite.

Pensez-y !

$1 \text{ s} = \frac{1}{60} \text{ min.}$

$1 \text{ min} = \frac{1}{60} \text{ h.}$

Rappel

$$\text{Vitesse} = \frac{\text{distance parcourue}}{\text{temps de parcours}}$$

Autres méthodes

- **Calcul de la vitesse**

La vitesse v de Pernille Blume en $\text{m} \cdot \text{s}^{-1}$ est :

$$v' = \frac{50}{24{,}07}$$

$v' \approx 2{,}08$ m/s

En 1 s, elle parcourt environ 2,08 m.

Donc en 1 h (1 h = 3 600 s), elle parcourt $3\,600 \times 2{,}08 \approx 7\,488$ m, soit environ 7,49 km.

Sa vitesse est donc de 7,49 km par heure.

- **Comparaison avec la vitesse du marcheur**

On compare les deux vitesses en m/s.

La vitesse v du marcheur est $v = 6$ km/h.

6 km = 6 000 m et 1 h = 60 × 60 s = 3 600 s.

$v = \frac{6\,000}{3\,600}$ m/s soit $v \approx 1{,}67$ m/s.

La vitesse de la nageuse est $v' = \frac{50}{24{,}07}$ m/s, soit $v' \approx 2{,}08$ m/s.

$v' > v$: la nageuse est plus rapide que le marcheur.

2 a. Développement de E

$E = (3x + 8)^2 - 64$.

L'expression $(3x + 8)^2$ est une identité remarquable de la forme $(a + b)^2$ avec $a = 3x$ et $b = 8$ qui se développe en $a^2 + 2ab + b^2$.

$E = (3x)^2 + 2 \times 3x \times 8 + 8^2 - 64$

$E = 9x^2 + 48x + \cancel{64} - \cancel{64}$

$\mathbf{E = 9x^2 + 48x}$

Gagnez des points !

$(3x)^2 = 3x \times 3x = 9x^2$.

b. Factorisation de E

$E = (3x + 8)^2 - 64$

$E = \underbrace{(3x + 8)^2}_{a^2} \underbrace{- 8^2}_{- b^2}$

E est de la forme $a^2 - b^2$ avec $a = 3x + 8$ et $b = 8$ qui se factorise en $(a - b)(a + b)$:

$E = [\underbrace{(3x + \cancel{8})}_{[a} \underbrace{- \cancel{8}]}_{- b]} \; [\underbrace{(3x + 8)}_{[a} \underbrace{+ 8]}_{+ b]}$

$E = (3x + \cancel{8} - \cancel{8})(3x + 8 + 8)$

La forme factorisée de *E* est : $E = (3x)(3x + 16)$.

Rappel

Factoriser *E*, c'est transformer *E* en un produit de deux facteurs.

Autres méthodes

• Méthode 1

On part de la forme développée de $E = 9x^2 + 48x$ que l'on factorise.

On identifie le facteur commun $3x$ de part et d'autre du signe +.

$E = \underline{3x} \times 3x + \underline{3x} \times 16$

$E = \underline{3x}(3x + 16)$.

• Méthode 2

On développe : $3x(3x + 16) = 3x \times 3x + 3x \times 16 = 9x^2 + 48x$.

Or d'après la question **2 a.** : $E = 9x^2 + 48x$.

On en déduit alors : $E = 3x(3x + 16)$.

Ces deux autres méthodes sont efficaces, mais ont pour inconvénient d'utiliser le résultat de la question précédente. Aussi faut-il être sûr de soi !

c. Résolution d'équation

$(3x + 8)^2 - 64 = 0$

En utilisant le résultat de la question **2 b.**, on est ramené à :

$3x(3x + 16) = 0$.

C'est une équation produit-nul.

$3x = 0$ ou $3x + 16 = 0$

$x = \frac{0}{3}$ $\qquad 3x = -16$

$x = 0$ $\qquad x = -\frac{16}{3}$.

L'équation a pour solutions les nombres 0 et $-\frac{16}{3}$.

Rappel

Dans une équation produit-nul type $A \times B = 0$, $A = 0$ ou $B = 0$.

Remarque

Il ne faut pas donner de valeur approchée de *x* pour solution de l'équation.

Autre méthode

$(3x + 8)^2 - 64 = 0$

$(3x + 8)^2 = 64$

Deux nombres ont leur carré qui vaut 64 : les nombres 8 et −8.

$3x + 8 = 8$ ou $3x + 8 = -8$

$3x = 8 - 8$ $\quad$ $3x = -8 - 8$

$3x = 0$ $\quad$ $3x = -16$

$x = \frac{0}{3} = 0$ $\quad$ $x = -\frac{16}{3}$

Les solutions de l'équation sont 0 et $-\frac{16}{3}$.

3 Calcul de vitesse sur route mouillée

On utilise la formule :

$$d = k \times V^2$$

avec $\begin{cases} d = 15 \text{ m} \\ k = 0{,}14 \end{cases}$ (k, coefficient correspondant à une route mouillée)

$15 = 0{,}14 \times V^2$

$V^2 = \frac{15}{0{,}14}$

$V^2 \approx 107{,}14$

D'où $V \approx \sqrt{107{,}14}$ (car $V > 0$)

$V \approx 10{,}35$

Un véhicule mettant 15 m à s'arrêter sur route mouillée roulait à environ 10,35 m/s.

> **Remarque**
>
> L'équation $V^2 = 107{,}14$ admet deux solutions : $\sqrt{107{,}14}$ et $-\sqrt{107{,}14}$. Comme $V > 0$, la seconde solution ne répond pas à notre exercice.

> **Remarque**
>
> $10{,}35 \text{ m/s} = 10{,}35 \times 3{,}6 \text{ km/h} \approx 37 \text{ km/h}$.

Exercice 6

1 a. Lecture de données dans le tableur

Les employés en situation de surpoids ou d'obésité dans cette entreprise sont ceux dont l'IMC dépasse 25 (d'après le *document 2*).

Ils sont au nombre de 3.

b. Formule écrite dans la cellule B3

En B3 figure l'IMC de l'employé dont la taille est notée en B1 et la masse en B2.

$\text{IMC} = \frac{\text{masse}}{\text{taille}^2}$.

La formule correcte est donc :

= B2/(B1 * B1)

> **L'astuce du prof**
>
> Pour déterminer la bonne formule, on remplace les nombres par le contenu de la cellule correspondante.

Étude des autres propositions

- La formule = 72/1,69^2 donne le bon résultat 25,2. Mais comme il n'y a pas de référence à une cellule, par recopie vers la droite, le résultat sera toujours égal à 25,2.
- La formule = B1/(B2 * B2) fait pour l'employé le calcul : $\frac{\text{taille}}{\text{masse} \times \text{masse}}$. Cela ne correspond pas à l'IMC.
- La formule = $B2/($B1 * $B1) n'est pas correcte, car chaque $ placé devant la lettre B fixe la colonne B. Et donc un étirement vers la droite ne permettra pas de passer « à la colonne suivante » (pour faire le calcul C2/(C1 * C1), puis D2/(D1 * D1)...).

2 a. Calcul de l'IMC moyen

L'IMC moyen des 41 employés de cette entreprise est :

$$IMC_{moyen} = \frac{9 \times 20 + 12 \times 22 + 6 \times 23 + 8 \times 24 + 2 \times 25 + 1 \times 29 + 1 \times 30 + 2 \times 33}{41}$$

$$IMC_{moyen} = \frac{949}{41}$$

$IMC_{moyen} \approx 23$ (résultat arrondi à l'entier le plus proche).

b. Calcul de l'IMC médian

- L'entreprise compte 41 employés, un nombre impair.

Dans la série des 41 IMC, l'IMC médian est donc le terme central, le 21e terme.

Gagnez des points !

Dans une série à n termes, avec n impair, la médiane est le $\frac{n+1}{2}$ème terme.

Ainsi, $IMC_{médian} = 22$.

- Interprétation du résultat :

Au moins 50 % des employés de l'entreprise ont un IMC supérieur ou égal à 22 (ou inférieur ou égal à 22).

c. Comparaison de proportions

- Parmi les 41 employés de l'entreprise, 2 + 1 + 1 + 2 = 6 sont en surpoids ou obèses (c'est-à-dire qu'ils ont un IMC ≥ 25).

Cela correspond à une proportion de : $\frac{6}{41} \approx 0,146$ soit 14,6 %.

- Selon certains magazines, au moins 5 % de la population mondiale est en surpoids.

14,6 % > 5 %.

Les employés de cette entreprise vérifient cette affirmation.

Exercice 7

1 Calcul de la quantité de sucre nécessaire

Pour 1 kg de fraises, il faut 700 g de sucre.

En respectant ces proportions, pour 1,8 kg de fraises, il faut $1{,}8 \times 700 = 1\,260$ g de sucre.

Léo a besoin de 1 260 g, soit 1,26 kg de sucre.

2 Calcul du nombre de pots de confiture

- Schéma d'un pot de confiture :

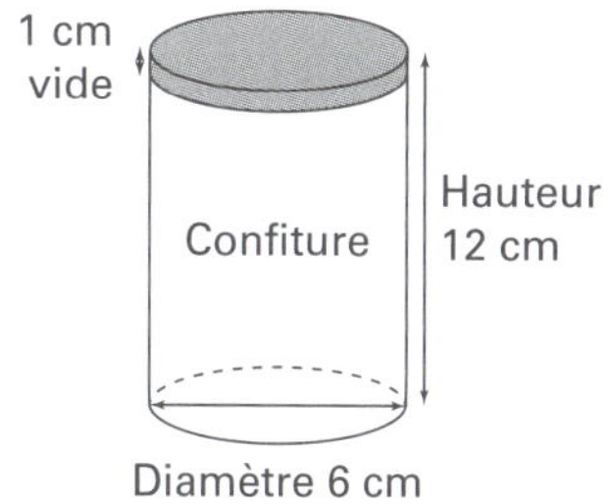

- Le volume ϑ de confiture contenu dans un pot est celui d'un cylindre de rayon $R = \frac{\text{diamètre}}{2} = \frac{6}{2} = 3$ cm et de hauteur h celle du pot moins un centimètre, soit $h = 12 - 1 = 11$ cm.

$\vartheta = \pi \times 3^2 \times 11$

$\vartheta = 99\,\pi$ cm^3 (volume exact)

$\vartheta \approx 311$ cm^3 (volume arrondi au cm^3 près).

- Léo a obtenu 2,7 L de confiture.

2,7 L = 2,7 dm^3 = 2 700 cm^3.

- On déduit le nombre de pots de confiture à remplir.

$2\,700 \div 311 \approx 8{,}7$.

Léo pourra remplir complètement 8 pots, et le 9e pot ne sera pas complètement rempli.

Gagnez des points !

$\vartheta_{\text{cylindre}} = \pi r^2 h$.

Rappel

1 L = 1 dm^3 = 1 000 cm^3.

Pensez-y !

Le nombre de pots est un entier.

3 a. Calcul de la longueur de l'étiquette

L'étiquette du pot recouvre toute la surface latérale du cylindre. Elle a la forme d'un rectangle de longueur correspondant au périmètre du cercle de base du cylindre.

$L = 2 \times \pi \times \text{rayon}$
$L = 2 \times \pi \times 3$
$L = 6\pi$ (valeur exacte)
$L \approx 18{,}8$.
La longueur de l'étiquette est bien d'environ 18,8 cm.

Rappel
Périmètre d'un cercle $= 2 \times \pi \times \text{rayon}$.

b. Étiquette à l'échelle $\frac{1}{3}$

- L'étiquette a la forme d'un rectangle de longueur $L \approx 18{,}8$ cm et de largeur ℓ correspondant à la hauteur du pot, soit 12 cm.
- Dans une réduction de rapport $\frac{1}{3}$, les longueurs sont multipliées par $\frac{1}{3}$.

$L_{\text{réduit}} = L \times \frac{1}{3} = 18{,}8 \times \frac{1}{3}$ soit $L_{\text{réduit}} \approx 6{,}3$ cm.

$\ell_{\text{réduit}} = \ell \times \frac{1}{3} = 12 \times \frac{1}{3} = 4$ cm.

- Réduction à l'échelle $\frac{1}{3}$ de l'étiquette :

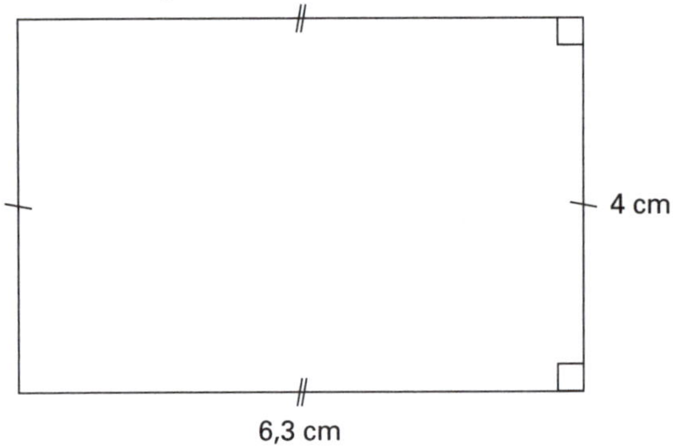

Sujet 5 Asie, juin 2017

100 pts 2 heures

Exercice 1

10 min 8 pts

Aux États-Unis, la température se mesure en degrés Fahrenheit (en °F). En France, elle se mesure en degrés Celsius (en °C).

Pour faire les conversions d'une unité à l'autre, on a utilisé un tableur.

Voici une copie de l'écran obtenu dessous.

	A	B
1	Conversions	
2	Températures en °C	Températures en °F
3	-5	23
4	0	32
5	5	41
6	10	50
7	15	59
8	20	68
9	25	77

1 Quelle température en °F correspond à une température de 20 °C ? 2 pts

2 Quelle température en °C correspond à une température de 41 °F ? 2 pts

3 Pour convertir la température de °C en °F, il faut multiplier la température en °C par 1,8 puis ajouter 32.
On a écrit une formule en B3, puis on l'a recopiée vers le bas.
Quelle formule a-t-on pu saisir dans la cellule B3 ? 4 pts

Exercice 2 10 min **11 pts**

Dans une classe de 24 élèves, il y a 16 filles.

1 L'un des deux diagrammes ci-dessous peut-il représenter correctement la répartition des élèves de cette classe ? **6 pts**

Filles

Garçons

Diagramme 1

Diagramme 2

2 On a représenté la répartition des élèves de cette classe par un diagramme circulaire.
Écrire le calcul permettant de déterminer la mesure de l'angle du secteur qui représente les garçons. **5 pts**

Filles

Garçons

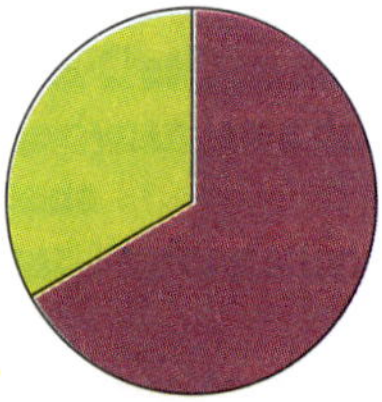

Exercice 3 20 min **15 pts**

On considère la figure ci-dessous qui n'est pas représentée en vraie grandeur.
Les points A, B et E sont alignés, ainsi que les points C, B et D.

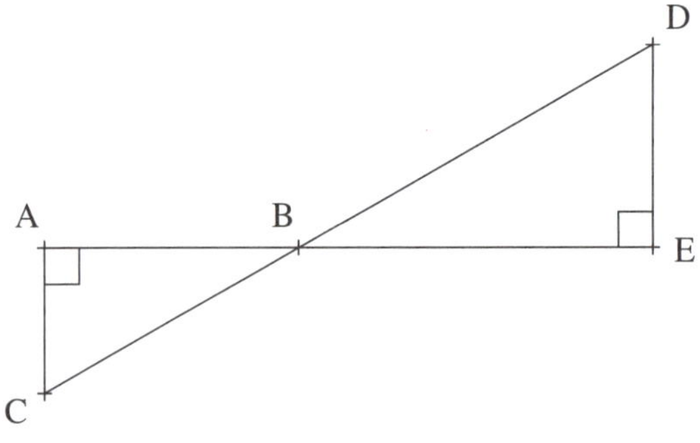

1 Dans chacun des cas suivants, indiquer la réponse qui correspond à la longueur du segment [AB] parmi les réponses proposées.
Aucune justification n'est attendue. **9 pts**

	Données	Réponse A	Réponse B	Réponse C
a. Cas 1	AC = 51 cm CB = 85 cm DE = 64 cm	68 cm	99,1 cm	67,7 cm
b. Cas 2	$\widehat{ACB} = 62°$ CB = 9 cm BE = 5 cm	Environ 10.2 cm	Environ 4,2 cm	Environ 7,9 cm
c. Cas 3	AC = 8 cm BE = 7 cm DE = 5 cm	11.2 cm	10,6 cm	4,3 cm

2 Pour l'un des trois cas uniquement, au choix, justifier la réponse en rédigeant.

6 pts

Exercice 4

15 min **10 pts**

Margot a écrit le programme suivant. Il permet de dessiner avec trois touches du clavier.

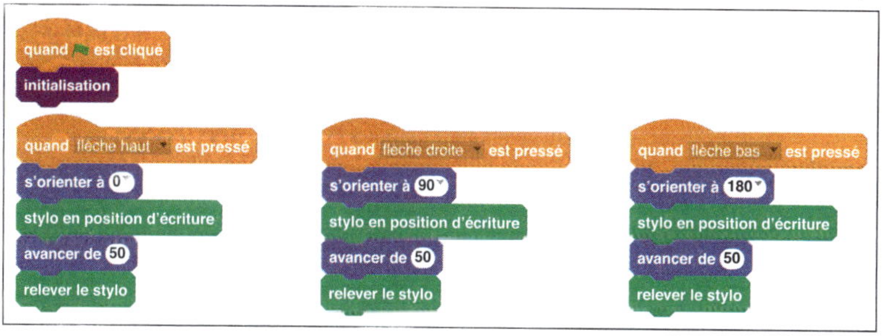

Pour information

Ce bloc efface le dessin précédent, positionne le crayon à gauche de l'écran et relève le stylo.

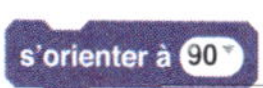

(90) à droite
(- 90) à gauche
(0) vers le haut
(180) vers le bas

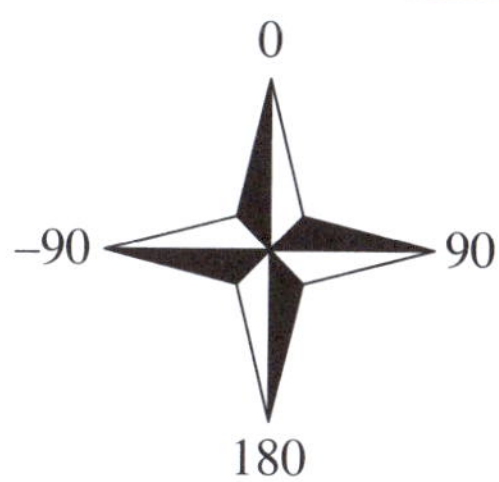

1 Parmi les trois dessins suivants, un seul ne pourra pas être réalisé avec ce programme. Lequel ? Expliquer. **5 pts**

Dessin 1	Dessin 2	Dessin 3
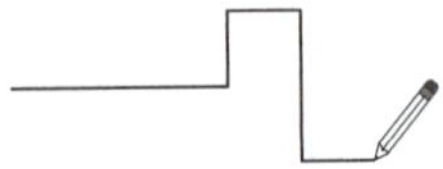	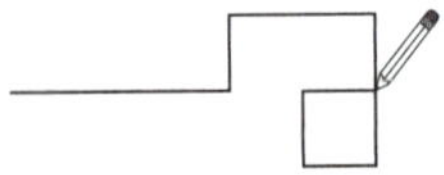	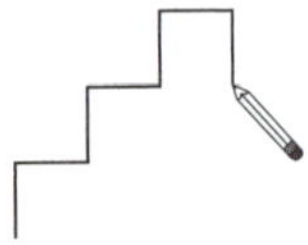

2 Julie a modifié le programme de Margot (voir ci-dessous). Que devient alors le dessin 3 avec le programme modifié par Julie ? **5 pts**

Programme modifié par Julie

Exercice 5

20 min **18 pts**

Pour mesurer les précipitations, Météo France utilise deux sortes de pluviomètres :
– des pluviomètres à lecture directe ;
– des pluviomètres électroniques.

La mesure des précipitations s'exprime en millimètres. On donne ainsi la hauteur d'eau H qui est tombée en utilisant la formule :

$$H = \frac{V}{S}$$

où V est le volume d'eau tombée sur une surface S.

Pour H exprimée en mm, V est exprimé en mm^3 et S en mm^2.

1 Pluviomètres à lecture directe

Ces pluviomètres sont composés d'un cylindre de réception et d'un réservoir conique gradué.

a. Vérifier à l'aide de la formule que lorsqu'il est tombé 1 mm de pluie, cela correspond à 1 L d'eau tombée sur une surface de 1 m^2. **4 pts**

b. Un pluviomètre indique 10 mm de pluie. La surface qui reçoit la pluie est de 0,01 m^2.

Quel est le volume d'eau dans ce pluviomètre ? **4 pts**

2 Pluviomètres électroniques

Durant un épisode pluvieux, on a obtenu le graphique suivant grâce à un pluviomètre électronique :

Hauteur d'eau mesurée en fonction du temps écoulé

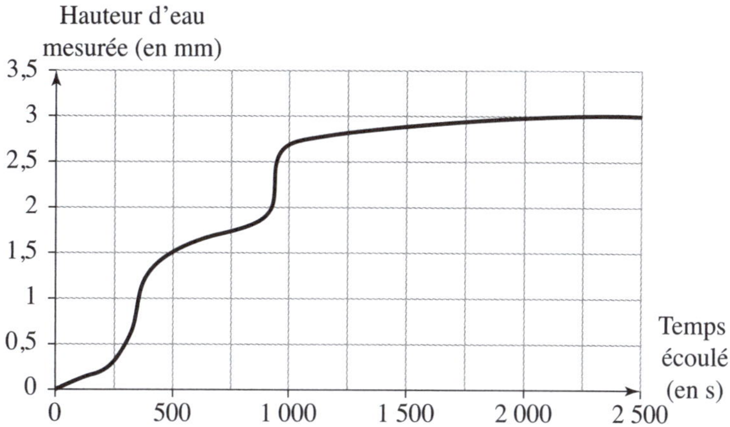

a. L'épisode pluvieux a commencé à 17 h 15.
Vers quelle heure la pluie s'est-elle arrêtée ? **4 pts**

b. On qualifie les différents épisodes pluvieux de la façon suivante :

Type de pluie	Vitesse d'accumulation
Pluie faible	Jusqu'à 2,5 mm/h
Pluie modérée	Entre 2,6 et 7,5 mm/h
Pluie forte	Supérieure à 7,5 mm/h

À l'aide des informations données par le graphique et le tableau ci-dessus, cette pluie serait-elle qualifiée de faible, modérée ou forte ? **6 pts**

Exercice 6

20 min **16 pts**

Gaspard réalise des motifs avec des carreaux de mosaïque blancs et gris de la façon suivante :

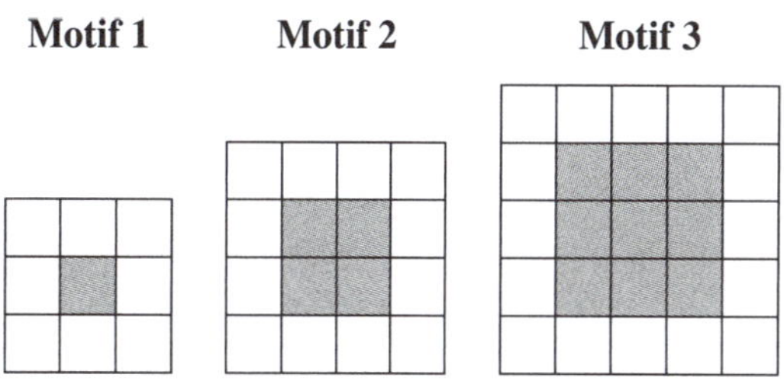

Gaspard forme un carré avec des carreaux gris, puis le borde avec des carreaux blancs.

1 Combien de carreaux blancs Gaspard va-t-il utiliser pour border le carré gris du **motif 4** (un carré ayant 4 carreaux gris de côté) ? **3 pts**

2 **a.** Justifier que Gaspard peut réaliser un motif de ce type en utilisant exactement 144 carreaux gris. **3 pts**

b. Combien de carreaux blancs utilisera-t-il alors pour border le carré gris obtenu ? **4 pts**

3 On appelle « motif n » le motif pour lequel on borde un carré de $\boldsymbol{n}$ carreaux gris de côté.
Trois élèves ont proposé chacun une expression pour calculer le nombre de carreaux blancs nécessaires pour réaliser le « motif n » : **6 pts**

- Expression n° 1 : $2 \times n + 2 \times (n + 2)$
- Expression n° 2 : $4 \times (n + 2)$
- Expression n° 3 : $4 \times (n + 2) - 4$

Une seule de ces trois expressions ne convient pas. Laquelle ?

Exercice 7

15 min **12 pts**

L'entraîneur d'un club d'athlétisme a relevé les performances de ses lanceuses de poids sur cinq lancers. Voici une partie des relevés qu'il a effectués (il manque trois performances pour une des lanceuses) :

		Lancers				
		n° 1	**n° 2**	**n° 3**	**n° 4**	**n° 5**
Performances (en mètres)	**Solenne**	17,8	17,9	18	19,9	17,4
	Rachida	17,9	17,6	18,5	18	19
	Sarah	18	?	19,5	?	?

On connaît des caractéristiques de la série d'une des lanceuses :

Caractéristiques des cinq lancers
Étendue : 2,5 m
Moyenne : 18,2 m
Médiane : 18 m

1 Expliquer pourquoi ces caractéristiques ne concernent ni les résultats de Solenne, ni ceux de Rachida. **6 pts**

2 Les caractéristiques données sont donc celles de Sarah. Son meilleur lancer est de 19,5 m.
Indiquer quels peuvent être les trois lancers manquants de Sarah. **6 pts**

Exercice 8 10 min **10 pts**

La figure ci-contre représente un solide constitué de l'assemblage de quatre cubes :
– trois cubes d'arête 2 cm ;
– un cube d'arête 4 cm.

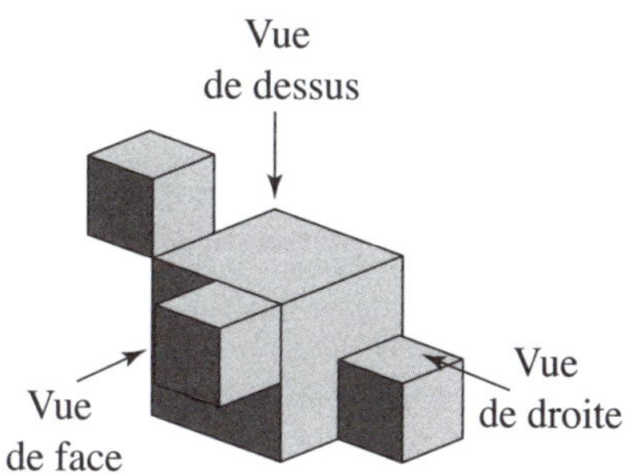

1 Quel est le volume de ce solide ? **4 pts**

2 On a dessiné ci-dessous deux vues de ce solide (elles ne sont pas en vraie grandeur).
Dessiner la **vue de droite** de ce solide **en vraie grandeur**. **6 pts**

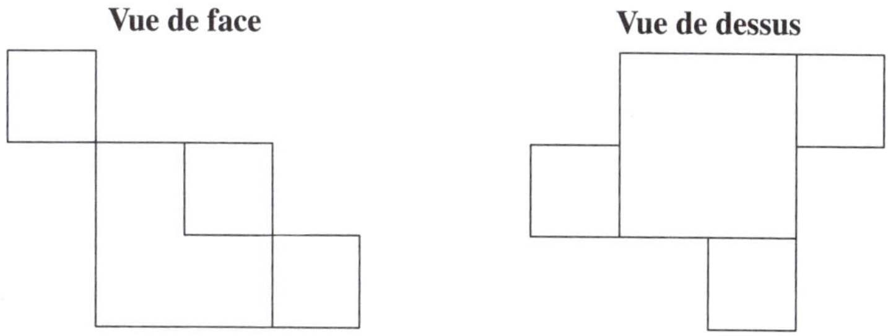

Sujet 5 Corrigé

Les clés pour réussir

Exercice 1

Révisez Le tableur

Les difficultés du sujet

3 N'oubliez pas le signe « = » devant la formule.

Exercice 2

Révisez Les proportions

- Une partie A d'un ensemble E représente une proportion p donnée par :

$$p = \frac{\text{nombre d'éléments de A}}{\text{nombre d'éléments de E}}$$

- Dans un diagramme circulaire, les angles et les effectifs sont proportionnels.

Les difficultés du sujet

1 Calculez la proportion de filles dans la classe. N'oubliez pas de simplifier cette fraction.

Comparez cette proportion avec celles lues sur les deux diagrammes.

2 Utilisez la proportionnalité entre les angles et les effectifs. Faites un tableau de proportionnalité.

Exercice 3

Révisez **La géométrie plane**

- Si ABC est rectangle en A, alors d'après le théorème de Pythagore :

$$AB^2 + AC^2 = BC^2$$

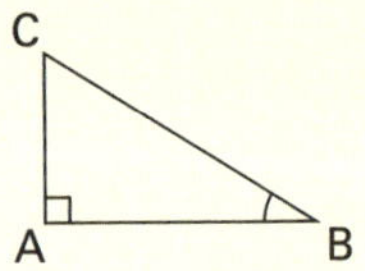

$$\cos \hat{B} = \frac{\text{côté adjacent à } \hat{B}}{\text{hypoténuse}} = \frac{AB}{BC}$$

$$\sin \hat{B} = \frac{\text{côté opposé à } \hat{B}}{\text{hypoténuse}} = \frac{AC}{BC}$$

$$\tan \hat{B} = \frac{\text{côté opposé à } \hat{B}}{\text{côté adjacent à } \hat{B}} = \frac{AC}{AB}$$

- Sur cette figure, si les droites (AB) et (MN) sont parallèles, d'après le théorème de Thalès :

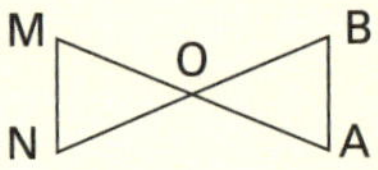

$$\frac{OA}{OM} = \frac{OB}{ON} = \frac{AB}{MN}$$

Les difficultés du sujet

- Suivant le cas que vous allez choisir, vous utiliserez l'une des connaissances rappelées ci-dessus.
- Faites un schéma pour visualiser la situation.
- Certaines données ne seront pas nécessaires pour obtenir la solution.

Exercice 4

Révisez **Algorithmique et programmation**

Les difficultés du sujet

Faites des petits schémas qui permettent de visualiser les trois programmes : flèche haut, flèche droite et flèche bas. Chacun des segments obtenus mesure 50. Attention à l'orientation des segments !

Par exemple, en appuyant 2 fois sur flèche haut, on obtient un segment de longueur 100 en partant vers le haut.

Exercice 5

Révisez **Les calculs avec une formule, les conversions et les lectures graphiques**

- **Tableau de conversion pour les volumes**

m³			dm³			cm³			mm³		

$1\ \text{L} = 1\ \text{dm}^3$

- **Tableau de conversion pour les aires**

m²		dm²		cm²		mm²	

- Si le tableau

x	y
z	t

est un tableau de proportionnalité, alors $x \times t = z \times y$.

Les difficultés du sujet

2 a. Lisez graphiquement à partir de combien de secondes la hauteur de pluie n'augmente plus (cela signifie que la pluie s'arrête).

b. • Calculez la vitesse d'accumulation à l'aide d'un tableau de proportionnalité.

- 1 h = 3 600 s.

Exercice 6

Les difficultés du sujet

1 Comptez le nombre de carreaux gris dans le motif 1, puis dans le motif 2, puis dans le motif 3, et déduisez-en le nombre de carreaux gris pour le motif 4.

Enfin, déterminez le nombre total de carreaux utilisés puis, par différence, le nombre de carreaux blancs.

2 144 est un carré parfait…

Déterminez le nombre de carreaux gris sur un côté du carré. Puis comptez le nombre de carreaux blancs utilisés pour border ce carré gris. Attention à ne pas compter deux fois les carreaux en coin !

3 Plusieurs méthodes sont possibles, à vous de jouer !

Exercice 7

Révisez **Les statistiques**

- La moyenne se calcule en faisant la somme des valeurs et en divisant par le nombre de valeurs.
- La médiane est une valeur qui partage une série en deux groupes de même effectif.
- L'étendue est la différence entre la plus grande valeur de la série et la plus petite.

Les difficultés du sujet

1 Calculez étendue, moyenne et médiane des séries de Solenne et Rachida. L'une des caractéristiques ne correspond pas aux données. Attention, pour la médiane, écrivez les valeurs dans l'ordre croissant.

2 On peut facilement calculer la plus petite valeur de la série.

Exercice 8

Révisez **Le volume et la vision dans l'espace**

- Le volume d'un cube d'arête c est donné par c^3.

Les difficultés du sujet

1 Le solide est constitué d'un gros cube et de trois petits cubes. On connaît les longueurs des arêtes, donc on a tout ce qu'il faut.

2 Aidez-vous des vues de face et de dessous pour faire celle de droite.

Exercice 1

1 Température en °F

D'après le tableau, 20 °C correspondent à **68 °F**.

2 Température en °C

D'après le tableau, 41 °F correspondent à **5 °C**.

3 Formule dans la cellule B3

Dans la cellule B3 se trouve la température en °F.
On obtient celle-ci en multipliant par 1,8 la température en °C et en ajoutant 32.
Ainsi, dans la cellule B3, il faut saisir :

= 1,8 * A3 + 32

↑ température en °C

Remarque

En recopiant vers le bas cette formule, dans la cellule B4, on obtient : = 1,8 * A4 + 32.

Exercice 2

1 Diagramme représentant la répartition des élèves

- Il y a 16 filles sur 24 élèves dans cette classe.

La proportion de filles dans la classe est donc :

$$p = \frac{16}{24} = \frac{2}{3}$$

Pensez-y !
Simplifiez la fraction pour obtenir un résultat plus « parlant ».

Dans cette classe, $\frac{2}{3}$ des élèves sont des filles et donc $\frac{1}{3}$ des élèves sont des garçons.

- Sur le diagramme 1, la proportion des filles est $\frac{1}{2}$ (comme celle des garçons).

Ce n'est donc pas le diagramme qui représente la situation.

- Sur le diagramme 2, la proportion des filles est $\frac{5}{8}$.

Or $\frac{5}{8} \neq \frac{2}{3}$, donc le diagramme 2 ne représente pas non plus la répartition des élèves.

- **Aucun des deux diagrammes ne représente correctement la répartition des élèves dans cette classe.**

Remarque
Sur les deux diagrammes, les secteurs sont identiques. Par exemple, le diagramme 2 est composé de 8 secteurs identiques.

2 Calcul d'un angle

Dans un diagramme circulaire, il y a proportionnalité entre la mesure de l'angle et l'effectif.

On a donc le tableau de proportionnalité suivant :

	Classe	Garçons
Angle (en degrés)	360	x
Effectif	24	8

Rappel
L'angle correspondant à l'effectif de la classe est 360°.

Remarque
Il y a 16 filles dans la classe, donc il y a : 24 – 16 = 8 garçons.

Par produit en croix, on obtient :

$8 \times 360 = 24 \times x$.

Le calcul permettant d'obtenir l'angle du secteur cherché est : $\boldsymbol{x = \frac{8 \times 360}{24}}$.

Il donne 120°.

Remarque
L'angle du secteur qui représente les filles est : 360 – 120 = 240°.

Autre méthode

Comme il y a $\frac{1}{3}$ de garçons dans cette classe, on trouve l'angle correspondant en calculant $\frac{1}{3}$ de 360 : $\frac{1}{3} \times 360 = 120$.

Exercice 3

1 et 2 Calculs de AB avec justifications

Les figures ne sont pas à l'échelle.

a. Cas n° 1

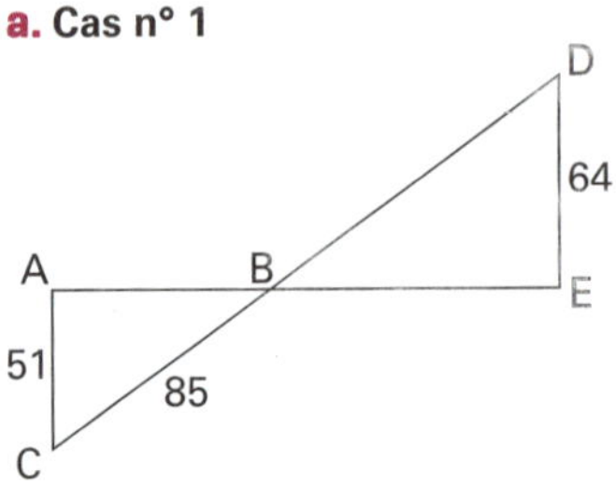

> **Gagnez des points !**
> Faites une figure pour chacun des cas et prenez le temps d'analyser la situation. En fonction des données, utilisez soit le théorème de Pythagore, soit la trigonométrie, soit le théorème de Thalès.

Dans ce cas, on connaît deux longueurs (AC et BC) dans le triangle ABC rectangle en A. On utilise donc le théorème de Pythagore pour calculer la longueur AB.

> **Remarque**
> La donnée de la longueur DE est inutile.

Dans le triangle ABC rectangle en A, d'après le théorème de Pythagore :

$AB^2 + AC^2 = BC^2$

$AB^2 + 51^2 = 85^2$

$AB^2 = 85^2 - 51^2$

$AB^2 = 4\,624$

$AB = 68$ (car $AB > 0$)

Dans le cas n° 1, la longueur AB est 68 cm.

Réponse A

b. Cas n° 2

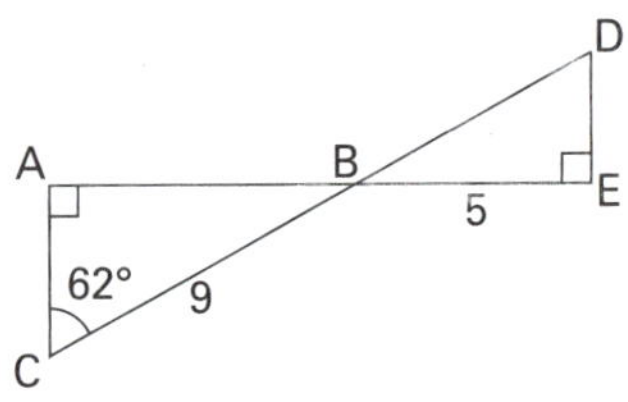

> **Remarque**
> Les informations inscrites sur cette figure doivent vous inciter à choisir la trigonométrie pour calculer la longueur AB.

Dans ce cas, on connaît l'angle $\widehat{ACB}$ et la longueur BC dans le triangle ABC rectangle en A. On utilise donc la trigonométrie pour calculer la longueur AB.

> **Remarque**
> Encore une fois, il y a une donnée « parasite » : la longueur BE.

Dans le triangle ABC rectangle en A, on connaît la mesure de l'angle $\widehat{ACB}$ et l'hypoténuse.

On cherche la longueur du côté opposé [AB], c'est donc le sinus de l'angle $\widehat{ACB}$ que l'on va utiliser.

$$\sin\widehat{ACB} = \frac{\text{côté opposé à } \widehat{ACB}}{\text{hypoténuse}}$$

$$\sin\widehat{ACB} = \frac{AB}{BC}$$

$$\sin 62^\circ = \frac{AB}{9}$$

$$AB = 9 \times \sin 62^\circ$$ produit en croix

$$AB \approx 7{,}9 \text{ cm (valeur arrondie au dixième)}$$

Dans le cas n° 2, la longueur AB est d'environ 7,9 cm.

Réponse C

c. Cas n° 3

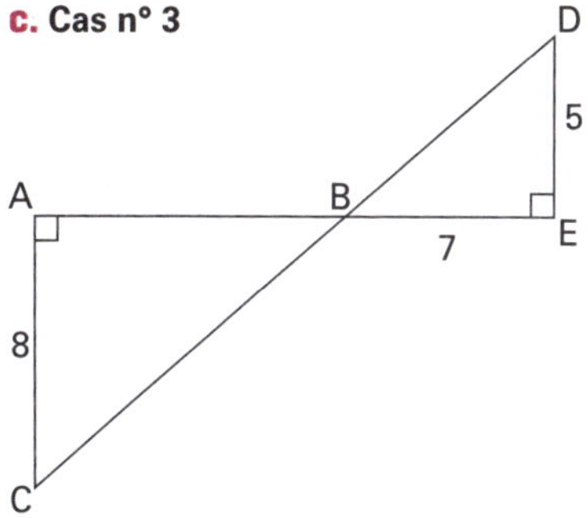

Remarque

Les informations inscrites sur cette figure doivent vous inciter à utiliser le théorème de Thalès pour calculer la longueur AB.

Remarque

On parle de configuration en « papillon ».

Rappel

Le point B est le sommet commun des triangles ABC et BDE. Aux numérateurs, on retrouve les longueurs du triangle ABC et aux dénominateurs, celles (correspondantes) du triangle BDE.

Les triangles ABC et BDE sont en configuration de Thalès. En effet, les droites (AC) et (DE) sont toutes les deux perpendiculaires à (AE). Elles sont donc parallèles.

D'après le théorème de Thalès :

$$\frac{BA}{BE} = \frac{BC}{BD} = \frac{AC}{DE}$$

$$\boxed{\frac{BA}{7}} = \frac{BC}{BD} = \boxed{\frac{8}{5}}$$

En utilisant l'égalité des deux quotients encadrés, on obtient :

$$\frac{BA}{7} = \frac{8}{5}$$

produit en croix

$$5 \times BA = 8 \times 7$$

$$BA = \frac{8 \times 7}{5}$$

BA = 11,2 cm

Dans le cas n° 3, la longueur AB est de 11,2 cm.

Réponse A

Exercice 4

Avant de commencer cet exercice, il est utile de visualiser les différentes commandes (flèche haut, flèche droite et flèche bas).

Visualisation

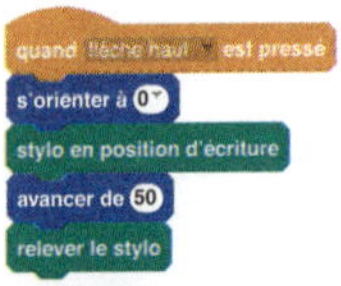

Cette commande dessine un segment de longueur 50 orienté vers le haut.

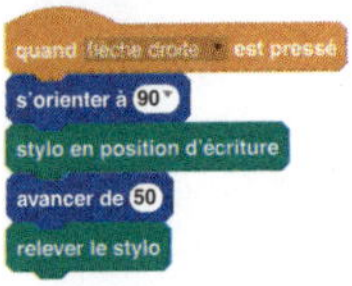

Cette commande dessine un segment de longueur 50 vers la droite.

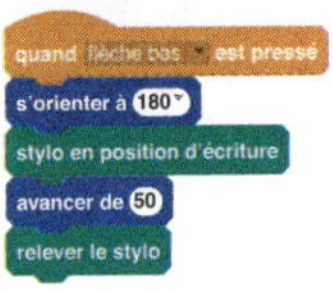

Cette commande dessine un segment de longueur 50 vers le bas.

1 Dessin ne pouvant pas être réalisé

Dessin 1

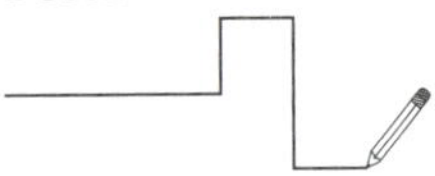

On obtient ce dessin par (dans l'ordre) :
- 3 flèches droite (→) ;
- 1 flèche haut (↑) ;
- 1 flèche droite (→) ;
- 2 flèches bas (↓) ;
- 1 flèche droite (→).

Gagnez des points !
Décomposez chaque dessin réalisé avec les trois commandes.

Dessin 2

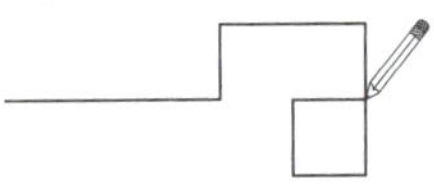

Il est impossible d'obtenir ce dessin, car l'orientation (–90) n'est pas programmée. On ne peut pas « retourner » vers la gauche.

Dessin 3

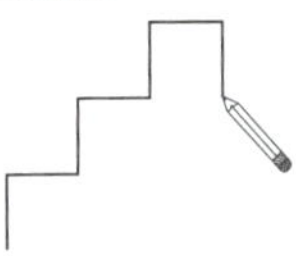

On obtient ce dessin par (dans l'ordre) :
- 1 flèche haut (↑) ;
- 1 flèche droite (→) ;
- 1 flèche haut (↑) ;
- 1 flèche droite (→) ;
- 1 flèche haut (↑) ;
- 1 flèche droite (→) ;
- 1 flèche bas (↓).

Seul le dessin 2 ne peut pas être obtenu avec ce programme (il manque la « définition » de la flèche gauche).

2 Dessin obtenu avec le programme modifié

Le changement se situe au niveau de la définition de « flèche droite ». Dans ce cas, le stylo n'écrit pas. On s'oriente bien à 90 (à droite), on avance de 50 sans écrire.

Ainsi, le dessin 3 s'obtient en effaçant les segments « orientés » vers la droite.

On obtient :

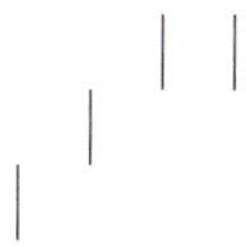

Gagnez des points !

Comparez les deux programmes pour trouver les différences.

Exercice 5

1 a. Calcul d'une hauteur d'eau

Dans la formule $H = \frac{V}{S}$, H est en mm, V en mm^3 et S en mm^2.

1 L = 1 dm^3 = 1 000 000 mm^3

dm^3			cm^3			mm^3		
		1	0	0	0	0	0	0

3 colonnes à chaque unité

Rappel

Utilisez ce point de repère : 1 litre = 1 dm^3.

1 m^2 = 1 000 000 mm^2

m^2		dm^2		cm^2		mm^2	
	1	0	0	0	0	0	0

2 colonnes à chaque unité

Pensez-y !

Faites un tableau de conversion pour ne pas vous tromper.

1 litre d'eau tombée sur 1 m^2 correspond à une hauteur H telle que :

$$H = \frac{1\,000\,000}{1\,000\,000} = 1$$

Il est bien tombé 1 mm de pluie.

b. Volume d'eau dans le pluviomètre

$H = \frac{V}{S}$ avec $H = 10$ mm et $S = 0{,}01$ m² $= 10\,000$ mm².

m²		dm²		cm²		mm²	
	0	0	1	0	0	0	0

On obtient l'égalité : $10 = \frac{V}{10\,000}$

$V = 10 \times 10\,000$

$V = 100\,000$

produit en croix

Le volume d'eau est 100 000 mm³.

Remarque

100 000 mm³ = 100 cm³
= 0,1 dm³
= 0,1 L

2 a. Heure d'arrêt de la pluie

La courbe ne semble plus « monter » à partir de $T = 2\,000$ s.

$2\,000 = 33 \times 60 + 20$

Ainsi, **la pluie s'arrête** 33 minutes et 20 secondes après 17 h 15, soit **à 17 h 48** (à la minute près).

Pensez-y !

Faites la division euclidienne de 2 000 par 60 :
$2\,000 \div 60 = 33$ (reste 20).

b. Qualification de la pluie étudiée

La hauteur d'eau mesurée lors de cet épisode pluvieux est 3 mm. Elle a été obtenue en 2 000 s.

En considérant que la hauteur d'eau est proportionnelle au temps de pluie, on obtient le tableau de proportionnalité suivant :

Temps (en s)	2 000	3 600
Hauteur d'eau (en mm)	3	x

Rappel

1 h = 3 600 s.

Dans un tableau de proportionnalité, les produits en croix sont égaux, donc :

$x \times 2\,000 = 3 \times 3\,600$

$x = \frac{3 \times 3600}{2000} = 5{,}4$

On peut considérer que la vitesse d'accumulation est de 5,4 mm/h.

D'après le tableau, **cela correspond à une pluie modérée.**

Exercice 6

1 Nombre de carreaux gris utilisés pour le motif 4

Numéro du motif	Nombre de carreaux gris utilisés	Nombre de carreaux au total	Nombre de carreaux blancs
1	$1 \times 1 = 1$	$3 \times 3 = 9$	$9 - 1 = 8$
2	$2 \times 2 = 4$	$4 \times 4 = 16$	$16 - 4 = 12$
3	$3 \times 3 = 9$	$5 \times 5 = 25$	$25 - 9 = 16$
4	$4 \times 4 = 16$	$6 \times 6 = 36$	$36 - 16 = 20$

Remarque
Vous pouvez faire des schémas.

Il y aura 20 carreaux blancs sur le motif 4.

Autre méthode

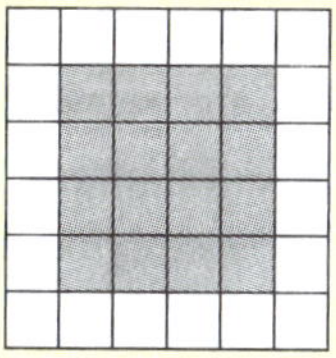

On réalise le croquis représentant la situation. Pour le motif 4, on utilise 16 carreaux gris et 20 carreaux blancs.

2 a. Motif avec 144 carreaux gris

On remarque que $12 \times 12 = 144$.
Ainsi, pour le motif 12, **Gaspard utilisera 144 carreaux gris.**

Méthode
Avec votre calculatrice, $\sqrt{144} = 12$.

b. Nombre de carreaux blancs utilisés

Voici un petit schéma pour visualiser la situation :

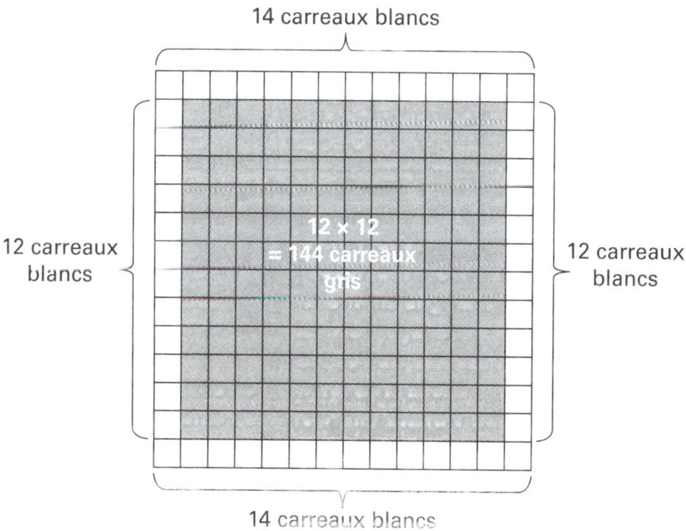

Le nombre de carreaux blancs est donné par :

$2 \times 14 + 2 \times 12 = 28 + 24 = 52$.

Il faudra 52 carreaux blancs pour border le carreau gris.

Piège à éviter

Attention de ne pas compter deux fois les carreaux blancs des coins.

3 Recherche d'une expression

Le motif *n* est obtenu en bordant de carrés blancs un carré de *n* carreaux gris de côté.

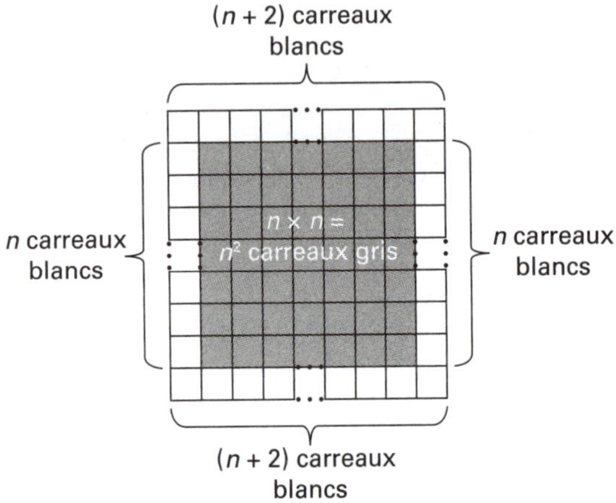

- Le nombre de carreaux blancs est donné par : $2 \times (n + 2) + 2 \times n$.

On retrouve l'expression n° 1.

L'écriture développée de cette expression est :

$$\begin{aligned} 2n + 2 \times (n + 2) &= 2n + 2n + 4 \\ &= 4n + 4 \end{aligned}$$

- L'écriture développée de l'expression n° 2 est :

$4 \times (n + 2) = 4n + 8$

Cette expression est différente de l'expression n° 1, elle ne permet pas de calculer le nombre de carreaux blancs.

- L'écriture développée de l'expression n° 3 est :

$$\begin{aligned} 4 \times (n + 2) - 4 &= 4n + 8 - 4 \\ &= 4n + 4 \end{aligned}$$

Cette expression permet également de déterminer le nombre de carreaux qu'il faut utiliser.

L'expression qui ne convient pas est l'expression n° 2.

Remarque

Cette expression résulte du calcul suivant :

$$\underbrace{4 \times (n + 2)}_{\text{sur chaque côté, il y a } (n+2) \text{ carrés blancs}} - \underbrace{4}_{\text{carreaux comptés deux fois sur les coins}}$$

Autres méthodes

- **Méthode 1**

En développant les trois expressions, on remarque qu'il y en a deux identiques. Donc l'expression différente est celle qui ne convient pas.

- **Méthode 2**

En remplaçant n par 2 (dans le motif 2), il y a 12 carreaux blancs.
Avec l'expression n° 1, on obtient :
$2 \times 2 + 2 \times (2 + 2) = 4 + 2 \times 4 = 12$
Avec l'expression n° 2, on obtient :
$4 \times (2 + 2) = 4 \times 4 = 16 \neq 12$
Avec l'expression n° 3, on obtient :
$4 \times (2 + 2) - 4 = 4 \times 4 - 4 = 12$
C'est donc la deuxième expression qui ne convient pas.

Exercice 7

1 Explications

- **Pour les résultats de Solenne :**

Étendue : 19,9 – 17,4 = 2,5.

Moyenne : $\dfrac{17{,}8 + 17{,}9 + 18 + 19{,}9 + 17{,}4}{5} = 18{,}2$

Médiane : $\underbrace{17{,}4 ; 17{,}8}_{\text{2 valeurs}} ; \boxed{17{,}9} ; \underbrace{18 ; 19{,}9}_{\text{2 valeurs}}$

Médiane = 17,9

L'étendue et la moyenne correspondent à celles proposées, mais pas la médiane.

Donc les caractéristiques proposées ne sont pas celles des résultats de Solenne.

- **Pour les résultats de Rachida :**

Étendue : 19 – 17,6 = 1,4 ≠ 2,5

Moyenne : $\dfrac{17{,}9 + 17{,}6 + 18{,}5 + 18 + 19}{5} = 18{,}2$

Médiane : $17{,}6 ; 17{,}9 ; \boxed{18} ; 18{,}5 ; 19$

Médiane = 18

La moyenne et la médiane correspondent à celles proposées, mais pas l'étendue.

Donc les caractéristiques proposées ne sont pas celles des résultats de Rachida.

Rappel

Pour la médiane, on range les valeurs par ordre croissant.

Remarque

En remarquant que l'étendue est différente, vous pouvez conclure.

2 Valeurs possibles des trois lancers manquants

- L'étendue est 2,5 et la plus grande valeur est 19,5. On en déduit que la plus petite valeur est donnée par 19,5 – 2,5 = 17.

Une des valeurs manquantes est 17.

- Notons ℓ_1 et ℓ_2 les deux autres valeurs manquantes.

On obtient, grâce au calcul de la moyenne, l'égalité :

$$\frac{18 + 17 + 19{,}5 + \ell_1 + \ell_2}{5} = 18{,}2$$

$$18 + 17 + 19{,}5 + \ell_1 + \ell_2 = 5 \times 18{,}2$$
$$54{,}5 + \ell_1 + \ell_2 = 91$$
$$\ell_1 + \ell_2 = 91 - 54{,}5$$
$$\ell_1 + \ell_2 = 36{,}5$$

Pour avoir une médiane égale à 18, on doit avoir (en rangeant dans l'ordre croissant) : 17 ; ℓ_1 ; 18 ; ℓ_2 ; 19,5.

↓ Médiane (18)

Les solutions ℓ_1 et ℓ_2 sont telles que $\ell_1 + \ell_2 = 36{,}5$ avec $17 \leq \ell_1 \leq 18$ et $18 \leq \ell_2 \leq 19{,}5$.

Par exemple :
- $\ell_1 = 17{,}5$ et $\ell_2 = 19$;
- $\ell_1 = 17{,}9$ et $\ell_2 = 18{,}6$;
- $\ell_1 = 18$ et $\ell_2 = 18{,}5$...

Remarque
Il y a une infinité de valeurs possibles pour ℓ_1 et ℓ_2.

Exercice 8

1 Volume du solide

Le solide est composé d'un cube d'arête 4 cm et de 3 cubes d'arête 2 cm.

$4^3 = 64$ donc le volume du gros cube est 64 cm^3.

$2^3 = 8$ donc le volume d'un petit cube est 8 cm^3.

$64 + 3 \times 8 = 64 + 24 = 88$.

Le volume du solide est 88 cm^3.

2 Représentation de la vue de droite

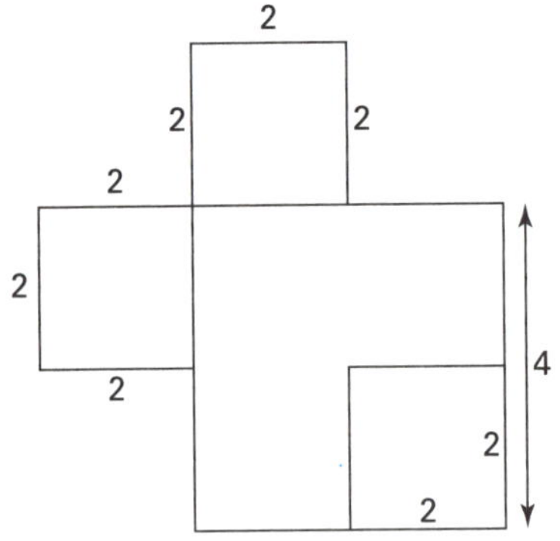

L'astuce du prof
Imaginez que vous êtes placé sur le côté droit du solide et dessinez ce que vous voyez.

SOMMAIRE

INFOS-BREVET

SE CHERCHER, SE CONSTRUIRE

VIVRE EN SOCIÉTÉ, PARTICIPER À LA SOCIÉTÉ

REGARDER LE MONDE, INVENTER DES MONDES

AGIR SUR LE MONDE

COMPRENDRE LE MONDE

L'épreuve de Français expliquée

La nouvelle épreuve du brevet

- L'épreuve de Français se compose de deux parties obligatoires :

– **une première partie,** d'une durée **d'1 h 10**, évalue votre capacité à comprendre, analyser et interpréter des documents et des œuvres qu'ils soient littéraires ou artistiques.

– **une seconde partie,** d'une durée d'**1 h 50**, évalue principalement votre maîtrise de la langue (orthographe) et votre capacité à rédiger un texte long (rédaction).

- Le sujet comporte **un corpus d'un texte** qui peut être accompagné d'un document iconographique (photo, affiche, schéma, œuvre d'art, etc).

Comment s'organise l'épreuve de Français ?

- **Durée :** l'épreuve dure en tout **3 heures**, et se divise en **deux parties** séparées par une pause.
- **Notation :** la notation globale est sur **100 points**. Dans la première partie, les questions liées au texte littéraire sont notées sur **50 points**. La seconde partie est évaluée sur **50 points** : la dictée est notée sur 10 points et la rédaction sur 40 points.
- **L'épreuve** comporte quatre types de sujets expliqués ci-dessous :

Grammaire et compétences linguistiques	Compréhension et compétences d'interprétation	Dictée	Rédaction
Questions sur des points de langue précis et exercice de réécriture.	Questions sur l'interprétation du texte.	Extraite le plus souvent de la même œuvre que celle du texte d'étude ou dont le thème est semblable.	Choix entre **un sujet d'imagination** et **un sujet de réflexion** en lien avec le texte étudié.

Quels sont les critères d'évaluation de ma copie de Brevet ?

- On attend de vous que vous soyez capable de :

– **rédiger** vos réponses en reprenant des éléments de la question ;

– **faire figurer les citations** du texte entre guillemets ;

– **respecter les consignes** et veiller à ne pas faire de **faute d'orthographe** (jusqu'à 4 points peuvent être retirés).

- **Dans la réécriture**, les fautes de copie et les modifications non demandées sont sanctionnées.
- **Dans la dictée**, on vous retirera :

– **1 point** par faute grammaticale (homophones, accords, conjugaison) ;

– **0,5 point** par faute lexicale ;

– **0,5 point** par accent (à hauteur de 2 points).

La méthode pour le Brevet

Les questions 1 h 10

Lire le texte et les questions

- **Lisez d'abord le paratexte** (nom de l'auteur, titre du livre, année de publication, introduction figurant en italique avant l'extrait qui fournit des informations sur le contexte et parfois le type de texte à analyser) afin de comprendre de quoi il s'agit. Parfois, une question peut demander de s'y référer pour justifier la réponse.

Remarques

- Les copies et les feuilles de brouillon vous sont fournies.
- Aucun document n'est autorisé.

- **Lisez le texte lentement** une première fois pour en comprendre le sens général (narrateur, personnages, lieu, époque, thème).
- **Procédez à une relecture** afin de mieux le mémoriser, dégager sa structure, saisir les images, l'implicite ou simplement ce qui aurait pu échapper à la première lecture.
- **Soyez attentif(ve) aux questions en deux parties.**

Soigner les réponses et la copie

- **Développez et approfondissez les réponses sur 1,5 ou 2 points.**
- **Apportez d'abord une explication,** puis justifiez à l'aide du texte : recopier seulement des mots du texte ne constitue pas une explication.
- **Prélevez uniquement les mots ou groupes de mots essentiels à la justification** et non des passages entiers. Chacun d'entre eux doit figurer entre guillemets.

Conseil

Vous pouvez utilisez le signe [...] pour éviter de recopier une phrase en entier. Veillez cependant à ce que les mots qui justifient la réponse figurent bien sur la copie.

- **Notez le numéro de la question** et les subdivisions (a., b., c.) quand il y en a. Aérez votre copie en sautant des lignes entre les questions.
- Si les deux dernières questions portent sur un document iconographique joint au texte, **réfléchissez aux points communs et aux différences entre les documents**.

Les questions les plus fréquentes

- **En vocabulaire,** les questions portent souvent sur : les synonymes et les antonymes ; la décomposition d'un mot en radical, préfixe et suffixe ; le champ lexical ; la définition d'un mot ; les figures de style (surtout la métaphore, la comparaison et la personnification).
- **En grammaire,** les questions portent souvent sur : les types et formes de phrases ; les natures et les fonctions grammaticales ; les temps du mode indicatif et leurs valeurs (surtout l'imparfait, le passé simple, le présent) ; le rapport logique entre les propositions (une prédilection pour la cause et la conséquence) ; le passage de la coordination à la subordination (et inversement) ; les discours direct et indirect ; le point de vue du narrateur.

La réécriture

- **Montrez-vous méthodique** afin de ne pas oublier certaines transformations en cours de copie. Si deux modifications sont demandées, procédez d'abord à la première, puis à la seconde.
- **Demandez-vous quels mots sont touchés** par la transformation et soulignez-les d'abord dans l'extrait à modifier.
- **Soyez attentif(ve)** en recopiant le reste du texte.
- À la fin de la réécriture, les copies sont ramassées. Il est donc impossible de revenir sur le travail effectué.

Les différents types de réécriture

- **Le changement de genre** → Faites attention aux adjectifs qualificatifs, aux pronoms et déterminants possessifs, aux participes passés.
- **Le changement de nombre** → Faites attention à la terminaison des verbes, des adjectifs qualificatifs et participes passés et aux déterminants possessifs et pronoms.
- **Le passage d'un temps simple à un temps composé** → Faites attention à la terminaison des participes passés selon l'auxiliaire employé.
- **Le passage du discours direct au discours indirect (ou l'inverse)** → Faites attention à la ponctuation, aux déterminants possessifs et aux pronoms, aux temps verbaux et aux indications de temps et de lieu.

La dictée 20 min

Comment se déroule la dictée ?

Elle se déroule en **trois temps** :
1. une première lecture expressive ;
2. la dictée effective du texte, par groupes de mots cohérents, avec les liaisons obligatoires et la ponctuation ;
3. une relecture de l'ensemble, sans ponctuation.

Attention : à partir de l'étape 3, il ne sera répondu à aucune de vos questions.

- **Écoutez** attentivement la lecture du texte pour en comprendre le sens.
- **Écrivez sans vous arrêter sur l'orthographe d'un mot** afin de ne pas perdre le rythme de la dictée et repérez les liaisons effectuées par le lecteur.
- **Suivez la relecture** pour vérifier que vous n'avez oublié aucun mot.
- **Relisez soigneusement** votre copie par étapes. Vérifiez :

– d'abord **l'orthographe grammaticale** :
les homophones : « a » / « à », « ou » / « où », « et » / « est », « mes » / « mais », « se » / « ce » ;
les verbes : a-t-il un sujet ? est-il conjugué ? est-ce lui qui est conjugué ou un auxiliaire ? est-ce une action ou un état ? quel est le féminin du participe passé ?) ;
les accords : déterminant/nom, adjectif qualificatif ou participe passé/nom ;
– puis **l'orthographe lexicale** : certains préfixes doublent la consonne ; chercher un mot de la même famille peut renseigner sur la consonne finale ; dégager le radical peut aider à écrire le mot.

Conseil

Écrivez lisiblement : tout doute du correcteur est compté comme une erreur.

La rédaction 1 h 30

Comment aborder la rédaction ?

- Pour ce travail d'écriture, vous devez **choisir un sujet** entre les deux.
- **Lisez avec beaucoup d'attention le sujet choisi,** ainsi que les consignes d'écriture qui le suivent.
- **Vérifiez le sens des mots incompris** dans le dictionnaire.

Conseil

Les sujets de rédaction s'appuient sur le texte distribué au cours de la première partie de l'épreuve : laissez-le sur la table afin de vous y reporter si nécessaire.

Le sujet d'imagination

- **Notez à quelle personne le devoir doit être rédigé** (première ou troisième personne).
- **Notez également le plan** si le sujet le précise (parties, paragraphes). S'il n'est pas indiqué, c'est à vous d'en construire un.

Conseil

Organisez vos idées au brouillon et rédigez directement au propre.

- **Relevez la forme que doit prendre le devoir** (lettre, journal intime, récit et dialogue, récit et description, suite de texte...) et **listez ses caractéristiques** afin de ne pas oublier de les appliquer.
- **Dégagez ensuite le contenu** : quel est le thème ? De quels personnages s'agit-il ? Quelles sont les circonstances ? Des sentiments doivent-ils être exprimés ?

Remarque

Un dictionnaire sur support papier est autorisé.

- **Vérifiez que toutes les contraintes ont été respectées,** une fois le brouillon terminé.
- **Vérifiez la construction des phrases et l'orthographe,** veillez à supprimer les répétitions.

Le sujet de réflexion

- **Soulignez les mots-clés** du sujet et **notez le thème.**
- **Construisez un plan** selon le type de sujet : demande-t-il les avantages et les inconvénients ? Les causes et les conséquences ? Une explication et un commentaire ? Votre avis personnel ?
- **Rédigez entièrement au brouillon l'introduction et la conclusion** :

– l'introduction amène le sujet et le situe dans un contexte ; elle présente ensuite le sujet, puis le plan ;

– la conclusion résume l'argumentation qui a été présentée et se termine par une phrase d'ouverture, toujours en rapport avec le sujet traité, qui élargit la réflexion.

- **Organisez le devoir** en parties distinctes et en paragraphes (saut de ligne, retour à la ligne).
- **Reliez les paragraphes et les arguments entre eux** à l'aide d'indicateurs logiques (ensuite, ainsi, en effet...).

Le programme

Attention !

- Les indications qui suivent sont conformes au texte du *Bulletin Officiel* de l'Éducation nationale du 26 novembre 2015. Les nouveaux programmes sont entrés en vigueur à la rentrée 2016.
- La **réforme du collège** a mis en place un enseignement par cycles.
- Le **cycle 4** correspond aux **trois classes du collège** : 5e, 4e et 3e.
- **En Français**, il y a un programme pour chaque niveau du collège.

Les 5 thèmes du programme

Entrée du cycle 4	Thème étudié en classe de 3e
Se chercher, se construire	Se raconter, se représenter
Vivre en société, participer à la société	Dénoncer les travers de la société
Regarder le monde, inventer des mondes	Visions poétiques du monde
Agir sur le monde	Agir dans la cité : individu et pouvoir
Questionnements complémentaires	Progrès et rêves scientifiques

→ Chaque entrée du cycle 4 est approfondie dans chaque niveau du cycle.

Sujet 1 André Gide, *Geneviève ou la Confidence inachevée*

100 pts 3 heures

Sujet zéro, 2018

Travail sur le texte littéraire et sur l'image

1 h 10 50 pts

Document A Texte littéraire

Dans ce roman en forme d'autobiographie fictive, la narratrice, Geneviève, vient d'entendre en classe de français une autre élève, Sara Keller, réciter un extrait d'une pièce de théâtre.

La maîtresse elle-même semblait émue.

– Mademoiselle Keller – nous dit-elle enfin, après que la récitation fut finie, – nous vous remercions toutes[1]. Avec les dons que vous avez, vous êtes inexcusable de ne pas travailler davantage.

Sara fit une courte révérence[2] ironique, une sorte de pirouette, et rejoignit sa place auprès de moi.

J'étais toute tremblante d'une admiration, d'un enthousiasme que j'eusse voulu lui exprimer, mais il ne me venait à l'esprit que des phrases que je craignais qu'elle ne trouvât ridicules. La classe était près de finir. Vite, je déchirai le bas d'une feuille de mon cahier ; j'écrivis en tremblant sur ce bout de papier : « Je voudrais être votre amie » et glissai vers elle gauchement ce billet.

Je la vis froisser le papier ; le rouler entre ses doigts. J'espérais un regard d'elle, un sourire, mais son visage restait impassible et plus impénétrable que jamais. Je sentis que je ne pourrais supporter son dédain et m'apprêtais à la haïr.

– Déchirez donc ça, – lui dis-je d'une voix contractée. Mais, soudain, elle redéplia le papier, passa sa main dessus pour l'aplanir, et comme ayant pris une résolution… À ce moment, j'entendis mon nom : la maîtresse m'interrogeait. Je dus me lever, je récitai de manière machinale un court poème de Victor Hugo, qu'heureusement je savais fort bien. Dès que rassise, Sara glissa dans ma main le billet au verso duquel elle avait écrit : « Venez chez nous dimanche prochain, à trois heures. » Mon coeur se gonfla de joie et, enhardie :

FRANÇAIS

– Mais je ne sais pas où vous habitez !

Alors elle :

– Passez-moi le papier.

Et tandis que, la classe finie, les élèves rassemblaient leurs affaires et se levaient pour partir, elle écrivit au bas du billet : « Sara Keller, 16 rue Campagne-Première ».

J'ajoutai prudemment :

– Je ne sais pas encore si je pourrai ; il faut que je demande à maman.

Elle ne sourit pas précisément, mais les coins de ses lèvres se relevèrent. Ça pouvait être de la moquerie ; aussi ajoutai-je bien vite :

– Je crains que nous ne soyons déjà invitées.

Habitant dans un tout autre quartier et assez loin du lycée, je devais me séparer de Sara dès la sortie ; d'ordinaire je m'en allais seule et très vite. Ma mère, qui voulait me marquer sa confiance, ne venait pas me chercher, mais elle m'avait fait promettre de rentrer toujours directement et de ne m'attarder point à causer avec les autres élèves. Ce jour-là, je courus durant la moitié du trajet, tant j'étais pressée de lui faire part de la proposition de Sara. […]

Comme j'avais enfin demandé : « Est-ce que tu me permettras d'y aller ? » maman ne répondit pas aussitôt. Je savais qu'elle avait toujours peine à me refuser quelque chose :

– Je voudrais d'abord en savoir un peu plus sur ta nouvelle amie et ses parents. Lui as-tu demandé ce que faisait son père ?

J'avouai que je n'y avais pas songé, et promis de m'en informer. Deux jours nous séparaient encore du dimanche.

– Demain, je viendrai te chercher à la sortie, – ajouta ma mère – tu tâcheras de me présenter cette enfant ; je voudrais la connaître.

---

1. À l'époque où se déroule l'action (1913), les lycées n'étaient pas mixtes, et la classe est donc entièrement composée de filles.

2. révérence : mouvement de corps que l'on fait pour saluer.

André Gide, *Geneviève ou la Confidence inachevée*, 1936.

Document B Image

Raphaël, *Autoportrait avec un ami*, 1518-1520
(Département des peintures du Musée du Louvre, Paris).

Les réponses aux questions doivent être entièrement rédigées.

Grammaire et compétences linguistiques → corrigé p. 127

1 « son visage restait […] plus impénétrable que jamais » (lignes 14-15). Étudiez la composition du mot souligné et dites quel est son sens dans la phrase. **4 pts**

2 « Mais, soudain, elle redéplia le papier, passa sa main dessus pour l'aplanir, et comme ayant pris une résolution… À ce moment, j'entendis mon nom : la maîtresse m'interrogeait. Je dus me lever, je récitai de manière machinale un court poème de Victor Hugo, qu'heureusement je savais fort bien. » (lignes 17 à 22)

Réécrivez ce passage en inversant les personnes : « Mais soudain, je... À ce moment, elle... » **10 pts**

3 « Demain, je viendrai te chercher à la sortie, – ajouta ma mère – tu tâcheras de me présenter cette enfant ; je voudrais la connaître. » (lignes 50-51)

a. Identifiez et justifiez le temps du verbe « ajouter » dans cette phrase. **2 pts**

b. « je viendrai » ; « je voudrais » : expliquez la différence d'orthographe. **2 pts**

Compréhension et compétences d'interprétation → corrigé p. 128

1 De quel personnage vous sentez-vous le plus proche ? Pourquoi ? **4 pts**

2 Lignes 7 à 25 :

a. Quels sont les émotions et les sentiments ressentis par Geneviève au fil de ce passage ? **4 pts**

b. Comment expliquez-vous leur variation ? **4 pts**

3 **a.** Que peut-on savoir des sentiments et émotions de Sara ? **3 pts**

b. Pour quelle raison le lecteur la connaît-il moins bien que Geneviève ? **3 pts**

5 Quel rôle joue à la fin du texte la mère de Geneviève ? **4 pts**

6 Quels sont les éléments qui, dans ce texte, vous paraissent dater d'un autre temps ? Qu'est-ce qui, en revanche, vous paraît encore actuel ? **4 pts**

7 Quels sont les éléments qui permettent au spectateur de voir dans le tableau de Raphaël, une représentation de l'amitié ? **6 pts**

Dictée → corrigé p. 130 20 min **10 pts**

› Écoutez la dictée sur le site abcbrevet.com.

Consignes :

– On dictera le texte à haute voix à plusieurs reprises.

– On inscrira au tableau de manière lisible par l'ensemble des candidats le titre de l'œuvre et le nom de l'auteur.

Rédaction 1 h 30 **40 pts**

Vous traiterez au choix un des deux sujets de rédaction suivants :

Sujet d'imagination → *corrigé p. 131*

› Rédigez la suite du texte, en racontant la scène de présentation de Sara à la mère de Geneviève. Votre récit sera en cohérence avec ce que le texte de Gide vous a appris des intentions et des caractères des personnages.

Sujet de réflexion → *corrigé p. 132*

› Pourquoi est-il important d'avoir des amis ? Vous répondrez à cette question en développant plusieurs arguments.

Sujet 1 Corrigé

Grammaire et compétences linguistiques → *énoncé p. 125*

Les clés pour réussir

1 Étudier la composition d'un mot, c'est le décomposer pour faire apparaître son radical, et éventuellement son préfixe et son suffixe. **Attention**, souvent le préfixe et le suffixe modifient le sens du radical.

2 Dans cette réécriture, **on vous demande** de changer les pronoms personnels sujets. **Vous devez donc modifier** :
- les pronoms personnels et réfléchis ;
- les déterminants possessifs ;
- la conjugaison des verbes.

1 Le mot « impénétrable » est composé du préfixe privatif « im- », du radical « -pénétr- » (du verbe pénétrer), et du suffixe « -able » qui indique la possibilité. Dans la phrase, le mot signifie que l'on ne peut entrer dans la tête du personnage pour connaître ses pensées, car son visage n'exprime rien.

2 « Mais, soudain, je redépliai le papier, passai ma main dessus pour l'aplanir, et comme ayant pris une résolution… À ce moment, elle entendit son nom : la maîtresse l'interrogeait. Elle dut se lever, elle récita de manière machinale un court poème de Victor Hugo, qu'heureusement elle savait fort bien. »

3 **a.** Le verbe « ajouter » est au passé simple de l'indicatif car il exprime une action ponctuelle, limitée dans le temps, comme le confirme l'adverbe « demain » en début de phrase.

b. « Je viendrai » est à l'indicatif futur et ne prend donc pas de « s » final ; « je voudrais » est au conditionnel présent, qui utilise le radical du futur, mais les terminaisons de l'imparfait (ici « ais ») et exprime une demande atténuée.

Compréhension et compétences d'interprétation → *énoncé p. 126*

Les clés pour réussir

1 Les deux réponses peuvent être acceptées à condition d'être clairement justifiées. Le corrigé présente l'une des deux réponses, certainement la plus attendue.

2 a. et **4 a.** Les émotions sont repérables dans le texte aux manifestations physiques des personnages. Les sentiments sont exprimés clairement par des termes précis (joie, peine...) ou peuvent se deviner à travers les attitudes des personnages.

6 Pour cette question, même si le tableau ne vous semble pas facile à lire, attachez-vous aux détails : attitudes, positions des personnages, habits... et rapprochez-les systématiquement du thème proposé : l'amitié.

1 Je me sens plus proche du personnage de la narratrice qui livre clairement ses sentiments et donne ainsi l'impression de mieux la connaître. Elle est touchante par son « enthousiasme » (l. 7), sa timidité « prudemment » (l. 31) et son impatience « j'étais pressée » (l. 41). De plus, l'utilisation du pronom « je » dans cette autobiographie fictive encourage à s'identifier à la narratrice.

2 a. Au fil de ce passage, Geneviève ressent d'abord de l'admiration « j'étais toute tremblante d'une admiration » (l. 7), et de l'« enthousiasme » (l. 7). Puis elle doute, et éprouve de la peur d'être rejetée ou mal jugée « je craignais...ridicules » (l. 9), « en tremblant » (l. 11), « gauchement » (l. 12). Ensuite, elle est entraînée vers la colère « haïr » (l. 16), « contractée » (l. 17) et enfin vers une grande joie « mon cœur se gonfla de joie » (l. 24).

b. La variation des émotions et des sentiments de Geneviève est liée aux réactions ou à l'absence de réaction de Sara dont elle craint par-dessus tout le « dédain » (l. 16). L'invitation finale de Sara suffit d'ailleurs à lui redonner pleinement confiance en elle-même « enhardie » (l. 24).

3 a. Il est très difficile de connaître les sentiments et les émotions de Sara car elle est présentée comme un personnage singulier et contradictoire, difficile à cerner, comme le souligne la professeure, qui, en même temps, la félicite « avec les dons que vous avez » et lui fait un reproche « vous êtes inexcusable » (l. 4). Ensuite, on ne la découvre qu'à travers le regard de Geneviève, ou par l'interprétation de ses gestes qui ne sont pas clairs « une révérence ironique » (l. 5) et un « visage impassible » (l. 14).

b. Le lecteur peine à bien connaître Sara car l'auteur utilise la modalisation pour la présenter, ce qui laisse toujours un doute dans l'interprétation : les points de suspension (l. 19) coupent volontairement le texte au moment où Sara va s'exprimer, de même son sourire n'est pas clair : « Ça pouvait être de la moquerie » (l. 34). À l'inverse, les émotions de Geneviève sont explicites.

4 La mère de Geneviève vient calmer et freiner l'entrain de sa fille qui se lance dans cette nouvelle relation avec passion « maman ne répondit pas aussitôt » (l. 44). Elle apporte un regard raisonnable pour tempérer l'impatience de sa fille et lui faire prendre du recul « Je voudrais d'abord en savoir un peu plus » (l. 46).

5 Les éléments qui montrent que ce texte appartient à une autre époque sont le vouvoiement entre élèves « Venez chez nous dimanche prochain » (l. 23), l'absence de mixité « nous vous remercions toutes » (l. 3), l'importance de la situation socioprofessionnelle des parents « Lui as-tu demandé ce que faisait son père ? » (l. 47). Mais ce texte reste très actuel, on retrouve les petits papiers échangés entre élèves à l'insu du professeur « je déchirai le bas d'une feuille de mon cahier » (l. 10), la volonté adolescente de gagner en indépendance « Ma mère, qui voulait me marquer sa confiance, ne venait pas me chercher » (l. 38-39), et surtout l'importance d'avoir des amis, avec la formule « Je voudrais être votre amie » (l. 11) qui n'est pas sans rappeler celles des réseaux sociaux.

6 Ce tableau de Raphaël présente deux hommes en buste sur un fond noir. L'homme qui est derrière (Raphaël) pose sa main gauche avec un geste tendre sur l'épaule de l'autre. On devine que sa main droite est posée sur son côté. L'homme qui est devant, se retourne vers lui pour le regarder alors que son doigt est pointé vers le spectateur et semble montrer autre chose. Les deux hommes se ressemblent, ils semblent en « harmonie » : mêmes barbes, mêmes moustaches et mêmes habits. Cependant, on peut noter que c'est une amitié « inégale », c'est-à-dire qu'il y a un dominant et un dominé comme dans le texte : Raphaël domine son ami de par sa position et son regard qui est tourné vers le spectateur, alors que l'homme au premier plan est entièrement accaparé par lui au point qu'il ne regarde plus ce qu'il montrait du doigt.

Dictée → *énoncé p. 126*

Les clés pour réussir

Bien conjuguer

- Le **présent de l'indicatif** : attention aux verbes du premier groupe dont le radical se termine par -i (crier, lier, plier...), il ne faut pas les confondre avec des verbes du deuxième groupe, et bien penser à mettre le -e final (il crie, ils plient...).

Bien accorder

- « chacun » est un pronom indéfini singulier, quand il est sujet, le verbe se met donc au singulier.
- « tel/telle/tels/telles » est un adjectif qui s'accorde le plus souvent avec le nom qui le suit.

Bien orthographier

- « demi-mot » : penser au trait d'union.
- « voilà » est un adverbe invariable, il faut penser à l'accent.
- « d'abord » : penser à l'apostrophe.

Les mots difficiles

- **vertu** : ne pas mettre de « e » final.
- **enchanter** : « an » comme dans le radical « chanter ».

La camaraderie mène à l'amitié : deux garçons découvrent entre eux une ressemblance : « Moi aussi... C'est comme moi... » tels sont les mots qui d'abord les lient. Le coup de foudre est de règle en amitié. Voilà leur semblable enfin, avec qui s'entendre à demi-mot. Sensibilités accordées ! Les mêmes choses les blessent et les mêmes les enchantent. Mais c'est aussi par leurs différences qu'ils s'accordent : chacun admire dans son ami la vertu dont il souffrait d'être privé. [...] Dans l'amitié véritable, tout est clair, tout est paisible ; les paroles ont un même sens pour les deux amis.

François Mauriac, *Le jeune homme*, 1925.

Travail d'écriture – Sujet d'imagination → *énoncé p. 127*

Les clés pour réussir

Écrire une suite de texte implique de tenir compte des caractéristiques principales du texte de départ.

Les éléments du texte

- Commencez votre texte par la **dernière phrase du texte initial.**
- L'**époque** à laquelle se déroule l'action : les années 1930.
- **Les caractéristiques des personnages** (caractère et intentions) : Geneviève et Sara ont des caractères bien différents : Geneviève est en attente de la relation amicale, alors que les intentions de Sara ne sont pas claires.
- La scène de présentation à la mère de Geneviève : il faudra penser à intégrer des **paroles rapportées**, voire du **dialogue.**

La narration

- Le **statut du narrateur** : Votre texte sera rédigé à la **première personne**, par Geneviève.
- Les **temps verbaux** : présent, imparfait et passé simple.
- Le **registre de langue** : privilégiez un registre courant en intégrant quelques tournures soutenues comme dans le texte initial. N'oubliez pas que **les deux filles se vouvoient.**
- Les **dialogues** : ce sujet se prête à l'insertion de dialogues pour rendre le récit **plus vivant.**

Méthode

Pour vous aider, nous vous avons indiqué en couleur les parties de la rédaction qui répondent aux consignes.

Éléments du texte initial Dialogue Caractères des personnes

– Demain, je viendrai te chercher à la sortie, – ajouta ma mère – tu tâcheras de me présenter cette enfant ; je voudrais la connaître.

Le lendemain, je me réveillai plus tôt qu'à l'ordinaire, excitée et un peu angoissée à l'idée de présenter Sara à ma mère. Les questions se bousculaient dans ma tête : « Qu'allait-elle penser ? N'aurais-je pas l'air ridicule de devoir demander l'autorisation à ma mère à notre âge ? ». Au petit déjeuner, nous n'abordâmes pas le sujet, je commençais à penser avec un certain soulagement que maman avait peut-être oublié, mais au moment de sortir de la maison, elle me lança : « à ce soir, devant le lycée, je viendrai te chercher, tu n'as pas oublié ? »

La journée se passa sans que j'arrive à aborder Sara, ce n'est que pendant le dernier cours que je réussis à lui glisser avec un ton que je voulais détaché : « Tiens, ma mère passe me prendre, je pourrais vous la présenter si vous le voulez ? ». Elle ne répondit pas aussitôt, mais eût le même sourire que la veille avant de murmurer : « Pourquoi pas... ».

À la sortie du lycée, maman était là, j'évitai de me précipiter et de l'embrasser, et j'entamai la discussion :

– Tiens, tu es déjà là ? Laisse-moi te présenter mon amie Sara, je vais chez elle dimanche prochain, tu sais ?

Elle réprima une moue et fronça les sourcils, comprenant mon petit stratagème :

– Euh...oui bien sûr, bonjour Sara, Geneviève m'a beaucoup parlé de vous, vous êtes la fille de M. et Mme Keller qui sont... je ne parviens pas à me souvenir...

– Bonjour Madame, oui en effet, vous connaissez sûrement mes parents, ils sont acteurs, vous les avez peut-être déjà vus ?

Surprise, ma mère balbutia :

– Oui, oui tout à fait, c'est cela, ce devait être lors d'une représentation...

– Certainement, ils jouent essentiellement le répertoire classique vous savez, ajouta Sara avec une belle assurance.

– C'est très bien ! Bon, nous devons partir, se hâta de conclure ma mère, un peu gênée par la situation et ayant peur de devoir citer la pièce où elle était censée les avoir vus.

Elle fit quelques pas et je lui dis : « Je te rejoins tout de suite, maman. » Puis me tournant vers Sara, les yeux pleins d'admiration :

– Vos parents sont acteurs ! Je l'ignorais, ce doit être fabuleux !

Elle sourit, cette fois-ci franchement et me lança d'un air complice :

– Pas du tout, ils sont charcutiers, mais j'ai bien senti que cela ferait plaisir à votre mère !

Nous partîmes d'un grand éclat de rire, et ce fut le début d'une complicité qui m'apprit bien des subtilités sur les rapports humains.

Travail d'écriture – Sujet de réflexion → énoncé p. 127

Les clés pour réussir

L'introduction

- **Introduisez le sujet** : vous pouvez présenter le thème à partir d'une citation sur l'amitié.
- **Présentez le sujet** : reprenez la question posée par le sujet.
- Annoncez clairement votre **plan**.

Le développement

- La question posée invite à **énumérer les raisons** pour lesquelles il est important d'avoir des amis : partager, se confier, se construire...
- Chaque paragraphe devra comporter un **argument** et un **exemple** précis.
- Un minimum de **trois paragraphes** est attendu.

La conclusion

- **Résumez en d'autres termes** votre argumentation en précisant votre avis.
- **Terminez avec une phrase d'ouverture**, en élargissant par exemple la question aux relations amoureuses ou à l'influence parfois négative de certains « amis ».

Méthode

Pour vous aider, nous vous avons indiqué en couleur les parties de la rédaction qui répondent aux consignes.

Indicateurs logiques   Arguments   Exemples

« Parce que c'était lui ; parce que c'était moi », lorsque l'on évoque l'amitié, cette phrase de Montaigne vient à l'esprit et montre la difficulté à exprimer les raisons pour lesquelles on s'attache à nos amis. On peut se demander pourquoi il est important d'avoir des amis. Nous développerons ici trois raisons qui nous semblent essentielles.

L'amitié est avant tout une entente particulière entre plusieurs personnes qui partagent des goûts, des centres d'intérêt communs. La même passion anime souvent les amis qui se créent ainsi une complicité. Par exemple, dans la série des *Harry Potter* de J.K.Rowling, Harry, Hermione et Ron sont liés par une grande amitié qui naît sur les bancs de l'école de Poudlard autour d'une passion commune pour l'utilisation juste de la magie.

De plus, avoir des amis, c'est savoir que l'on peut compter sur quelqu'un en cas de difficultés, de peines, de doutes. Un ami est un véritable confident, qui sera présent dans les moments difficiles de l'existence comme dans les moments heureux. C'est le cas du tandem formé par Philippe et Abdel dans le film *Intouchables* de 2011, les deux amis, pourtant très différents, partagent les moments heureux et difficiles de leur existence avec une sincérité que seule permet l'amitié.

Enfin, l'amitié permet de se construire, de se sentir épaulé pour grandir grâce au regard bienveillant ou critique de ses amis. Les rencontres amicales offrent en effet des modèles auxquels on peut s'identifier, ou dont on se démarque pour avoir sa propre singularité. Dans les deux cas, c'est le regard de l'autre qui nous fait progresser. Ainsi, dans *No et moi* de Delphine de Vigan, l'héroïne Lou se lie d'amitié avec No, une jeune SDF qui va transformer sa vision de la vie et la faire avancer dans ses relations avec ses propres parents ou avec son petit ami.

Pour conclure, on peut affirmer que l'amitié est un sentiment très fort et indispensable à notre bien-être. Des rencontres avec nos semblables naissent parfois des amitiés dans lesquelles on se lance sans recul. Il faudrait alors s'interroger sur les influences positives ou négatives qui peuvent naître de ces amitiés.

Sujet 2 Michel Tremblay, *Bonbons assortis*

3 heures

Centres étrangers, juin 2018

Travail sur le texte littéraire et sur l'image

1 h 10 **50 pts**

Document A Texte littéraire

Il ouvrit toute grande la porte ; une trombe d'eau tiède nous submergea d'un seul coup et je me dis ça y est, c'est là qu'on meurt ! Dehors, c'était chaud, humide, l'orage battait son plein, des éclairs jaillissaient presque sans cesse et le tonnerre semblait tomber un peu partout en provoquant des échos horrifiants. Ça sentait fort quelque chose que j'ignorais encore être de l'ozone, les arbres étaient secoués de bourrasques de pluie, le monde entier était mouillé et la colère du ciel tombait sur nous en vagues enragées et destructrices. Comme si la nature s'était vengée de quelque chose que je ne saisissais pas encore.

« R'garde si c'est beau, Michel ! R'garde ça si c'est beau ! »

Beau ?

Mais c'était la fin du monde !

J'étais tellement terrifié que j'étais convaincu que j'allais d'une seconde à l'autre faire pipi sur la bedaine naissante de mon père.

Il s'assit sur la chaise à bascule de sa mère, me retourna dans ses bras, m'installa sur ses genoux.

« Garde pas les yeux fermés comme ça… Ouvre-les. Pis regarde ça… »

Il se releva aussitôt que j'eus les yeux ouverts et s'approcha de la rambarde du balcon contre laquelle il s'appuya. Il se pencha même un peu au-dessus du vide.

Ça non plus, les arbres, les escaliers extérieurs, les balcons voisins, la rue, je n'avais jamais vu ça d'aussi haut et, au lieu d'avoir peur, les pieds battants au-dessus du gouffre et la tête sous la pluie, je connus un des plus agréables vertiges de mon enfance.

La pluie nous tombait dessus, les éclairs éclataient, suivis du tonnerre qu'on prétendait si dangereux, les arbres étaient secoués par un vent violent et produisaient un bruissement qui aurait dû me terroriser,

FRANÇAIS

mais plus rien ne semblait dangereux parce que j'étais à vingt pieds du sol, dans les bras de mon père qui, par la seule force de sa volonté, faisait en sorte que rien ne m'arrive !

Rien ne pouvait m'arriver !

Protégé contre tout mal, rendu invincible par la présence de mon père qui affrontait la tempête au lieu de se cacher, j'étais l'enfant le plus heureux du monde.

Michel Tremblay, « Sturm and Drang »[1] dans *Bonbons assortis*, Léméac/Actes Sud 2012.

1. « Sturm and Drang » : ce titre signifie tempête et passion.

Document B **Image**

Enée, Anchise et Ascagne, Le Bernin, 1618-1619, sculpture en marbre, Rome.

(Enée porte son père Anchise, âgé et souffrant, sur son épaule. Derrière lui, se trouve son fils Ascagne. Ils fuient la ville de Troie, assiégée et incendiée.)

Les réponses aux questions doivent être entièrement rédigées.

Grammaire et compétences linguistiques → *corrigé p. 138*

1 « Beau ? / Mais c'était la fin du monde ! » (lignes 11 et 12)

a. Quels sont les deux types de phrases employés ? **1 pt**

b. Quels sentiments sont ainsi exprimés ? **1 pt**

2 **a.** Quel est le niveau de langue utilisé dans le dialogue ? Relevez deux exemples et expliquez en quoi ils relèvent de ce niveau de langue. **2 pts**

b. Comment expliquez-vous l'emploi de ce niveau de langue par le père ? **1 pt**

3 « […] plus rien ne me semblait dangereux parce que j'étais à vingt pieds du sol, dans les bras de mon père […] » (lignes 29 et 30)

a. Identifiez le connecteur logique et donnez sa classe grammaticale. **2 pts**

b. Quel rapport logique exprime ce connecteur ? **1 pt**

c. Quelle conjonction de coordination exprime le même rapport logique ? **1 pt**

4 « Invincible » (ligne 33)

a. Analysez la composition de ce mot. **1 pt**

b. Expliquez son sens. **1 pt**

c. Donnez sa classe grammaticale. **1 pt**

5 « La pluie nous tombait dessus, les éclairs éclataient, suivis du tonnerre qu'on prétendait si dangereux, les arbres étaient secoués par un vent violent et produisaient un bruissement […] » (lignes 26 à 28)

Réécrivez ce passage au passé composé. **10 pts**

Compréhension et compétences d'interprétation → *corrigé p. 139*

1 Qu'avez-vous compris de ce texte ? **2 pts**

2 Quel est le point de vue adopté dans ce texte ? Justifiez votre réponse avec au moins trois indices. **4 pts**

3 **a.** Dans le premier paragraphe, relevez deux figures de style que vous nommerez. **2 pts**

b. À partir de cette réponse, comment le narrateur raconte-t-il l'orage ? **2 pts**

4 **a.** Quels sont les sentiments successifs ressentis par l'enfant ? **2 pts**

b. Comment expliquez-vous cette succession ? **2 pts**

5 Dans ce récit, quel est le rôle du père ? Expliquez. **4 pts**

6 Selon vous, pour quelles raisons le narrateur décide-t-il de raconter cet épisode ? Vous vous appuierez précisément sur le texte. **4 pts**

7 Quelles ressemblances et quelles différences percevez-vous entre la sculpture et le texte ? Appuyez-vous entre autres sur la disposition des personnages. **6 pts**

Dictée → corrigé p. 141 20 min **10 pts**

› Écoutez la dictée sur le site abcbrevet.com.

Consignes :

– On dictera le texte à haute voix à plusieurs reprises.

– On inscrira au tableau de manière lisible par l'ensemble des candidats le titre de l'œuvre et le nom de l'auteur ainsi que les mots **Robertine** et **hockey**.

Rédaction 1 h 30 **40 pts**

Vous traiterez au choix un des deux sujets de rédaction suivants :

Sujet d'imagination → corrigé p. 142

› Racontez un épisode heureux de votre enfance lors duquel un adulte a joué un rôle déterminant.

Vous insisterez sur la succession des sentiments éprouvés. Vous évoquerez la leçon que vous en avez tirée.

Sujet de réflexion → corrigé p. 143

› Comment concevez-vous le rôle des parents dans l'éducation de leurs enfants ?

Vous répondrez à cette question en développant plusieurs arguments.

Sujet 2 Corrigé

Grammaire et compétences linguistiques → énoncé p. 137

Les clés pour réussir

1 On distingue quatre types de phrases : **déclaratives, interrogatives, injonctives** (ou **impératives**) et **exclamatives**.

2 a. et **b.** On appelle **niveaux de langue** les **différentes manières de s'exprimer** selon la situation des interlocuteurs et leurs rapports. Il existe trois niveaux de langue : **familier, courant** et **soutenu**. Un niveau de langue permet de **caractériser des personnages** (âge, milieu social…) ou de jouer sur la **tonalité du texte** (humoristique, solennelle…).

3 **a.**, **b.** et **c.** Les **connecteurs** (ou **indicateurs**) **logiques** sont les mots ou expressions qui permettent d'**établir un lien logique entre deux propositions** ou deux paragraphes. Les liens les plus marqués sont la **cause**, la **conséquence** et l'**opposition** ; ils sont exprimés notamment grâce aux **conjonctions de subordination** (parce que, si bien que, alors que...) ou de **coordination** (car, donc, mais...).

4 **a.** Analyser la composition d'un mot c'est trouver son **radical,** son **préfixe** et son **suffixe. Attention**, les trois éléments ne sont pas toujours présents.

1 **a.** Les phrases employées sont de type interrogatif et exclamatif. On les reconnaît aux signes de ponctuation utilisés : point d'interrogation et point d'exclamation.

b. Ces phrases traduisent la surprise et la peur du narrateur.

2 Le dialogue est rédigé dans un niveau de langue familier. Plusieurs exemples sont caractéristiques de ce registre de langage : « R'garde » fait l'élision d'une lettre comme pour reproduire une tournure orale et familière ; « Garde pas les yeux fermés comme ça » est marqué par l'absence du premier élément de négation « ne ».

3 **a.** Le connecteur logique est la conjonction de subordination « parce que ».

b. Ce connecteur permet d'établir un lien de cause entre les deux propositions.

c. Ce connecteur pourrait être remplacé par la conjonction de coordination « car » qui exprime également la cause.

4 **a.** Le mot « invincible » est composé du préfixe « in- », du radical « vinc- » et du suffixe « -ible ».

b. Le préfixe « in- » indique le contraire, le radical est issu du verbe vaincre, et le suffixe « -ible » indique la possibilité. Ce mot signifie donc « qui ne peut être vaincu ».

c. Ce mot est un adjectif qualificatif.

5 La pluie nous <u>est tombée</u> dessus, les éclairs <u>ont éclaté</u>, suivis du tonnerre qu'on <u>a prétendu</u> si dangereux, les arbres <u>ont été secoués</u> par un vent violent et <u>ont produit</u> un bruissement. »

Compréhension et compétences d'interprétation → *énoncé p. 137*

Les clés pour réussir

1 Cette première question très ouverte peut être déstabilisante, il suffit en fait de **résumer l'intention de l'auteur** du texte : pourquoi a-t-il écrit ce texte et que raconte-t-il ?

2 Pour trouver le point de vue narratif d'un texte, **il faut se demander « qui voit » la scène**. Il existe trois points de vue : **omniscient** (le narra-

FRANÇAIS

teur voit tout et sait tout), **interne** (le narrateur ne voit et dit que ce que voit et dit le personnage), **externe** (le narrateur raconte l'histoire comme si elle était filmée, il ne connaît pas les pensées des personnages).

3 a. On appelle **figures de style** des **façons de parler ou d'écrire pour attirer l'attention du destinataire, rendre le texte plus expressif et plus imagé** en ne se contentant pas d'un usage informatif de la langue.

1 Ce texte évoque un souvenir d'enfance pendant un orage. Le narrateur exprime ce qu'il a ressenti alors et comment la présence de son père a fait évoluer ses impressions.

2 Ce texte adopte un point de vue interne. Les pronoms de la première personne renvoient au narrateur « je, mon… » ; il s'agit d'un souvenir autobiographique où l'auteur livre à la fois ce qu'il a ressenti dans l'enfance et ce qu'il en pense aujourd'hui « Ça sentait fort quelque chose que j'ignorais encore être de l'ozone » (ll. 5-6) ; et l'on ne connaît que les sentiments du narrateur « j'étais l'enfant le plus heureux du monde » (ll. 34-35).

3 a. Les figures de style présentes dans le premier paragraphe sont la métaphore « une trombe d'eau tiède nous submergea » (l. 1), l'hyperbole « c'est là qu'on meurt ! » (l. 2), « le monde entier était mouillé » (l. 7), et la personnification « la colère du ciel » (l. 7), « vagues enragées (l. 8), « Comme si la nature s'était vengée » (ll. 8-9).

b. Ces figures de style produisent deux effets : non seulement elles exagèrent et amplifient l'orage pour le transformer en déluge de fin du monde, mais aussi elles le personnifient, lui donnent vie, et l'orage devient ainsi un monstre inquiétant doué de sentiments humains (colère, vengeance).

4 a. L'enfant ressent d'abord de la peur « J'étais tellement terrifié » (l. 13). Il est ensuite pris d'un sentiment trouble entre la peur et le plaisir « je connus un des plus agréables vertiges » (ll. 24-25). Enfin, le bonheur finit par l'emporter sur tout le reste « j'étais l'enfant le plus heureux du monde » (ll. 34-35).

b. L'évolution des sentiments de l'enfant est liée à la présence rassurante de son père qui ne craint pas l'orage et qui communique son courage à son fils « rendu invincible par la présence de mon père qui affrontait la tempête au lieu de se cacher » (ll. 34-35).

5 Dans cet extrait, le père aide l'enfant à découvrir le monde, à le voir autrement et à repousser ses peurs « R'garde ça si c'est beau ! » (l. 10). Son attitude sereine offre une protection à l'enfant qui s'abandonne à lui en toute confiance « plus rien ne me semblait dangereux […] dans les bras de mon père » (ll. 29-30).

6 Le narrateur décide de raconter cet épisode pour montrer l'importance du rôle protecteur de son père dans son éducation « mon père qui, par la seule force de sa volonté, faisait en sorte que rien ne m'arrive ! » (ll. 30-31). De plus, il veut montrer, comme souvent dans les récits autobiographiques, qu'il a changé, et que plusieurs aspects de sa vie d'adulte sont liés à cet épisode « ça sentait fort quelque chose que j'ignorais encore être de l'ozone » (ll. 5-6), « quelque chose que je ne saisissais pas encore. » (l. 9) l'adverbe « encore » répété montre qu'il a acquis depuis de nouvelles connaissances.

7 La sculpture du Bernin montre un épisode très important de la mythologie : la fuite deTroie par Énée qui va aller fonder Rome. On y voit trois générations : Énée qui porte son père Anchise, et Ascagne qui le suit. On retrouve le modèle du père sur lequel le fils règle ses pas et derrière lequel il se protège, mais la position est inversée par rapport au texte : ici c'est le fils qui porte le père pour le protéger. La présence des trois générations de haut en bas sur la sculpture insiste aussi sur la transmission des parents aux enfants.

Dictée → énoncé p. 138

Les clés pour réussir

Bien conjuguer

- Le **conditionnel présent** : il se forme sur le **radical du futur** auquel on ajoute les **terminaisons de l'imparfait** (exemple : crier → futur : il criera ; conditionnel présent → il crierait).

Ne pas confondre

- on n'avait pas/ on avait : il faut être attentif à l'ensemble de la phrase pour **savoir s'il y a une négation ou pas**.

Bien orthographier

- « plusieurs » : ne pas oublier le « s ».
- « printemps » prend toujours un « s ».
- « semblable » : attention au son « -ble » qui est répété.

Les mots difficiles

- **désobligeant, e** : adj., peu aimable.

On n'avait pourtant rien annoncé de particulier pour cette nuit-là, à part une belle pluie d'août qui viendrait enfin dissiper cette horrible et collante humidité que nous avions eue à endurer sans relâche plusieurs semaines de suite. Un front froid s'avançait [...]. Toute la maisonnée s'était préparée à cette pluie en soupirs de satisfaction et remarques désobligeantes pour le maudit été trop chaud, trop long, trop collant. Ma grand-mère prétendait soudain détester l'été, ma tante Robertine rêvait au mois d'octobre, mes frères parlaient déjà de hockey. Six mois plus tard, aux premiers frémissements du printemps, ils proféreraient des horreurs semblables au sujet de l'hiver.

Michel Tremblay, « Sturm and drang », *Bonbons assortis*, Léméac/Actes Sud, 2012.

On notera au tableau : Robertine et hockey.

FRANÇAIS

Travail d'écriture – Sujet d'imagination → énoncé p. 138

Les clés pour réussir

On vous demande le récit d'un souvenir heureux faisant intervenir un adulte. Pensez à respecter les points suivants :

L'introduction pour présenter le souvenir

Précisez les circonstances de votre récit (où ? quand ? avec qui ?...).

Le récit d'un souvenir heureux

L'anecdote peut être liée au quotidien, elle n'a pas besoin d'être exceptionnelle. Vous n'êtes pas non plus obligé de raconter un souvenir réel, mais il faut qu'il soit vraisemblable.

Sentiments

Plusieurs sentiments doivent être évoqués, ils peuvent évoluer au cours du récit.

La conclusion

Elle montre la leçon tirée de l'épisode.

Méthode

Pour vous aider, nous vous avons indiqué en couleur les parties de la rédaction qui répondent aux consignes.

Récit du souvenir avec l'adulte Sentiments Leçon

Je me souviens très bien de ces vacances passées chez mes grands-parents lorsque j'étais petite, ces vacances où papy m'a dit que je pourrais l'aider à planter les pommes de terre dans le jardin avec lui. Cette proposition me transporta de joie : une mission de « grand » à laquelle j'allais pouvoir participer. J'imaginais qu'on allait pouvoir planter des milliers de pommes de terre puis les revendre et ainsi gagner beaucoup d'argent ! Quelle bonne nouvelle ! J'étais tellement excitée qu'au moment d'aller au lit, il m'a été difficile de m'endormir !

Le lendemain, au petit matin, papy m'attendait pour planter ces fameuses pommes de terre ! J'étais prête : habillée avec des vieux tee-shirt à son odeur, un vieux jean pour ne pas me salir, les bottes pour être dans le jardin... J'étais la plus heureuse des petites filles !

J'arrivai dans le jardin, il fallait commencer par préparer le terrain, désherber, retourner la terre... C'était fatigant mais j'attendais ce jour avec impatience et je voulais faire la grande donc pas question de me plaindre ! Puis, enfin, on a planté les patates « germées » dans la terre. Je les trouvais amusantes avec leurs petites cornes, elles ressemblaient à des rhinocéros ! Papy m'a quand même expliqué que c'était ces « petites cornes » qui permettaient de faire un pied de patates mais moi je croyais qu'il me racontait des bêtises : il me parlait de « pied » or je savais bien que les pommes de terres ne marchaient pas !!! Quel farceur ce papy !

Puis il m'expliqua que ça suffisait pour cette première journée et que je reviendrai les « butter » dans quinze jours. « Butter les patates ? Mais pourquoi papy ? On les a plantées ensemble on ne va pas les tuer quand même ? » m'exclamai-je. Il sourit puis m'expliqua que cela consistait seulement à les mettre en terre dans des petits « tas » lorsqu'elles auraient grandies. J'étais rassurée mais un peu déçue car il allait falloir attendre longtemps avant de pouvoir les récolter et les manger...

Ce jour-là, mon grand-père m'apprit qu'avant de pouvoir arriver à quelque chose qui nous tient à cœur il faut savoir faire preuve de patience et ça je le vois tous les jours dans chaque chose que je fais, chaque tâche que je veux accomplir.

Travail d'écriture – Sujet de réflexion → *énoncé p. 138*

Les clés pour réussir

L'introduction

- Annoncez le thème de l'éducation parentale, par exemple à l'aide d'une citation.
- **Présentez le sujet** : reprenez la question posée par le sujet.
- Annoncez clairement votre **plan**.

Le développement

- Ce sujet invite clairement à développer plusieurs arguments (au moins trois) qui expliquent **le rôle des parents dans l'éducation de leurs enfants** ; vous pourrez explorer entre autres, les pistes suivantes :

– protection ;

– bienveillance ;

– découverte du monde ;

– éducation à la vie en société ;

– modèle...

- Pensez **à illustrer vos arguments avec des exemples** tirés de votre expérience personnelle, de vos lectures ou de films que vous connaissez.

La conclusion

- Précisez votre avis.
- **Terminez avec une phrase d'ouverture** pour élargir la question en restant sur le même thème.

FRANÇAIS

Méthode

Pour vous aider, nous vous avons indiqué en couleur les parties de la rédaction qui répondent aux consignes.

Indicateurs logiques Arguments Exemples

« Pères et mères sont les architectes de l'éducation » déclarait déjà Plaute dans une comédie latine du IIe s. av. J.-C. La question du rôle des parents dans l'éducation de leurs enfants est ancienne et sans cesse renouvelée avec les évolutions de la société. Nous proposerons ici plusieurs arguments pour expliquer ce rôle.

En premier lieu, les parents se doivent d'apporter à leurs enfants une bienveillance et une attention qui les aident à se construire, à avoir une estime d'eux-mêmes qui leur permettra de grandir dans de bonnes conditions et de s'épanouir. Ainsi le roman *Le Sagouin*, de François Mauriac, illustre les désastres causés par la cruauté d'une mère qui répète sans cesse à son fils : «Tu es vilain, sale et bête », comment être épanoui dans ces conditions ?

De plus, l'amour apporté par les parents aux enfants prend la forme d'encouragements, de réprimandes ou de conseils sur leur façon d'aborder les épreuves de la vie auxquelles ils sont confrontés. Les reproches des parents seront d'autant plus efficaces et auront d'autant plus de valeur s'ils sont motivés par l'amour parental et la volonté d'éduquer correctement ses enfants. L'exemple de la mère de Romain Gary dans *La Promesse de l'Aube* montre à quel point les conseils qu'elle lui donne – même après sa mort – sont importants et deviennent des exhortations qui le poussent toujours vers la réussite.

Enfin, comme on le voit avec la statue d'Ascagne qui pose ses pieds dans les pas de son père, les parents jouent un rôle de modèle qui est primordial pour aider les enfants à découvrir le monde et à construire leurs relations sociales. Par exemple, dans *Les cahiers d'Esther*, la bande dessinée de Riad Sattouf, on peut voir l'attachement et l'admiration que porte la jeune Esther à ses parents. Cela lui permet de s'y référer lorsqu'elle est en difficultés en dehors de chez elle ou bien de s'opposer librement à eux pour mieux se construire. La présence constante de ses parents lui offre cette double possibilité de s'identifier à eux ou de les critiquer, ce qui est essentiel dans la construction de sa personnalité.

Pour conclure, les parents sont donc des acteurs essentiels de l'éducation des enfants, et le regard qu'ils portent sur eux détermine indéniablement leurs réussites ou leurs échecs. Cependant, l'éducation des enfants ne se fait pas que dans le cercle familial et les relations avec les pairs, avec les enseignants, avec le monde qui les entoure sont aussi un sujet essentiel de la construction des individus.

Sujet 3 Benoît Duteurtre, *Livre pour adultes*

3 heures

Amérique du Nord, juin 2018

Travail sur le texte littéraire et sur l'image

1 h 10 **50 pts**

Document A Texte littéraire

Le narrateur évoque avec nostalgie les paysages féériques des campagnes et le grenier à foin dans lequel il jouait enfant. Ce monde est menacé de disparition…

C'est seulement au cinéma qu'on retrouve, aujourd'hui, la magie de ces paysages où les demeures semblent faites des mêmes pierres et du même bois que la montagne. Les fabricants d'effets qui font rêver les enfants – dans la saga du *Hobbit* ou *Le Seigneur des anneaux* – montrent un certain génie pour recréer ces maisons de chaume ou de torchis[1], ces sols en terre battue où s'ébattent les poules, les oies, les canards et les cochons, ces tonneaux pleins de choux, ces garde-manger pleins de jambons et de bonnes bouteilles. Or ce monde fait pour enchanter la jeunesse du XXIe siècle n'est pas un produit de la fantaisie hollywoodienne. C'est la simple reproduction, un peu stylisée, d'un mode de vie disparu tout récemment, quoique les enfants n'en aient plus la moindre notion depuis que la normalisation économique, administrative et sécuritaire – qui est l'étape ultime de la modernité – étend partout son empire sans faille. Sauf en certains points reculés comme cette ferme où les fromages mûrissent toujours sur leurs égouttoirs ; où le ruisseau sort de la montagne pour s'écouler dans un bac en grès près de l'étable ; où les poules grimpent sur le tas de fumier grassement étalé qui se soucie peu de répondre aux critères de fabrication et de stockage du compost[2].

Rien, toutefois, n'égale pour moi la poésie du grenier à foin, ce grenier du rêve où je grimpe parfois, comme lorsque j'étais enfant, dans les fermes proches du Moulin. Compressé à grands coups de fourche sous la charpente, le fourrage passait l'hiver sans se dessécher dans cet immense espace obscur où il formait des monticules, des tours et des châteaux parfumés prêts pour accueillir nos jeux. J'ai toujours aimé

FRANÇAIS

gravir l'escalier de bois, puis franchir la trappe qui permet d'accéder à ce royaume enchanté. Les brindilles s'accrochent aux planches, aux poutres, aux solives[3], sous les toiles d'araignée. À côté des monticules d'herbe encore verte et de fleurs des champs traînent quelques vieux chariots, quelques râteaux à foin édentés, quelques journaux jaunis d'avant 1940. Et peut-être ces greniers me font-ils tant rêver parce qu'ils évoquent les secrets de la mémoire, un mystère niché tout là-haut, sous le crâne, où s'accrochent des millions de lambeaux de souvenirs, comme ces brindilles sous le toit de la maison.

Il me semble en tout cas que ce mode de vie méritait tout notre intérêt, tel un bien précieux ; que l'État et les communes auraient pu soutenir un modèle de recyclage et de production très ancien, au lieu d'encourager sa disparition. Aujourd'hui plus encore, quand la mondialisation des échanges impose partout une circulation frénétique[4], cette agriculture locale pourrait constituer un idéal prometteur. Rien n'y fait.

1. *Torchis* : mélange de terre grasse et de paille ou de foin, utilisé dans la construction d'un mur.
2. *Compost* : mélange de terre, de fumier et de résidus utilisé comme engrais.
3. *Solives* : pièces de charpente placées en appui sur les murs ou sur les poutres pour soutenir un plancher.
4. *Frénétique* : exaltée, ardente, folle.

Benoît Duteurtre, *Livre pour adultes*, 2016.

Document B **Image**

Photographie de Raymond Depardon, village de Sainte-Eulalie de Cernon (Aveyron), 1992.

Les réponses aux questions doivent être entièrement rédigées.

Grammaire et compétences linguistiques → corrigé p. 149

1 « Aujourd'hui plus encore, quand la mondialisation des échanges impose partout une circulation frénétique, cette agriculture locale <u>pourrait</u> constituer un idéal prometteur. » (lignes 38 à 40)

Identifiez le temps du verbe souligné et précisez sa valeur dans cette phrase. **3 pts**

2 « Compressé à grands coups de fourche sous la charpente, <u>le fourrage</u> passait l'hiver sans se dessécher dans cet immense espace obscur où il formait des monticules, des tours et des châteaux parfumés prêts pour accueillir nos jeux. » (lignes 22 à 25)

Réécrivez l'extrait ci-dessus en mettant le groupe souligné au pluriel. Vous ferez toutes les modifications nécessaires. **10 pts**

3 « Rien, toutefois, n'égale pour moi la poésie du grenier à foin » (ligne 20). Relevez le verbe dans la proposition ci-dessus et indiquez quel est son sujet. **3 pts**

4 « Les brindilles s'accrochent aux planches, aux poutres, aux solives, sous les toiles d'araignée. » (lignes 32 à 33)

Dans cette phrase, relevez un complément de verbe puis un complément de phrase. **4 pts**

Compréhension et compétences d'interprétation → corrigé p. 150

1 Pourquoi le « grenier à foin », évoqué au début du second paragraphe (ligne 20), est-il si important pour le narrateur ? **5 pts**

2 Dans le premier paragraphe (lignes 1 à 19), relevez trois éléments qui caractérisent ce « mode de vie disparu » dont parle le narrateur et justifiez votre choix. **4 pts**

3 « le fourrage passait l'hiver sans se dessécher dans cet immense espace obscur où il formait des monticules, *des tours et des châteaux parfumés prêts pour accueillir nos jeux.* » (lignes 23 à 25)

a. Quelle est la figure de style utilisée dans le passage en italique ? Quel est l'effet produit ? **4 pts**

b. Citez d'autres expressions du paragraphe (lignes 20 à 34) qui développent cette image. **3 pts**

4 « Il me semble en tout cas que ce mode de vie méritait tout notre intérêt, tel un bien précieux » (lignes 35 et 36).

Selon vous, en quoi « ce mode de vie » évoqué dans le texte peut-il, en effet, constituer « un bien précieux » ? **7 pts**

5 En quoi la photographie et le texte proposent-ils une vision de la campagne comme « un royaume enchanté » ? **7 pts**

Dictée → *corrigé p. 151* 20 min **10 pts**

› Écoutez la dictée sur le site abcbrevet.com.

Consignes :
– On dictera le texte à haute voix à plusieurs reprises.
– On inscrira au tableau de manière lisible par l'ensemble des candidats le titre de l'œuvre et le nom de l'auteur, ainsi que **« 1960 »**.

Dictée aménagée → *corrigé p. 152* 20 min **10 pts**

Vous compléterez ce texte avec un des mots proposés au-dessus de chaque ligne en écoutant le texte lu par le professeur.

dent
dans
d'en

Au temps de ma petite enfance, …………………… les années 1960, les

avais
avait
avaient

villageois de mon âge ………………… encore un air farouche et sauvage.

perdues
perdu
perdue

Ils vivaient dans ces fermes …………………… et fréquentaient la classe

où / rendait
ou / rendaient
houx / rendais

unique de l'école communale ……….., l'hiver, ils se …………… à pied

court
cours
courre

dans la neige. Au ……………… des années suivantes, en pleine période de « croissance », les routes se sont élargies, les supermarchés se sont implantés, le téléphone et la télévision sont

arriver / on
arrivés / ont
arrivées / ons

……………… dans la vallée. Les enfants ………. grandi et trouvé des emplois en ville. Certains sont devenus ouvriers, d'autres ingénieurs.

	déperi dépérit dépéris		leur leurs leurre	
Les exploitations agricoles ont	....	avec	....	vieux parents.

Benoît Duteurtre, *Livre pour adultes*, 2016.

Rédaction

1 h 30 **40 pts**

Vous traiterez au choix un des deux sujets de rédaction suivants :

Sujet d'imagination → *corrigé p. 152*

› Comme Benoît Duteurtre, vous retournez dans un lieu qui a marqué votre enfance.
Vous décrirez les transformations qui ont modifié cet endroit et les souvenirs qui surgissent alors. Vous insisterez sur les sentiments et les sensations associés à ces souvenirs.
Votre texte mêlera récit et description.

Sujet de réflexion → *corrigé p. 154*

› Aux yeux du narrateur, rien « n'égale la poésie du grenier à foin ».
Pensez-vous que l'on puisse trouver aussi de la poésie et du mystère dans les grandes villes modernes ?
Vous répondrez à cette question en vous appuyant sur vos connaissances, vos lectures et votre culture personnelle.

Sujet 3 Corrigé

Grammaire et compétences linguistiques → *énoncé p. 147*

Les clés pour réussir

1 Le **conditionnel** présent se forme sur le **radical du futur** auquel on ajoute les **terminaisons de l'imparfait**. Il ne faut pas le confondre avec le futur. Il peut exprimer l'**hypothèse**, l'**atténuation**, le **souhait**, la **supposition** ou la **crainte**.

3 Un sujet peut appartenir à différentes classes grammaticales : nom, pronom, infinitif... Pour le trouver, on pose la question **« qui est-ce qui ? »** juste avant le verbe.

4 Un **complément de verbe** complète un verbe, il ne peut être **ni déplacé ni supprimé**, sa fonction est souvent complément d'objet (C.O.D. ou C.O.I.). Un **complément de phrase** indique les circonstances dans lesquelles se déroule l'action, il **peut être déplacé ou supprimé**, sa fonction est souvent **complément circonstanciel**.

1 Le verbe « pourrait » est conjugué au conditionnel présent. Sa valeur est l'hypothèse : il suggère une solution d'utilisation du modèle de l'agriculture locale.

2 « Compressés à grands coups de fourche sous la charpente, les fourrages passaient l'hiver sans se dessécher dans cet immense espace obscur où ils formaient des monticules, des tours et des châteaux parfumés prêts pour accueillir nos jeux. »

3 Dans cette proposition, le verbe est « égale », son sujet est le pronom indéfini « Rien ».

4 Cette phrase contient trois compléments de verbe : « aux planches, aux poutres, aux solives » et un complément de phrase : « sous les toiles d'araignée ».

Compréhension et compétences d'interprétation → énoncé p. 147

Les clés pour réussir

1 Cherchez dans le deuxième paragraphe tous les éléments qui montrent l'**attachement du narrateur à ce grenier**. N'hésitez pas à utiliser de la couleur pour surligner les passages importants.

3 **a.** et **b.** Les principales figures de style qui font naître des images sont la **comparaison**, la **métaphore** et la **personnification**.

4 Cette question demande une **réponse développée** dans laquelle **vous exprimerez votre avis personnel** en vous appuyant sur des **citations précises du texte**.

1 Le grenier à foin est très important pour le narrateur car il lui rappelle son enfance et les jeux qui y étaient associés : « comme lorsque j'étais enfant » (l. 21), « pour accueillir nos jeux » (l. 25). Le grenier est pour lui un monde de rêves « ce grenier du rêve » (ll. 20-21) et de mystères qui invite à l'exploration et fait revivre des souvenirs de l'enfance « un mystère [...] où s'accrochent des millions de lambeaux de souvenirs » (ll. 32-34).

2 Les trois éléments qui caractérisent le « mode de vie disparu » sont rassemblés dans la ferme dont il parle : « où les fromages mûrissent toujours sur leurs égouttoirs » (l. 15) évoque la qualité d'une alimentation saine et artisanale ; « où le ruisseau sort de la montagne pour s'écouler dans un bac en grès près de l'étable » (ll. 15-17) montre l'utilisation simple et logique d'un élément naturel pour abreuver les animaux ; « où les poules grimpent sur le tas de fumier » (l. 17) : ce dernier élément se moque gentiment de l'appellation « compost » utilisée par les citadins pour désigner le tas de fumier d'une ferme.

3 **a.** La figure de style utilisée ici est une métaphore. Elle associe le foin au monde féerique de l'enfance avec des « tours et des châteaux parfumés » (ll. 24-25).

b. La paragraphe s'ouvre sur l'expression « ce grenier du rêve » (ll. 20-21). On trouve ensuite une autre métaphore « ce royaume enchanté » (l. 27), ainsi qu'une personnification de la maison « sous le crâne » (l. 33) qui compare les brindilles aux souvenirs de l'enfance « des millions de lambeaux de souvenirs, comme ces brindilles » (ll. 33-34).

4 Le mode de vie paysan que regrette le narrateur est en effet un bien précieux car il respecte à la fois les hommes et la nature. On y prend le temps de laisser « mûrir les fromages » et l'on sait tirer profit des ressources naturelles comme le ruisseau qui jouxte la ferme. De plus, comme le dit l'auteur, c'est « un modèle de recyclage et de production » (l. 37) qui pourrait apporter des bénéfices dans nos sociétés car tout est utilisé : l'herbe fauchée devient la nourriture des animaux, et les différents déchets viennent enrichir le sol des cultures. Enfin, c'est une « agriculture locale » (ll. 39-40) qui vient s'opposer à une mondialisation souvent coûteuse et polluante.

5 Le texte présente une campagne féerique qui offre des possibilités multiples de jeux et de rêves aux enfants comme « ce grenier du rêve » (ll. 20-21) dont on franchit « la trappe » (l. 26) pour s'inventer un autre monde. On retrouve cette vision idyllique de la campagne sur la photographie en noir et blanc de R. Depardon prise dans le département rural de l'Aveyron. On y voit en effet deux enfants qui jouent sur des bottes de pailles à l'abri d'un vieux bâtiment de pierres. La toiture forme un triangle protecteur au-dessus des enfants et peut apparaître comme la porte d'entrée d'un « royaume enchanté » tapis dans l'ombre de l'arrière-plan et qui invite les enfants à l'aventure et au jeu.

Dictée → *énoncé p. 148*

Les clés pour réussir

Bien accorder

- Les **participes passés employés sans auxiliaires** s'accordent comme des adjectifs.
- Revoyez l'**accord du participe passé** en fonction de son auxiliaire. (voir p. 331).

FRANÇAIS

Ne pas confondre

- cours/cour/court : « **le cours** » a plusieurs sens plus ou moins liés à l'idée d'écoulement, de course ; « **la cour** » désigne un espace ou une assemblée ; « **court** » est un adjectif ou le verbe courir à la troisième personne du singulier.
- où/ou : **« où »** est un pronom relatif qui indique le lieu ; **« ou »** est une conjonction de coordination que l'on peut remplacer par « ou bien ».

Bien orthographier

- « villageois » : ne pas oublier le « e ».
- « temps » prend toujours un « s ».

Les mots difficiles

- **farouche** : synonyme de sauvage.

Au temps de ma petite enfance, dans les années 1960, les villageois de mon âge avaient encore un air farouche et sauvage. Ils vivaient dans ces fermes perdues et fréquentaient la classe unique de l'école communale où, l'hiver, ils se rendaient à pied dans la neige. Au cours des années suivantes, en pleine période de « croissance », les routes se sont élargies, les supermarchés se sont implantés, le téléphone et la télévision sont arrivés dans la vallée. Les enfants ont grandi et trouvé des emplois en ville. Certains sont devenus ouvriers, d'autres ingénieurs. Les exploitations agricoles ont dépéri avec leurs vieux parents.

Benoît Duteurtre, *Livre pour adultes*, 2016.

Travail d'écriture – Sujet d'imagination → *énoncé p. 148*

Les clés pour réussir

- Ce sujet mêle écriture autobiographique et description. Il nécessitera une organisation particulière pour tenir compte de ces deux contraintes.

L'introduction pour présenter le souvenir

- Précisez les circonstances qui vous entraînent dans ce lieu.

Le discours descriptif

- Pensez à utiliser les **marques du discours descriptif** : expansions du nom variées, attributs du sujet, indicateurs de lieu (*en haut, à côté, devant, dans le ciel, à l'ombre...*).

Le récit des souvenirs liés au lieu

- Anecdotes heureuses ou malheureuses qui permettront d'évoquer ce que vous ressentez (*joie, peine, nostalgie, regrets*...).

Sentiments et sensations

- Variez les **verbes de perception** en pensant bien que vous avez cinq sens (*percevoir, sentir, entendre, distinguer*...).

La conclusion

- Elle doit marquer la distance par rapport au souvenir.

Méthode

Pour vous aider, nous vous avons indiqué en couleur les parties de la rédaction qui répondent aux consignes.

|...| Description Narration Sensations et sentiments Transformations

Je n'avais jamais repassé la porte de cette épicerie depuis l'été de mes sept ans, que j'avais passé en vacances chez mes grands-parents dans ce petit village de la Sarthe. J'en gardais des souvenirs mêlés de joie et d'appréhension. C'est à l'occasion d'un week-end familial - « une cousinade » – que l'on me demanda d'aller à l'épicerie pour acheter un pot de moutarde manquant.

Sept ans après, je retrouvais sans soucis le chemin de l'épicerie bordé de chèvrefeuilles odorants, longeant le vieux lavoir dans lequel s'agitaient quelques carpes débonnaires. Mais quelle ne fut pas ma surprise lorsque j'arrivais devant le magasin : une enseigne lumineuse semblable à toutes celles que j'avais l'habitude de voir en ville m'accueillit à la place de l'ancienne vitrine de bois peint devant laquelle trônaient fièrement quelques étals de fruits et légumes appétissants. J'allais pousser la porte, lorsque celle-ci s'ouvrit automatiquement à mon approche : bienfait de la modernité servant ma paresse ! Une épicière souriante habillée d'un uniforme arborant le logo franchisé d'une grande enseigne m'accueillit d'un grand bonjour commercial. C'est alors que me revint en tête l'image de Mme C., l'ancienne épicière, de ce que tout le monde appelait alors « Le Boui-Boui ». Sa blouse impeccablement repassée, ses mains sur les hanches et son parfum d'eau de Cologne qui se mêlait aux effluves d'épices, de poissons séchés et de fromages frais qui embaumaient les lieux. Il n'y avait alors pas de panneau « servez-vous », devant les produits, elle attendait que l'on fasse son choix et nous servait, toujours un peu plus généreusement que demandé, les denrées commandées. Un jour, j'avais esquissé le geste de me servir seul une barquette de fraises appétissantes, mais un claquement de langue et un regard sévère m'avaient rapidement remis en place, et Mme C. avait

FRANÇAIS

choisi pour moi la barquette idoine, me laissant honteux d'avoir voulu outrepasser mes droits !

J'étais perdu dans mes pensées, figé au milieu du magasin, quand la vendeuse s'approcha de moi et intriguée me lança un « Je peux vous aider ? » Je revins à la réalité et bafouillais : « Euh... je ... oui... est-ce que je pourrais avoir un pot de moutarde s'il vous plaît ? ». Surprise d'une demande aussi incongrue, la vendeuse esquissa juste un geste de la main « C'est par là ! ». Je me décidais alors à faire preuve d'autonomie et à aller chercher moi-même l'objet convoité.

Sur le chemin du retour, je pris le temps de savourer vraiment l'odeur du chèvrefeuille et de jouer un moment avec les carpes, qui semblaient échapper aux prises du temps et restaient fidèles à ma mémoire.

Travail d'écriture – Sujet de réflexion → *énoncé p. 149*

L'introduction

Les clés pour réussir

- Annoncez le thème de la **poésie urbaine.**
- **Présentez le sujet** : reprenez la question posée par le sujet.
- Annoncez clairement votre **plan.**

Le développement

- Ce sujet vous demande de donner votre avis et vous laisse donc le **choix entre deux plans** : soit **développer au moins trois arguments** pour montrer la présence de la poésie et du mystère au sein des villes modernes, soit **proposer un plan en deux parties** : l'une sur la poésie de la campagne, l'autre sur celle de la ville. L'aspect poétique de la campagne étant déjà largement développé par l'auteur, il semble préférable d'opter pour la première solution.
- Vous pourrez évoquer :

– l'**urbanisme** qui cherche à transformer le visage habituel des villes ;
– la **poésie urbaine** qui apparaît dès le XIXe siècle ;
– l'**art contemporain** qui trouve en ville un nouveau lieu d'expression ;
– la **ville**, lieu d'intrigues policières....

La conclusion

- Précisez votre avis.
- **Terminez avec une phrase d'ouverture** pour élargir la question en restant sur le même thème.

Méthode

Pour vous aider, nous vous avons indiqué en couleur les parties de la rédaction qui répondent aux consignes.

Indicateurs logiques Arguments |...| Exemples

Dès la seconde moitié du XIXe siècle, avec les changements de sociétés apportés par la révolution industrielle, les artistes ont commencé à accorder une place importante à la modernité et en premier lieu à la ville. Benoît Duteurtre est attaché dans son texte à « la poésie du grenier à foin », mais l'on peut aussi s'interroger sur la place de la poésie et du mystère dans les grandes villes modernes. Nous proposerons ici plusieurs illustrations de cette importance de la poésie dans les environnements urbains.

En premier lieu, les poètes vont trouver dans les villes un nouveau décor urbain qui va nourrir leur imaginaire. Abandonnant un moment les espaces ruraux bucoliques, les poètes vont investir les villes comme décor privilégié de l'amour. Jacques Prévert par exemple, l'illustre dans de nombreux poèmes comme « Le jardin » qui évoque « la petite seconde d'éternité » d'un couple qui s'embrasse « Au parc Montsouris à Paris ».

De plus, les grandes villes, de par leur démesure, leurs nouveautés et leur concentration de population sont des lieux pleins de mystères propices à des intrigues policières. Ainsi, dans son roman *Les mystères de Paris*, Eugène Sue fait parcourir à ses héros les recoins de Paris pour en décrire les lieux types et évoquer le Paris caché des ouvriers ou des criminels, qui ne le sont pas toujours autant qu'ils le semblent.

Enfin, la poésie et le mystère que renferment les villes sont aussi l'occasion pour les auteurs de proposer des réflexions sur notre société et sur ses injustices sociales. Les artistes peuvent parfois s'emparer de la ville pour la rendre plus vivable par leur talent poétique. Ils transforment ainsi le regard des lecteurs sur leur propre environnement. C'est notamment le cas de certains slameurs comme le poète Rouda qui dans son slam « Rappeur de gouttière », évoque les toits de Paris la nuit avec beaucoup de poésie : « Sur les toits de tôle, la nuit se fend d'éclairs d'étoiles ». Le métal, le béton et le verre, matériaux des cités, deviennent alors matériaux poétiques.

Le mystère et la poésie n'appartiennent donc pas à un univers spécifique qu'il soit urbain ou rural. La nature même du travail des poètes ou des écrivains ne serait-elle pas justement de transformer le décor qui les entoure et d'en faire un objet artistique ?

Sujet 4 — Gustave Flaubert, *Madame Bovary*

100 pts — 3 heures

Centres étrangers, juin 2017

Travail sur le texte littéraire et sur l'image

1 h 10 — 50 pts

Document A Texte littéraire

Emma Bovary est l'épouse de Charles, un homme avec lequel elle n'est pas heureuse. Déçue par sa vie monotone, elle rêve de mener une vie mondaine comme les princesses ou les actrices des romans et des magazines qu'elle lit.

Comment était-ce, Paris ? Quel nom démesuré ! Elle se le répétait à demi-voix, pour se faire plaisir ; il sonnait à ses oreilles comme un bourdon de cathédrale ; il flamboyait à ses yeux jusque sur l'étiquette de ses pots de pommade. […]

Elle s'acheta un plan de Paris, et, du bout de son doigt, sur la carte, elle faisait des courses dans la capitale. Elle remontait les boulevards, s'arrêtant à chaque angle, entre les lignes des rues, devant les carrés blancs qui figurent les maisons. Les yeux fatigués, à la fin, elle fermait ses paupières, et elle voyait dans les ténèbres se tordre au vent des becs de gaz[1], avec des marche-pieds de calèches, qui se déployaient à grand fracas devant le péristyle des théâtres.

Elle s'abonna à la *Corbeille*, journal des femmes, et au *Sylphe des Salons*. Elle dévorait, sans en rien passer, tous les comptes rendus de premières représentations, de courses et de soirées, s'intéressait au début d'une chanteuse, à l'ouverture d'un magasin. Elle savait les modes nouvelles, l'adresse des bons tailleurs, les jours de Bois ou d'Opéra. Elle étudia, dans Eugène Sue, des descriptions d'ameublements ; elle lut Balzac et George Sand[2], y cherchant des assouvissements[3] imaginaires pour ses convoitises personnelles. À table même, elle apportait son livre, et elle tournait les feuillets, pendant que Charles mangeait en lui parlant. […]

Paris, plus vaste que l'Océan, miroitait donc aux yeux d'Emma dans une atmosphère vermeille. La vie nombreuse qui s'agitait en ce tumulte[4] y était cependant divisée par parties, classée en tableaux distincts. Emma n'en apercevait que deux ou trois qui lui cachaient tous les autres et représentaient à eux seuls l'humanité complète. Le monde des ambassadeurs marchait sur des parquets luisants, dans des salons lambrissés de miroirs, autour de tables ovales couvertes d'un tapis de velours à crépines d'or[5]. Il y avait là des robes à queue, de grands mystères, des angoisses dissimulées sous des sourires. [...] Dans les cabinets de restaurants où l'on soupe après minuit, riait, à la clarté des bougies, la foule bigarrée des gens de lettres et des actrices. Ils étaient, ceux-là, prodigues[6] comme des rois, pleins d'ambitions idéales et de délires fantastiques. C'était une existence au-dessus des autres, entre ciel et terre, dans les orages, quelque chose de sublime.

Gustave Flaubert, *Madame Bovary*, 1857.

1. *Becs de gaz* : éclairage public au XIXe siècle.
2. *Eugène Sue, Balzac, George Sand* : romanciers célèbres du XIXe siècle qui ont décrit Paris.
3. *Assouvissements* : satisfactions.
4. *Tumulte* : foule débordante d'énergie.
5. Flaubert décrit ici des intérieurs très luxueux.
6. *Prodigues* : dépensiers.

Document B Image

Publicité pour la marque Chanel, 1982.

Les réponses aux questions doivent être entièrement rédigées.

Grammaire et compétences linguistiques → corrigé p. 159

1 « Miroitait » (l. 22) :
a. Trouvez un mot de la même famille. **1 pt**
b. Par quel synonyme pourriez-vous remplacer le mot « miroitait » dans la phrase ? **1 pt**
c. Comment interprétez-vous le choix du verbe « miroitait » ? **4 pts**

2 Réécrivez ce passage en remplaçant « elle » par « je ». Vous ferez toutes les transformations nécessaires.
« Elle étudia, dans Eugène Sue, des descriptions d'ameublements ; elle lut Balzac et George Sand, y cherchant des assouvissements imaginaires pour ses convoitises personnelles. À table même, elle apportait son livre, […] tournait les feuillets, pendant que Charles mangeait en lui parlant. » **10 pts**

Compréhension et compétences d'interprétation → corrigé p. 160

1 Emma s'est-elle déjà rendue à Paris ? Justifiez votre réponse. **4 pts**

2 Que ressent Emma pour Paris ?
- de la crainte ;
- de la fascination ;
- de la curiosité.

a. Recopiez la bonne réponse sur votre copie. **2 pts**
b. Justifiez votre choix en citant au moins deux éléments du texte. **4 pts**

3 Quel est le quotidien d'Emma ? Vous vous appuierez sur le texte pour justifier votre réponse. **4 pts**

4 D'après le dernier paragraphe, quelle vie Emma rêve-t-elle de vivre ? **4 pts**

5 Quel travers de la société Flaubert dénonce-t-il dans ce texte ? **4 pts**

6 Selon vous, cette critique est-elle encore d'actualité ? **4 pts**

7 Commentez la façon dont cette femme tient le tableau de *La Joconde*. **2 pts**

8 En vous appuyant sur le document iconographique et sur le texte, dites quelle image de la femme française est ici véhiculée. **6 pts**

Dictée → corrigé p. 161

20 min **10 pts**

› Écoutez la dictée sur le site abcbrevet.com.

Consignes :
– On dictera le texte à haute voix à plusieurs reprises.
– On inscrira au tableau de manière lisible par l'ensemble des candidats le titre de l'œuvre, le nom de l'auteur et le prénom **Bérénice**.

Rédaction 1 h 30 **40 pts**

Vous traiterez au choix un des deux sujets de rédaction suivants :

Sujet d'imagination → corrigé p. 162

› Vous êtes journaliste et vous devez rédiger un article invitant à découvrir un lieu qui vous semble digne d'intérêt. Dans votre texte, vous présenterez les atouts géographiques et culturels de cet endroit.
Votre travail fera au moins deux pages (soit une cinquantaine de lignes). Vous veillerez à ne pas signer votre article.

Sujet de réflexion → corrigé p. 164

« Il y avait là des robes à queue, de grands mystères, des angoisses dissimulées sous des sourires. » (l. 31-32).

› Pourquoi, selon vous, la vie des stars et des personnes célèbres fascine-t-elle toujours autant ?

Vous répondrez à cette question dans un développement argumenté et organisé en vous appuyant sur votre expérience, vos lectures, votre culture personnelle et les connaissances acquises dans l'ensemble des disciplines.

Votre travail fera au moins deux pages (soit une cinquantaine de lignes).

Sujet 4 Corrigé

FRANÇAIS

Grammaire et compétences linguistiques → énoncé p. 158

Les clés pour réussir

1 Une famille de mots se compose de tous les mots **issus du même radical** (ex. : lent, lenteur, ralentir, etc.). Attention, parfois l'orthographe du radical varie (ex. : mer, marée, maritime, amerrir, etc.).

2 • **On vous demande** de passer de la troisième personne du singulier à la première personne du singulier.

• **Vous devez modifier :**
- deux verbes au passé simple et deux verbes à l'imparfait ;
- deux déterminants possessifs ;
- un pronom personnel complément.

• **Attention** aux fautes de copie sur les noms propres, elles seront sanctionnées.

1 a. « Miroir » est un mot de la même famille que le verbe « miroitait ». Il apparaît dans le texte à la ligne 29.

b. Le mot « miroitait » pourrait être remplacé par « brillait ». (« Étincelait » ; « éblouissait » ; « resplendissait » sont d'autres synonymes possibles.)
c. Ce verbe prend ici plusieurs significations. Il évoque d'abord une ville brillante, éblouissante et attirante pour Emma, mais aussi une ville inaccessible, un rêve que l'on fait « miroiter » à ses yeux. Enfin, cette image de la ville n'est que le reflet de la réalité : Emma s'y voit comme dans un miroir, ce n'est donc pas sa véritable vie.

2 **J'étudiai**, dans Eugène Sue, des descriptions d'ameublements ; **je lus** Balzac et George Sand, y cherchant des assouvissements imaginaires pour **mes** convoitises personnelles. À table même, **j'apportais mon** livre, [...] **tournais** les feuillets, pendant que Charles mangeait en **me** parlant.

Compréhension et compétences d'interprétation → *énoncé p. 158*

Les clés pour réussir

2 **b.** Cette question trouve sa justification dans le **premier paragraphe**. N'hésitez pas à évoquer **une figure de style** pour justifier votre réponse : même si ce n'est pas explicitement demandé, ce sera valorisé par le correcteur.
5 et **6** Les textes littéraires expriment souvent une **critique sociale**, c'est-à-dire qu'ils dénoncent certains travers de la société pour faire réfléchir ou réagir les lecteurs. Pour faire le lien avec l'actualité, pensez à mettre en parallèle des éléments du texte comme les journaux et le développement des médias aujourd'hui.
8 Cette question vous demande de faire le **lien** entre les éléments du texte et ceux de l'image. Pensez à commenter aussi l'évolution de l'image des femmes entre le tableau de Léonard de Vinci et la publicité Chanel.

1 Emma ne s'est certainement jamais rendue à Paris, comme le montre la phrase interrogative qui ouvre le texte « Comment était-ce Paris ? » (l. 1). C'est pour cela aussi qu'elle essaie d'en apprendre plus sur la capitale en achetant un plan : « Elle s'acheta un plan de Paris » (l. 5).

2 **a.** Emma ressent de la fascination pour Paris.
b. Le nom même de Paris semble « démesuré » (l. 1) à Emma. Lorsqu'elle l'entend, il l'entraîne dans une rêverie qui perturbe même ses sensations habituelles comme le montrent la comparaison et la métaphore « il sonnait à ses oreilles comme un bourdon de cathédrale ; il flamboyait à ses yeux ».

3 Le quotidien d'Emma semble ennuyeux : elle passe son temps à lire des magazines féminins : « journal des femmes » (l. 12) pour vivre par procuration la vie des personnes connues. Elle se réfugie dans une vie imaginaire, « y cherchant des assouvissements imaginaires » (l. 18-19) pour échapper à son quotidien y compris pendant les repas avec son mari : « À table même, elle apportait son livre, et elle tournait les feuillets, pendant que Charles mangeait en lui parlant. » (l. 19-21).

4 Emma rêve d'une vie luxueuse dans la haute société parisienne : « Le monde des ambassadeurs marchait sur des parquets luisants, dans des salons lambrissés de miroirs » (l. 27). Elle rêve de cette vie « sublime » (l. 36) pour partager les soirées mondaines « des gens de lettres et des actrices » (l. 33).

5 Dans ce texte, Flaubert dénonce le mode de vie des personnes issues des classes sociales les plus élevées qui vivent dans un monde de luxe basé sur des apparences et « des angoisses dissimulées sous des sourires » (l. 31). À travers Emma, il critique également l'attitude des personnes toujours envieuses de ce mode de vie, et qui finissent par ne pas vivre réellement mais par s'enfermer dans une frustration permanente à cause de ce luxe auquel elles n'ont pas accès.

6 Cette critique est toujours d'actualité, et elle est même de plus en plus vive avec le développement des médias qui permettent de suivre, presque en temps réel, la vie des stars ou des personnes les plus riches, pour les admirer ou les jalouser. Les magazines d'Emma existent toujours et sont même dépassés par les réseaux sociaux sur lesquels de nombreuses personnes passent leur temps à rêver de la vie des autres en oubliant parfois de vivre la leur.

7 Sur cette publicité pour la marque Chanel, la femme tient le tableau de *La Joconde* de manière nonchalante et désinvolte, comme s'il s'agissait d'un simple sac à main ou d'un objet quotidien de peu d'importance.

8 La publicité Chanel véhicule l'image de la femme française élégante, chic et citadine (on voit une ville en arrière-plan, certainement Paris) qui est autonome et active : elle est en mouvement et appelle en taxi. Elle représente ce dont rêve Emma dans le texte : « les modes nouvelles, l'adresse des bons tailleurs » (l. 16) et les jolies tenues : « robes à queue » (l. 30). *La Joconde* est dépassée : femme sage, posée, les bras croisés, comme Emma elle appartient à un univers contemplatif qui n'est pas celui de la femme parisienne : elle est reléguée au second plan comme un objet de peu d'importance, ou un simple accessoire de mode.

Dictée → énoncé p. 158

Les clés pour réussir

Bien conjuguer

- Le **conditionnel présent** : il se forme à partir de l'infinitif du verbe avec les terminaisons -ais/-ais/-ait/-ions/-iez/-aient. Attention les verbes en « -eler » et « -eter » s'écrivent avec deux « l » ou deux « t ».

FRANÇAIS

Bien accorder

- Les adjectifs et participes passés féminins éloignés du nom : « pures », « ravie ».

Ne pas confondre

- **« voie »/« voix »/« vois-voit »** : **« voie »** est un nom féminin qui désigne une route ou une rue ; **« voix »** désigne les sons vocaux et vient du latin *vox*, il termine donc toujours par un « x » ; **« vois-voit »** est le verbe « voir » à la 2e et 3e personne du singulier au présent.

Les mots difficiles

- **perspective** : détacher chaque syllabe pour ne pas oublier de lettre.
- **désœuvrée** : bien orthographier le « œ », en pensant au radical « œuvre ».

Brusquement la ville s'ouvrait sur une perspective, et Bérénice sortait de cet univers qui l'effrayait et l'attirait [...]. Que c'est beau, Paris ! Là même où les voies sont droites, et pures, que de tournants... Nulle part à la campagne, le paysage ne change si vite ; nulle part, même dans les Alpes ou sur les bords de la mer ; il n'y a de si forts aliments pour le rêve d'une jeune femme désœuvrée, et ravie de l'être, et libre, libre de penser à sa guise, sans se surveiller, sans craindre de trahir sur son visage le fond de son cœur, de laisser échapper une phrase qu'elle regretterait parce qu'elle aurait fait du mal à quelqu'un...

Louis Aragon, *Aurélien*, 1945.

Travail d'écriture – Sujet d'imagination → énoncé p. 159

Les clés pour réussir

La situation d'énonciation

- **L'émetteur** est clairement identifié par le sujet : vous devez vous mettre dans la peau d'un journaliste et donc vous exprimer à la première personne.
- Les destinataires ne sont pas définis : à vous de choisir s'il s'agit d'un journal grand public ou à destination d'un public plus jeune.
- On vous précise **dans quel but est écrit l'article** : il s'agit de présenter un lieu digne d'intérêt sur les plans géographiques et culturels : votre texte mêlera donc de la description et des éléments argumentatifs pour inciter les lecteurs à aller voir ce lieu.
- Le lieu doit être « digne d'intérêt » et présenter des « atouts géographiques et culturels ».

La présentation de l'article

- Il faut donner un **titre** qui doit être bref et inviter à lire la suite. Pour cela, on privilégie les phrases nominales et pourquoi pas, les jeux de mots ou les figures de style (antithèse, métaphore...) : *Un heureux accident, Une étrange rentrée, La faim du monde...*
- L'article doit être organisé en **paragraphes courts** qui contiennent chacun une idée principale : on peut commencer par une description générale, poursuivre par une présentation des atouts culturels et terminer par une analyse ou un point de vue (explication ou argumentation). Vous pouvez souligner cette structure en mettant des sous-titres, voire en présentant votre texte en **deux colonnes**, comme dans un « vrai » journal.
- Insérez des **paroles rapportées** entre guillemets, à la manière des interviews, votre texte sera bien plus vivant, et les personnes décrites prendront vie.
- Pensez enfin à **signer** votre article, avec par exemple les initiales de l'auteur du texte de départ (surtout pas les vôtres, votre copie doit rester anonyme !), et à **nommer le journal**.

Méthode

Pour vous aider, nous vous avons indiqué en couleur les parties de la rédaction qui répondent aux consignes.

Présentation d'un article	Paroles rapportées	Atouts géographiques	Atouts culturels

FRANÇAIS

Objectif Neptune

Le voyageur qui passe le panneau Arromanches-les-Bains tombe immédiatement sur un char Sherman M4 fièrement dressé devant la plage : étrange contraste entre ce nom de cité balnéaire et son passé historique. Cette petite bourgade des côtes normandes, située à quelques kilomètres seulement au nord de la plaine de Caen témoigne en effet de la plus grande opération militaire amphibie du XXe siècle : l'opération Neptune, nom de code du débarquement allié en Normandie dans la nuit du 5 au 6 juin 1944.

Les villas résidentielles du front de mer, qui accueillaient la bourgeoisie depuis la belle époque des bains de mer, offrent aujourd'hui une vue imprenable sur les vestiges du port artificiel Mulberry destiné à faire débarquer le matériel et les hommes en France, sans attendre la prise d'un véritable port en eaux profondes comme celui de Cherbourg, trop bien défendu par les forces allemandes.

Arromanches renaît de ses cendres

Yvette, âgée de 9 ans au moment du débarquement se souvient : « Aujourd'hui, on ne voit que quelques caissons sur la plage et au large, mais il faut imaginer le fourmillement qu'il y avait à l'époque : c'était un véritable port, les voitures, les camions, les chars semblaient rouler sur l'eau ! Des milliers d'hommes débarquaient ici pour aller libérer la France ! » En effet, d'énormes caissons flottants en béton armé, baptisés Phoenix, avaient été remorqués depuis l'Angleterre pour être coulés devant Arromanches et constituer un réseau de brise-lames reliés par des ponts. Ils permettaient le débarquement des hommes et du matériel depuis les bateaux restés au large.

Une plongée dans l'histoire

Éric, un plongeur amateur local fait le récit d'une plongée au pied d'un de ces caissons « On est toujours impressionné quand on s'immerge devant Arromanches : à 20 mètres sous la surface de la mer, c'est un enchevêtrement de métal et de blocs de bétons qui abritent désormais la vie sous-marine. On trouve de tout dans ces eaux troubles : chars, obus... il y a même une épave qui contient encore des caisses de whisky destinées aux soldats ! » Une séquence pleine d'émotion quand on revient du large en voyant se dessiner au loin les falaises de la meurtrière pointe du Hoc...

Aujourd'hui, le soleil brille et réchauffe le sable, quelques enfants jouent sur la plage et des curieux de tous pays visitent le Musée du débarquement. Arromanches-les-Bains continue ainsi de faire vivre l'Histoire et les plaisirs estivaux.

A. Nonyme, *Les Nouvelles de l'Ouest*

Travail d'écriture – Sujet de réflexion → *énoncé p. 159*

Les clés pour réussir

L'introduction

- Introduisez le sujet : vous pouvez présenter le thème à partir d'une **citation du texte** ou de **l'abondance de médias** sur ce sujet.
- Présentez le sujet : reprenez la **question** posée par le sujet.
- Annoncez clairement votre **plan**.

Le développement

- La question posée appelle un développement en deux ou trois parties où vous exposerez plusieurs réponses à la question posée. Attention, **il ne s'agit pas de peser les avantages et les inconvénients de la vie des stars**, ce serait un hors-sujet.

La conclusion

- Résumez **en d'autres termes** votre argumentation en précisant votre **avis.**
- Terminez avec **une phrase d'ouverture**, en émettant par exemple une critique sur cet engouement pour la vie des personnes célèbres.

Méthode

Pour vous aider, nous vous avons indiqué en couleur les parties de la rédaction qui répondent aux consignes.

Indicateurs logiques — Arguments — |...| Exemples

« C'était une existence au-dessus des autres [...] quelque chose de sublime. » Cette réflexion d'Emma Bovary trouve bien des échos dans nos médias qui présentent à longueur de journée la vie des personnes célèbres auprès d'un public nombreux. On peut se demander pour quelles raisons la vie des stars et des personnes célèbres fascine autant. Nous verrons d'abord qu'elle est entourée d'un mystère qui attire, puis nous montrerons comment elle engendre du rêve avant de considérer qu'elle correspond à un désir de reconnaissance.

Tout d'abord, ce qui nous fascine dans la vie des stars, c'est le mystère dont elle est entourée. Comme le dit Emma, les « grands mystères » qui entourent les personnes célèbres ont le goût de l'interdit qui attire toujours. C'est ce qui fait le succès de la presse *people* qui présente chaque semaine des *scoops*, parfois contradictoires, alimentant le mythe des célébrités. Cependant, il y a souvent une différence entre cette vie supposée et la réalité, comme on l'apprend régulièrement avec des suicides de stars dont les vies semblent bien loin de l'idéal que l'on imaginait.

Par ailleurs, les célébrités évoluent dans un monde de luxe et de richesse qui est propice au rêve : tout y est beau, brillant et lumineux. On envie ce mode de vie où tout semble simple et abondant. C'est ce que l'on voit dans un film comme *Le diable s'habille en Prada*, avec Meryl Streep, où les personnages évoluent dans le monde de la mode qui place au-dessus de tout le luxe et l'apparence.

Enfin, la vie des célébrités fascine car elle attire : chacun rêve de la gloire dont sont entourées les stars. De nombreuses personnes éprouvent en effet ce désir de reconnaissance. C'est ce qui fait le succès des émissions de téléréalité ou des concours comme *The Voice* par exemple : le rêve d'être reconnu devient possible et accessible très rapidement et chacun peut s'identifier aux nouvelles stars qui percent les écrans.

FRANÇAIS

Pour conclure, il semble naturel d'être attiré par la vie des célébrités que ce soit par envie et jalousie pour le luxe et la richesse qui les accompagne ou par un désir profond de reconnaissance personnelle. Cependant, cette fascination doit être mesurée pour ne pas devenir une entrave ou une obsession qui empêcherait d'avancer dans sa propre vie.

Sujet 5

100 pts

3 heures

Alice Ferney, *Cherchez la femme*

D'après Amérique du Nord, juin 2017

Travail sur le texte littéraire et sur l'image

1 h 10 50 pts

Document A Texte littéraire

En 1958, Nina, lycéenne de 16 ans et fille de mineur, et Vladimir, jeune ingénieur des Mines de 26 ans, se sont rencontrés à l'orchestre. Le jeune homme est tombé amoureux de la jeune fille et lui a proposé de l'épouser. Face à cette proposition, Nina confie son impatience à sa grand-mère.

– Pourquoi es-tu si pressée ? demanda Sacha sans cacher son étonnement.

Elle était stupéfaite de l'évidence qui s'était faite chez sa petite-fille et tout de même, si forte fût-elle, l'aveu de Nina lui faisait battre le cœur plus vite.

– Je ne sais pas, dit Nina (elle osait même dire je ne sais pas !). C'est comme ça. Il faut avancer dans la vie, saisir l'occasion qui se présente. Tu ne crois pas ?

– Et le lycée, Douchka[1]. As-tu pensé au lycée ?

Sacha Javorsky quittait le champ du grand amour pour revenir aux choses sérieuses.

– Oui, dit Nina, bien sûr. Je continuerai à aller au lycée comme aujourd'hui.

– Tu ne sais pas qu'un homme dans une maison exige beaucoup de sa femme, dit Sacha Javorsky avec un air d'être sûre de ce qu'elle avançait. Tu n'auras plus le temps d'étudier !

– Vladimir ne m'empêchera pas d'étudier, souffla Nina.

Ce ton amolli et romantique eut le don d'agacer Sacha. Elle n'avait pas élevé sa petit-fille pour en faire une gourde qui s'en laisse conter par le premier garçon venu.

– Ça, ma fille, nous en reparlerons ! dit-elle avec ironie.

Puis elle récita son couplet désenchanté : les hommes, ça met les pieds sous la table et les chemises en boule au linge sale, et ça croit que les lapins naissent découpés, farcis et grillés !

FRANÇAIS

Nina ne disait rien. Qu'y avait-il à répondre ? D'ailleurs sa grand-mère n'attendait pas de réponse. Elle n'avait pas fini de parler.

– Ton Vladimir, poursuivit la grand-mère, il a vingt-six ans et un métier. Des centaines de gens sont sous ses ordres. Ton père y est ! L'ingénieur ! Il va te commander celui-là…

– Il ne me commandera pas, répliqua Nina sur un ton décidé.

– Alors vous vous bagarrerez. Et crois-moi ce sera dur. Une femme ne fait pas le poids.

La vieille dame s'interrompit à dessein, préservant un effet d'annonce. Puis elle acheva :

– Sauf si elle a un métier. Et un salaire ! Travaille Nina. Étudie le plus longtemps possible et gagne ta vie. Ne dépends jamais d'un homme ! Écoute ce que te dit ta grand-mère.

– J'écoute, dit Nina.

Alice Ferney, *Cherchez la femme*, 2013.

1. *Douchka* : petit nom affectueux en russe signifiant « ma douce ».

Document B **Image**

Sérigraphie de Barbara Kruger, commande du ministère de la Culture. Bicentenaire de la Révolution française, 1989.
Barbara Kruger est une artiste contemporaine qui a été engagée dans la revendication des droits des femmes aux États-Unis.

Les réponses aux questions doivent être entièrement rédigées.

Compréhension et compétences d'interprétation → corrigé p. 170

1 Quelle est la relation qui lie Nina et Sacha ? Quel a été le rôle précis de Sacha dans l'éducation de Nina ? **4 pts**

2 Lignes 1 à 19 : nommez les deux sentiments successifs éprouvés par la grand-mère. Quelle attitude de Nina provoque chez elle ce changement de sentiment ? Justifiez votre réponse par une expression du texte. **6 pts**

3 Quel personnage féminin domine la conversation ? D'après vous, pourquoi se donne-t-elle le droit de parler ainsi ? **6 pts**

4 Selon Sacha, que risque-t-il de se passer après le mariage de Nina et Vladimir ? Vous répondrez dans un paragraphe détaillé en vous appuyant sur des citations précises du texte. **8 pts**

5 Comment l'image et le texte évoquent-ils, chacun à leur manière, le pouvoir que le savoir procure aux femmes ? **6 pts**

Grammaire et compétences linguistiques → corrigé p. 171

1 « désenchanté », ligne 21. Donnez la classe grammaticale de ce mot. Expliquez sa formation puis son sens dans le texte. **6 pts**

2 Lignes 34 à 36, quel est le mode principalement employé dans les propos de la grand-mère ? Justifiez son emploi. **4 pts**

3 Réécrivez ces quatre phrases en remplaçant « Nina » par « les filles » et « grand-mère » par « grands-parents ». Vous ferez toutes les modifications nécessaires.

« Travaille, Nina. Étudie le plus longtemps possible et gagne ta vie. Ne dépends jamais d'un homme ! Écoute ce que te dit ta grand-mère. » **10 pts**

Dictée → corrigé p. 172

20 min **10 pts**

› Écoutez la dictée sur le site abcbrevet.com.

Consignes :

– On dictera le texte à haute voix à plusieurs reprises.

– On inscrira au tableau de manière lisible par l'ensemble des candidats le titre de l'œuvre et le nom de l'auteur.

Rédaction

1 h 30 **40 pts**

Vous traiterez au choix l'un des deux sujets suivants :

Sujet d'imagination → corrigé p. 173

› La jeune fille annonce sa décision finale à Vladimir. Elle a pris en compte les remarques de sa grand-mère pour choisir ou non de se marier.

Imaginez le dialogue des deux jeunes gens et les réactions qu'il suscite.
Votre rédaction sera d'une longueur minimale d'une soixantaine de lignes (300 mots environ) et mêlera dialogue et narration.

Sujet de réflexion → corrigé p. 175

› Pensez-vous, comme la grand-mère de Nina, qu'avoir un métier soit synonyme de liberté et de pouvoir ?
Votre rédaction sera d'une longueur minimale d'une soixantaine de lignes (300 mots environ).

Sujet 5 Corrigé

Compréhension et compétences d'interprétation → énoncé p. 169

Les clés pour réussir

4 Cette question demande à être développée : appuyez-vous sur l'ensemble du texte en faisant des **citations précises** (courtes et bien repérées) prises dans les propos de la grand-mère (Sacha).

5 Cette question demande de bien observer dans le texte et dans l'image le rapport des femmes au savoir et au pouvoir. Observez attentivement des détails de l'image et appuyez-vous sur des citations précises du texte pour répondre. Ne négligez pas les informations apportées par le paratexte.

1 Nina et Sacha ont une relation familiale : Nina est la petite-fille de Sacha : « chez sa petite fille » (l. 3). Cette relation semble très affective et pleine de complicité puisque Nina se confie à sa grand-mère qui s'adresse à elle en l'appelant « Douchka » (l. 8), un surnom affectueux. Sacha a certainement élevé Nina, comme c'est indiqué l. 17 : « Elle n'avait pas élevé sa petite-fille pour en faire une gourde. »

2 Les sentiments successifs éprouvés par la grand-mère sont l'étonnement : « son étonnement » (l. 2), « stupéfaite » (l. 3), puis l'agacement : « agacer Sacha » (l. 17). Ce changement de sentiment est provoqué par le « ton amolli et romantique » (l. 17) de Nina qui, amoureuse, ne semble pas percevoir la réalité décrite par sa grand-mère.

3 Cette conversation est clairement dominée par la grand-mère qui développe un argumentaire maîtrisé face à sa petite-fille : « la vieille dame s'interrompit à dessein, préservant un effet d'annonce » (l. 32). Elle se donne le droit de parler ainsi car non seulement elle a participé à l'éducation de Nina, mais aussi car son expérience lui permet d'avoir conscience des inégalités entre les hommes et les femmes. Elle ne veut pas que sa petite-fille en soit victime.

4 Sacha veut montrer à sa petite-fille l'injustice de la position des femmes après le mariage : elles sont contraintes à rester à la maison pour s'occuper des tâches domestiques : « un homme dans une maison exige beaucoup de sa femme » (l. 13). Elle souligne le fait que les hommes s'installent rapidement dans une position où la femme est à leur service : « Les hommes, ça met les pieds sous la table et les chemises en boule au linge sale » (l. 21). Enfin, elle lui explique que si elle n'est pas « obéissante » ils vont se disputer : « vous vous bagarrerez » (l. 30) et que le seul moyen pour avoir une légitimité dans la conversation sera pour elle d'être indépendante grâce à « un métier » et « un salaire » (l. 34).

5 La sérigraphie de Barbara Kruger montre un visage de femme stéréotypé, comme on peut en voir sur les affiches de magazines, mais il est divisé en deux pour nous laisser voir une autre « face », une sorte de radiographie qui invite à regarder derrière les apparences. Le slogan qui est posé sur cette image indique que le savoir apporte le pouvoir. D'ailleurs, le mot « savoir » est placé sur la tête de la femme et le mot « pouvoir » vers sa bouche, comme pour indiquer qu'elle va pouvoir s'exprimer grâce à son savoir. Enfin, cette affiche a été commandée pour le bicentenaire de la Révolution française et n'est pas sans évoquer la figure de Marianne, symbole de la République française et de sa devise qui invite à l'égalité, ici celle entre les femmes et les hommes. Dans le texte, dont l'action se déroule en 1958, les femmes n'ont pas encore beaucoup de droits en France, et elles n'ont pas le même accès au savoir et au pouvoir que les hommes. Sacha le souligne très bien dans sa dernière prise de parole « Étudie le plus longtemps possible et gagne ta vie. Ne dépends jamais d'un homme ! » (l. 35).

FRANÇAIS

Grammaire et compétences linguistiques → *énoncé p. 169*

Les clés pour réussir

1 Pour expliquer la formation d'un mot, il faut rechercher s'il est composé d'un **préfixe**, d'un **radical** et d'un **suffixe**. Attention les trois éléments ne sont pas toujours présents.

2 Les modes sont les grandes catégories à l'intérieur desquelles on conjugue les verbes. Il existe **sept modes** : indicatif, subjonctif, impératif, conditionnel, infinitif, participe et gérondif. Comme les temps, les modes peuvent avoir une valeur particulière (fait réel, souhait, doute, ordre, défense...).

3 • **On vous demande** de passer du singulier au pluriel. Il ne faut pas oublier le second changement : remplacer « grand-mère » par « grands-parents ».

• **Vous devez modifier :**

– les verbes ;

– deux déterminants possessifs et un pronom personnel.

• **Attention,** il y a un sujet inversé.

1 Le mot « désenchanté » est un adjectif (participe passé employé comme adjectif). Il est composé du préfixe privatif « dés- » et du radical « enchanté ». Il signifie « être désabusé, avoir perdu ses illusions ». Le préfixe marque en effet l'opposition à l'aspect « enchanteur » de la relation amoureuse.

2 Le mode verbal principalement utilisé dans ce passage est l'impératif : « Travaille » ; « étudie » ; « gagne » ; « dépends » ; « écoute ». Il permet d'exprimer un ordre ou une défense lorsqu'il est encadré par une négation (« ne dépends jamais »).

3 **Travaillez** les filles. **Étudiez** le plus longtemps possible et **gagnez votre** vie. **Ne dépendez** jamais d'un homme ! **Écoutez** ce que **vous disent vos** grands-parents.

Dictée → *énoncé p. 169*

Les clés pour réussir

Bien conjuguer

- Le **passé simple** : les terminaisons des verbes du premier groupe : -ai/-as/-a/-âmes/-âtes/-èrent ou des autres groupes -s/-s/-t/-^mes/-^tes/-rent.
- L'**imparfait** a des terminaisons très régulières : -ais/-ais/-ait/-ions/-iez/-aient.

Bien accorder

- « **Tout/tous** » : c'est un déterminant, il s'accorde donc avec le mot qui suit (« tout **le** » / « tous **les** »)

Ne pas confondre

- « **on/ont** » : « **on** » pronom personnel et « **ont** » 3e personne du pluriel du verbe « avoir » (= « avaient »).

Bien orthographier

- « **elle en avait** » : attention à la liaison, ne pas ajouter de « n' » après « en »

Les mots difficiles

- **« entrain »** : ce nom s'écrit en un seul mot et désigne la bonne humeur, la vivacité pour accomplir une tâche.
- **« s'excuser »** : ne pas oublier le « c » après le « x ».

Pas un seul petit mot ! Il ne vint pas lui rendre visite. Il fut absent aux deux répétitions, le mardi d'abord, puis le vendredi, sans s'excuser ni prévenir, ce qui n'était jamais arrivé. Les musiciens de l'orchestre demandaient des nouvelles à Nina. Elle n'en avait pas. Tout le monde vit qu'elle dansait et chantait sans entrain. Ses résultats scolaires chutèrent d'un coup. Le cartable était jeté par terre sans être ouvert. Elle n'avait pas la tête à son travail ! Elle découvrait la place que tient dans la vie un amour, celui qu'on trouve autant que celui qu'on perd ou croit perdre.

Alice Ferney, *Cherchez la femme*, Actes Sud, 2013.

Travail d'écriture – Sujet d'imaginaton → énoncé p. 169

Les clés pour réussir

La situation de communication

- Il faut prendre en compte **le texte initial**, c'est-à-dire les remarques de la grand-mère qui vont influencer la décision de Nina.
- Pensez à utiliser le vocabulaire des **sentiments** pour exprimer les réactions des deux interlocuteurs.
- Pour ne pas paraître artificiel un passage narratif précisera **les circonstances** (*Qui ? Où ? Quand ? Pourquoi ?*) qui amènent ce dialogue.
- Le dialogue doit **faire avancer l'action et développer les caractéristiques des interlocuteurs** : la façon de parler, comme les idées échangées permettront au lecteur de mieux les connaître.
- Le dialogue ne doit pas se poursuivre trop longtemps, il faut l'interrompre par **des passages narratifs** pour analyser les réactions des personnages et continuer le récit en laissant la parole au narrateur.

La présentation du dialogue

- Après la dernière phrase du paragraphe il faut : mettre **deux points** (:), **aller à la ligne, ouvrir des guillemets** («) et **mettre un tiret** (–). Ensuite, à chaque fois que quelqu'un intervient dans le dialogue, vous devez aller à la ligne et mettre un tiret. Les guillemets ne seront fermés qu'à la fin du dialogue.
- Les arguments des personnages peuvent se répondre (argument du premier personnage/contre-argument du deuxième...).
- Pensez à **varier les verbes introducteurs** : s'exclamer, demander, répondre, chuchoter, murmurer...

Méthode

Pour vous aider, nous vous avons indiqué en couleur les parties de la rédaction qui répondent aux consignes.

Narration   Dialogue   Éléments du texte initial   Sentiments

Nina avançait d'un pas hésitant dans les allées du jardin public, elle avait beau être sûre des sentiments de Vladimir, les propos de sa grand-mère

FRANÇAIS

avaient semé en elle un doute qui la rongeait. Elle tournait les phrases dans sa tête quand elle sentit deux mains se poser sur ses épaules :

« – Tu ne m'échapperas pas ! lui chuchota Vladimir dans le creux de l'oreille.

– Je n'en avais pas l'intention ! Je suis contente de te retrouver si tôt, je voulais te parler.

– Tu as l'air sérieuse... rien de grave au moins ?

– Non... rien, c'est juste que... j'ai beaucoup réfléchi à ta demande...

– Et ?

– Et, évidemment je suis d'accord, je veux t'épouser !

Vladimir la souleva et la fit tourner autour de lui.

– Seulement... j'aimerais finir mes études avant, ajouta-t-elle le souffle un peu coupé quand il l'eut reposée.

– Mais... pourquoi ? Pourquoi attendre et pourquoi te fatiguer à étudier, j'ai une très bonne situation tu sais ! reprit Vladimir, incrédule.

– Oui bien sûr, mais ce n'est pas la question, les études me plaisent et je voudrais vraiment apprendre un métier moi aussi.

– Un métier ? Mais tu n'en as pas besoin, ne t'inquiète pas de ce genre de choses, je pourrai très largement subvenir aux besoins de toute la famille ! En douterais-tu ? s'étonna Vladimir, un peu agacé.

– Ce n'est pas le problème, renchérit Nina, qui comprenait de mieux en mieux les paroles de sa grand-mère au fur et à mesure que la conversation avançait. Ce que je veux, moi, c'est étudier, comme toi tu l'as fait, et devenir peut-être à mon tour ingénieure !

Vladimir partit d'un grand éclat de rire :

– Ingénieur ! Tu me fais marcher ! Tu sais bien que ça n'existe pas une femme ingénieure ! Il arrêta de rire, lui passa un bras sur l'épaule, puis reprit d'une voix presque paternelle :

– Tu es jeune, je crois que tu ne comprends pas bien. Si tu le souhaites, bien sûr que tu peux terminer ton lycée, et si c'est ton envie, je pourrais ensuite demander à l'administration de la mine de te confier quelques petits travaux de secrétariat, pour te distraire un peu, mais je peux te l'assurer : tu comprendras vite que ce n'est pas là ta place, et que tu seras bien mieux à t'occuper de ta maison !

Nina se dégagea des bras de Vladimir et répondit avec gravité :

– Tu as raison... ce n'est pas là ma place. »

Travail d'écriture – Sujet de réflexion → *énoncé p. 170*

Les clés pour réussir

L'introduction

- Introduisez le sujet : vous pouvez partir des **définitions usuelles** d'un **métier**, de **la liberté** et du **pouvoir**, les trois mots-clés du sujet.
- Présentez le sujet : reprenez la **question** posée par le sujet.
- Annoncez clairement votre **plan**.

Le développement

- La question posée appelle un développement en **deux parties** : l'une où vous partagerez le point de vue de la grand-mère et l'autre où vous présenterez des arguments contraires. Pensez à **terminer** votre devoir **par la partie à laquelle vous croyez le plus**, vous serez plus convaincant(e).
- Dans chaque partie vous présenterez au moins **deux arguments** et **deux exemples**.

La conclusion

- **Résumez en d'autres termes** votre argumentation en précisant votre avis.
- Terminez avec une **phrase d'ouverture**, en évoquant par exemple le nécessaire travail sur l'orientation pour qu'un métier devienne aussi source de plaisir.

Méthode

Pour vous aider, nous vous avons indiqué en couleur les parties de la rédaction qui répondent aux consignes.

Indicateurs logiques | Arguments | |…| Exemples

L'exercice d'un métier est souvent associé aux termes de contraintes et de pénibilité. Cependant, nous nous demanderons si, comme le pense la grand-mère de Nina, un métier peut aussi être synonyme de liberté et de pouvoir. Nous répondrons à cette question en montrant d'abord les aspects négatifs de la pratique d'une profession, avant d'en souligner les avantages.

Avant tout, avoir un métier est dicté par la nécessité de subvenir à ses besoins. Le travail est donc synonyme de contraintes et d'efforts dans un simple but de survie humaine. Ainsi, si l'on observe les mineurs décrits par Émile Zola dans *Germinal*, on ressent bien qu'ils sont esclaves de leur métier et que pour eux la liberté se situerait dans l'absence de travail.

De plus, la pratique d'un métier nous soumet généralement à l'autorité d'un chef, d'un patron qui va exercer son pouvoir sur nous pour que l'on soit efficace et « rentable ». Ce sont les dérives que dénonce par exemple Charlie Chaplin dans son film *Les Temps modernes*, où l'on voit un ouvrier soumis à l'autorité de son patron et même de sa machine. Il perd sa liberté, voire son humanité, en cherchant à suivre les cadences imposées dans son métier.

Cependant, avoir un métier est aussi synonyme de liberté et de pouvoir car cela nous permet d'obtenir une réelle indépendance financière qui est une condition pour participer à la société de façon active. Le travail, comme l'écrivait déjà Voltaire dans *Candide* « éloigne de nous trois grand maux : l'ennui, le vice et le besoin » En effet, grâce à notre profession, nous pouvons non seulement subvenir à nos besoins, mais aussi échanger, avoir une vie sociale, et ne pas être tentés par exemple par la délinquance.

Enfin, la liberté et le pouvoir qu'apporte un métier sont aussi et surtout liés à la valeur créatrice du travail qui permet un épanouissement personnel par la satisfaction du travail accompli. Les travailleurs, quelles que soient leurs professions, recherchent la récompense de leurs efforts dans le résultat de leur travail : un malade soigné, un meuble bien réalisé, un mur bien monté... C'est ce qu'écrivait Eugène Guillevic dans son poème « Le menuisier » : « Tu chantais, menuisier / En assemblant l'armoire », évoquant le plaisir de l'artisan.

Il apparaît donc que l'exercice d'un métier même s'il est lié au travail et à des contraintes nous permet bien de gagner notre liberté et d'exercer un certain pouvoir. La difficulté majeure reste certainement de choisir un métier qui corresponde à nos aspirations pour que la pénibilité ne prenne pas le pas sur le plaisir.

Sujet 6

100 pts

3 heures

Jean Giono, *Les Vraies Richesses*

France métropolitaine, juin 2017

Travail sur le texte littéraire et sur l'image

1 h 10 50 pts

Document A Texte littéraire

Giono a décidé de vivre à la campagne, au plus près de la nature. Néanmoins, il va parfois à Paris. Il évoque ici son expérience de la ville.

Quand le soir vient, je monte du côté de Belleville[1]. À l'angle de la rue de Belleville et de la rue déserte, blême et tordue, dans laquelle se trouve *La Bellevilloise*[2], je connais un petit restaurant où je prends mon repas du soir. Je vais à pied. Je me sens tout dépaysé par la dureté du trottoir et le balancement des hanches qu'il faut avoir pour éviter ceux qui vous frôlent. Je marche vite et je dépasse les gens qui vont dans ma direction ; mais quand je les ai dépassés, je ne sais plus que faire, ni pourquoi je les ai dépassés, car c'est exactement la même foule, la même gêne, les mêmes gens toujours à dépasser sans jamais trouver devant moi d'espaces libres. Alors, je romps mon pas et je reste nonchalant[3] dans la foule. Mais ce qui vient d'elle à moi n'est pas sympathique. Je suis en présence d'une anonyme création des forces déséquilibrées de l'homme. Cette foule n'est emportée par rien d'unanime. Elle est un conglomérat de mille soucis, de peines, de joies, de fatigues, de désirs extrêmement personnels. Ce n'est pas un corps organisé, c'est un entassement, il ne peut y avoir aucune amitié entre elle, collective, et moi. Il ne peut y avoir d'amitié qu'entre des parties d'elle-même et moi, des morceaux de cette foule, des hommes ou des femmes. Mais alors, j'ai avantage à les rencontrer seuls et cette foule est là seulement pour me gêner. Le premier geste qu'on aurait si on rencontrait un ami serait de le tirer de là jusqu'à la rive, jusqu'à la terrasse du café, l'encoignure de la porte, pour avoir enfin la joie de véritablement le rencontrer.

[…]

FRANÇAIS

De tous ces gens-là qui m'entourent, m'emportent, me heurtent et me poussent, de cette foule parisienne qui coule, me contenant sur les trottoirs devant *La Samaritaine*[4], combien seraient capables de recommencer les gestes essentiels de la vie s'ils se trouvaient demain à l'aube dans un monde nu ?

Qui saurait orienter son foyer en plein air et faire du feu ?

Qui saurait reconnaître et trier parmi les plantes vénéneuses les nourricières comme l'épinard sauvage, la carotte sauvage, le navet des montagnes, le chou des pâturages ?

Qui saurait tisser l'étoffe ?

Qui saurait trouver les sucs pour faire le cuir ?

Qui saurait écorcher un chevreau ?

Qui saurait tanner la peau ?

Qui saurait vivre ?

Ah ! c'est maintenant que le mot désigne enfin la chose ! Je vois ce qu'ils savent faire : ils savent prendre l'autobus et le métro. Ils savent arrêter un taxi, traverser une rue, commander un garçon de café ; ils le font là tout autour de moi avec une aisance qui me déconcerte et m'effraie.

---

1. *Belleville* : quartier parisien dans l'Est de la ville.
2. *La Bellevilloise* : coopérative ouvrière qui permettait aux ouvriers d'acheter des produits de consommation moins chers. C'est aussi en 1936 un lieu culturel très connu.
3. *Nonchalant* : lent et indifférent.
4. *La Samaritaine* : grand magasin parisien, fondé en 1870.

Jean Giono, *Les Vraies Richesses*, Grasset & Fasquelle, 1937.

Document B **Image**

Jean-Pierre Stora, *Allées piétonnières*, 1995, lavis encre de Chine, 64 × 50.

Les réponses aux questions doivent être entièrement rédigées.

Compréhension et compétences d'interprétation → corrigé p. 181

1 En vous appuyant sur le premier paragraphe, expliquez la formule du narrateur « Je me sens tout dépaysé » (ligne 4). **4 pts**

2 Dans le dernier paragraphe, pourquoi le narrateur est-il déconcerté et effrayé (lignes 42 à 45) ? Justifiez votre réponse en vous appuyant sur le texte. **4 pts**

3 Ce texte est extrait d'un livre intitulé *Les Vraies Richesses*. Quelles sont, selon vous, les « vraies richesses » auxquelles pense l'auteur ? Rédigez une réponse construite et argumentée. **8 pts**

4 Que ressentez-vous en regardant l'œuvre de Jean-Pierre Stora (document B) ? Expliquez votre réponse. **4 pts**

5 Cette œuvre (document B) peut-elle illustrer la manière dont le narrateur perçoit la foule dans le texte de Jean Giono (document A) ? Développez votre réponse. **4 pts**

Grammaire et compétences linguistiques → corrigé p. 182

1 **a.** Quel est ici le sens du mot « entassement » (ligne 16) ?
Trouvez un synonyme de ce nom dans les lignes qui précèdent.
b. « Elle est […] personnels. » (lignes 14-15) : quel est le procédé d'écriture utilisé dans cette phrase ?
c. En vous appuyant sur vos deux réponses précédentes, expliquez comment le narrateur perçoit la foule. **8 pts**

2 Ligne 34 à ligne 40 :
a. Quelles remarques pouvez-vous faire sur la disposition et les procédés d'écriture dans ce passage ? Trois remarques au moins sont attendues.
b. Quel est, selon vous, l'effet recherché par le narrateur dans ce passage ? Développez votre réponse. **8 pts**

3 Réécrivez le passage ci-dessous en remplaçant « je » par « nous » et en mettant les verbes conjugués à l'imparfait.
« Je connais un petit restaurant où je prends mon repas du soir. Je vais à pied. Je me sens tout dépaysé par la dureté du trottoir et le balancement des hanches qu'il faut avoir pour éviter ceux qui vous frôlent. » **10 pts**

Dictée → corrigé p. 183

20 min **10 pts**

› Écoutez la dictée sur le site abcbrevet.com.
Consignes : On dictera le texte à haute voix à plusieurs reprises. On inscrira au tableau de manière lisible par l'ensemble des candidats le titre de l'œuvre et le nom de l'auteur.

Rédaction

1 h 30 **40 pts**

Vous traiterez au choix un des deux sujets de rédaction suivants :

Sujet d'imagination → corrigé p. 183

› Vous vous sentez, vous aussi, « dépaysé(e) » en arrivant dans une ville. Racontez cette expérience. Vous décrivez les lieux que vous découvrez, vous évoquez vos impressions et vos émotions.
Vous ne signerez pas votre texte de votre nom.

Votre rédaction sera d'une longueur minimale d'une soixantaine de lignes.

Sujet de réflexion → corrigé p. 185

› Pensez-vous comme Jean Giono que la ville soit un lieu hostile ?
Vous proposerez une réflexion organisée et argumentée en vous appuyant sur vos lectures et vos connaissances personnelles.
Votre rédaction sera d'une longueur minimale d'une soixantaine de lignes.

Sujet 6 Corrigé

Compréhension et compétences d'interprétation → énoncé p. 179

Les clés pour réussir

4 On attend une réponse personnelle et argumentée évoquant clairement **un ressenti, des émotions, des comparaisons, des expériences**.

1 La formule « Je me sens tout dépaysé » montre à quel point le narrateur se sent en marge de la foule de ses contemporains. Il est gêné par le nombre : « sans jamais trouver d'espace libre » (l. 9) ; « cette foule est là seulement pour me gêner » (l. 20) ; mais aussi par l'anonymat qui y règne : « anonyme » (l. 12). De plus, il ressent de l'antipathie de la part de la foule : « n'est pas sympathique » (l. 12).

2 Le narrateur prend conscience que les êtres humains se sont très bien adaptés au mode de vie urbain : il est troublé par l'aisance de leurs gestes quotidiens « prendre l'autobus et le métro » (l. 42) par contraste avec les gestes qu'ils ne savent plus faire. Cette aisance l'effraie car elle sous-entend l'incapacité à réaliser les gestes essentiels : « Qui saurait vivre ? » (l. 40).

3 Selon l'auteur, les vraies richesses sont les sentiments qui relient les êtres humains : la sympathie et l'amitié. Ces relations ne peuvent se tisser que dans des relations individuelles avec l'autre qui permettent d'avoir « la joie de véritablement le rencontrer » (l. 22). Un retour à la nature est nécessaire pour l'être humain s'il veut profiter de ces vraies richesses, il doit se comporter comme s'il devait vivre à nouveau dans « un monde nu » (l. 30).

4 Cette œuvre de J.-P. Stora fait ressentir un certain malaise : toutes les lignes diagonales créent des points de fuite vers l'extérieur de l'image. Il n'y a pas de début et pas de fin, comme si les personnages étaient en perpétuel mouvement vers… nulle part, et en venant d'on ne sait où.

5 L'œuvre et le texte présentent plusieurs points communs dans la représentation de la foule : ces « allées piétonnières » parallèles et séparées par des murs donnent l'impression que les gens se croisent ou se dépassent sans se voir comme chez Giono : « je marche vite et je dépasse les gens qui vont dans ma direction » (l. 6). De plus, les corps sur l'image ne sont que des ombres, des silhouettes sans visages, « anonymes » comme dans le texte de Giono (l. 12). Enfin, on voit que sur l'image il n'y a aucune rencontre entre les personnes, ce que regrette également l'auteur.

FRANÇAIS

Grammaire et compétences linguistiques → *énoncé p. 180*

Les clés pour réussir

1 **a.** Pensez à utiliser le **radical** du mot pour expliquer son sens. Un synonyme est un mot qui a presque le même sens, mais qui n'appartient pas à la même famille (pas le même radical).

b. Une accumulation ou énumération consiste à énoncer une série plus ou moins longue de termes ou groupes de mots de même catégorie. C'est une figure d'**insistance**.

2 **a.** et **b.** Les procédés d'écriture sont les écarts par rapport à l'usage habituel de la langue. Ici, on est proche d'un **univers poétique**, on peut donc faire des remarques sur : la disposition en vers, les anaphores, la forme des phrases, le mode verbal utilisé...

3 • **On vous demande** de mettre les verbes à l'imparfait et de passer du singulier au pluriel en remplaçant « je » par « nous ».

• **Vous devez modifier :**

– les pronoms personnels et réfléchis ;

– la conjugaison des verbes ;

– un accord de participe passé ;

– un déterminant possessif.

1 **a.** Le mot « entassement » signifie une accumulation d'éléments, il est formé sur le radical « tas ». Ici, il s'agit d'un « tas » d'êtres humains qui forment une foule disparate. Le synonyme est « conglomérat » (l. 14).

b. Le procédé d'écriture est une énumération (ou accumulation) : l'auteur énumère les éléments qui constituent la foule.

c. Le narrateur perçoit donc la foule comme un assemblage d'éléments disparates sans unité, sans harmonie. Il ressent aussi de l'hostilité et de l'antipathie de la part de cette foule qui empêche toute possibilité de rencontre et d'amitié.

2 **a.** Ce passage s'apparente à un poème par sa mise en page : il y a un retour à la ligne pour chaque phrase comme s'il s'agissait de vers. De plus on remarque une anaphore, c'est-à-dire une répétition en début de phrase : « Qui saurait ». Enfin, toutes les phrases sont des questions rédigées au conditionnel.

b. Le narrateur cherche à surprendre et à impliquer son lecteur par les interrogations oratoires (fausses questions). Chacun est ainsi amené à s'interroger sur ses propres pratiques. De plus, l'anaphore suivie d'un verbe d'action à l'infinitif insiste sur ce point : quelle est la nature de nos compétences réelles ?

3 **Nous connaissions** un petit restaurant où **nous prenions notre (ou nos)** repas du soir. **Nous allions** à pied. **Nous nous sentions** tout **dépaysés** par la dureté du trottoir et le balancement des hanches qu'il **fallait** avoir pour éviter ceux qui vous **(ou nous) frôlaient**.

Dictée → énoncé p. 180

Les clés pour réussir

Bien conjuguer

- Le **passé simple** à la première personne du pluriel : -âmes/-îmes/-ûmes/-înmes.

Bien accorder

- **Les participes passés** employés comme adjectifs.

Ne pas confondre

- **« et » et « est »** → « et » est une conjonction de coordination, on peut la remplacer par « et puis ». « Est » est la troisième personne du singulier du verbe « être », on peut mettre le verbe au passé : « était ».

Bien orthographier

- **« enflammé »** vient du radical « flamme », bien penser aux deux « m ».
- **« en bas »** s'écrit en deux mots.

Les mots-clés

- **sournois** : penser au « s » final (féminin « sournoise »).
- **mystérieusement** : penser au « y », comme dans le radical « mystère ».

De temps en temps, je m'arrête, je tourne la tête et je regarde vers le bas de la rue où Paris s'entasse : des foyers éclatants et des taches de ténèbres piquetées de points d'or. Des flammes blanches ou rouges flambent d'en bas comme d'une vallée nocturne où s'est arrêtée la caravane des nomades. Et le bruit : bruit de fleuve ou de foule. Mais les flammes sont fausses et froides comme celles de l'enfer. En bas, dans un de ces parages sombres est ma rue du Dragon, mon hôtel du Dragon. Quel ordre sournois, le soir déjà lointain de ma première arrivée, m'a fait mystérieusement choisir cette rue, cet hôtel au nom dévorant et enflammé ? Il me serait facile, d'ici, d'imaginer le monstre aux écailles de feu.

Jean Giono, *Les Vraies Richesses*, Grasset & Fasquelle, 1937.

Travail d'écriture – Sujet d'imagination → énoncé p. 180

Les clés pour réussir

Le sujet

- On attend un récit, **de type narratif,** qui contienne une **description** des lieux et l'expression des **impressions et des émotions** du narrateur.

FRANÇAIS

- Il n'est pas obligatoire de raconter une expérience réelle et vécue, vous pouvez évoquer **toute découverte d'un espace urbain quel qu'il soit, réel ou imaginaire.**
- Pensez à vous appuyer sur votre connaissance de **textes liés à la ville** (programme de 4e : « La ville, lieu de tous les possibles »).

Le récit à la première personne

- Le récit devra être rédigé **à la première personne**, comme un texte autobiographique, même si vous n'avez jamais été confronté(e) à l'expérience de la découverte d'une nouvelle ville.
- Pour enrichir le récit de votre expérience, vous veillerez à insérer les éléments suivants :

– des **descriptions précises** ou des **portraits** pour que le lecteur puisse imaginer les objets, lieux, personnages de votre souvenir ;

– des réflexions sur vos **sensations** et vos **sentiments**, pour cela pensez à utiliser un lexique approprié : « je sentais », « j'observais », « j'écoutais », « j'éprouvais », « il me semblait que », « j'avais l'impression de »... toutes ces tournures montreront que vous menez une introspection, c'est-à-dire que vous portez un **regard sur vous-même** ;

– une évocation de vos **émotions** et de vos réflexions, en insistant sur ce qui les a déclenchées : « J'étais véritablement ému(e) parce que... » ; « C'était la première fois que... » ; « Je ressentais de la colère car... » ; « J'aurais aimé alors... »

Méthode

Pour vous aider, nous vous avons indiqué en couleur les parties de la rédaction qui répondent aux consignes.

Description Narration à la première personne Émotions

Enfin ! J'y suis ! Je sors de la gare Saint Lazare et je foule enfin le macadam parisien si souvent rêvé. L'arrivée en train m'a semblé interminable : j'apercevais çà et là entre deux tours la silhouette fascinante de la tour Eiffel et les eaux de la Seine. Le train ralentissait mais ne s'arrêtait jamais, comme s'il se jouait de mon impatience. J'avais l'impression d'attendre un gâteau derrière la vitrine d'une pâtisserie.

Je fais quelques pas devant la gare, les gens savent où ils vont, ils ont le pas décidé et je cherche à les imiter, mais je dois m'arrêter pour m'orienter. Mon objectif est simple : la tour Eiffel ! Je lève les yeux pour me repérer... de hautes façades barrent mon regard. Les habitations me volent le ciel et m'empêchent de trouver ma direction. Un plan est affiché sur un grand panneau : je suis sauvé ! « Vous êtes ici » : Belle indication ! Un point rouge perdu au milieu d'un entrelac de lignes matérialisant des bus, des routes, des métros... Je suis ici. Un peu désemparé, je m'engage dans une rue que semblent suivre de nombreux piétons : le troupeau doit bien savoir où aller lui ! Sans m'en rendre compte, je descends dans le métro. L'odeur est particulière, des courants d'air semblent guider mes pas. Je suis le mouvement.

Après quelques déambulations hasardeuses, un wagon me happe. Je suis un peu sonné, mais quelques noms rassurants s'affichent bientôt sur les murs des stations de métro : Roosevelt – Iena – Trocadéro... À la faveur d'un mouvement de foule, je quitte la rame. Je parviens à remonter des escaliers et c'est un éblouissement : le soleil m'accueille en m'obligeant à plisser les yeux : j'ai retrouvé le ciel ! La foule est toujours aussi dense, mais semble moins pressée et agitée qu'à la sortie de la gare. Les gens se parlent, se sourient, les terrasses s'animent. Imperceptiblement, le flot humain avance vers une esplanade, il serait malvenu de contrarier le mouvement, et c'est finalement un sentiment agréable de se laisser porter par ses semblables : nous sommes tous comme animés du même désir.

Je m'arrête un instant pour savourer ce plaisir, cette agitation sans nervosité. Je ferme les yeux, prends une grande inspiration : je respire la ville, je respire Paris. Je rouvre lentement les yeux et elle est là, grande Dame, fidèle au rendez-vous, elle porte son ombre presque jusqu'à moi pour me guider : la tour Eiffel !

Travail d'écriture – Sujet de réflexion → *énoncé p. 180*

Les clés pour réussir

L'introduction

- **Introduisez le sujet** : vous pouvez faire référence au texte étudié ou à l'opposition ville/campagne.
- **Présentez le sujet** : reprenez la question posée par le sujet.
- Annoncez clairement votre **plan**.

Le développement

- Vous pouvez **opter pour une réponse positive** (la ville est un lieu hostile), pour une réponse **négative** (la ville est un lieu d'accueil ouvert) **ou pour un plan contradictoire** (la ville a des aspects positifs et négatifs).
- Dans tous les cas, on attend un devoir construit clairement, avec des paragraphes bien mis en page, une introduction et une conclusion.
- L'apport d'exemples issus de la culture littéraire et artistique est valorisé.

La conclusion

- **Résumez en d'autres termes** votre argumentation en précisant votre avis.
- **Terminez avec une phrase d'ouverture**, pour élargir la question en restant sur le même thème.

Méthode

Pour vous aider, nous vous avons indiqué en couleur les parties de la rédaction qui répondent aux consignes.

Indicateurs logiques | Arguments | |…| Exemples

Dans son texte extrait de *Les Vraies Richesses*, J. Giono dresse le tableau d'une ville effrayante. On peut se demander si la ville est effectivement un lieu hostile. Nous verrons dans une première partie que les villes présentent bien des aspects inquiétants, puis nous essaierons de montrer qu'elles savent aussi se montrer accueillantes.

En premier lieu, les villes, par leur concentration de population, concentrent aussi les problèmes. Les citadins se plaignent en effet souvent de l'insécurité ou de l'insalubrité qui sont liées à la vie urbaine. Ainsi, Faïza Guène, dans son roman *Du Rêve pour les oufs*, décrit les problèmes des jeunes dans une banlieue parisienne, qui sont confrontés à la drogue, au chômage et à la délinquance.

Par ailleurs, la ville est souvent associée à l'agitation, au bruit ou à la foule anonyme que décrit Giono. L'espace urbain devient donc hostile à cause d'une forme de surpopulation qui nuit à la tranquillité des habitants. Ce phénomène n'est pas récent puisque Boileau par exemple soulignait déjà cet inconvénient au XVIIe siècle dans sa satire sur « les embarras de Paris ».

Pourtant, malgré ces inconvénients, les villes attirent toujours plus de monde, ce qui s'explique aussi par la proximité et la diversité des offres culturelles ou sportives qu'elles proposent. Ainsi, la ville de Paris permet à ses habitants de pouvoir sortir tous les jours pour visiter des expositions, aller au cinéma, au théâtre, alors que cette offre est bien plus limitée à la campagne.

Enfin, le brassage de population dans les villes est une occasion de s'ouvrir aux autres et d'échanger. Les différences sont bien mieux acceptées. Par exemple dans son roman *La Fée carabine*, Daniel Pennac décrit les échanges chaleureux entre les habitants de tous âges et de toutes origines dans le quartier de Belleville à Paris.

En définitive, le lieu de vie importe sans doute bien moins que l'état d'esprit des habitants : si l'on veut rencontrer les autres, il faut être ouvert et aller vers eux, que ce soit à la ville ou à la campagne.

Sujet 7 Jules Renard, *Histoires naturelles*

100 pts 3 heures

Asie, juin 2017

Travail sur le texte littéraire et sur l'image

1 h 10 50 pts

Document A Texte littéraire

Le chasseur d'images

Il saute du lit de bon matin, et ne part que si son esprit est net, son cœur pur et son corps léger comme un vêtement d'été. Il n'emporte point de provisions. Il boira l'air frais en route et reniflera les odeurs salubres[1]. Il laisse ses armes à la maison et se contente d'ouvrir les yeux. Les yeux servent de filets où les images s'emprisonnent d'elles-mêmes.

La première qu'il fait captive est celle du chemin qui montre ses os, cailloux polis, et ses ornières[2], veines crevées, entre deux haies riches de prunelles et de mûres.

Il prend ensuite l'image de la rivière. Elle blanchit aux coudes et dort sous la caresse des saules. Elle miroite quand un poisson tourne le ventre, comme si on jetait une pièce d'argent, et, dès que tombe une pluie fine, la rivière a la chair de poule.

Il lève l'image des blés mobiles, des luzernes[3] appétissantes et des prairies ourlées[4] de ruisseaux. Il saisit au passage le vol d'une alouette ou d'un chardonneret. Puis il entre au bois. Il ne se savait pas doué de sens si délicats. Vite imprégné de parfums, il ne perd aucune sourde rumeur, et, pour qu'il communique avec les arbres, ses nerfs se lient aux nervures des feuilles.

Bientôt, vibrant jusqu'au malaise, il perçoit trop, il fermente, il a peur, quitte le bois et suit de loin les paysans mouleurs regagnant le village.

Dehors, il fixe un moment, au point que son œil éclate, le soleil qui se couche et dévêt sur l'horizon ses lumineux habits, ses nuages répandus pêle-mêle.

Enfin, rentré chez lui, la tête pleine, il éteint sa lampe et longuement, avant de s'endormir, il se plaît à compter ses images.

Dociles, elles renaissent au gré du souvenir. Chacune d'elles en éveille une autre, et sans cesse leur troupe phosphorescente s'accroît de nou-

FRANÇAIS

velles venues, comme des perdrix poursuivies et divisées tout le jour chantent le soir, à l'abri du danger, et se rappellent aux creux des sillons.

Jules Renard, *Histoires naturelles*, Gallimard, 1896.

1. *Salubres* : saines.
2. *Ornières* : traces dans le sol.
3. *Luzernes* : plantes à fleurs violettes.
4. *Ourlées* : bordées.

Document B **Image**

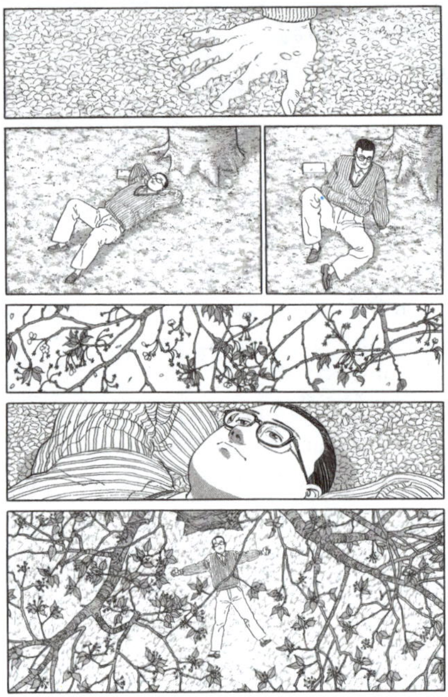

Jirô Taniguchi, *L'Homme qui marche*, 1992.

Les réponses aux questions doivent être entièrement rédigées.

Grammaire et compétences linguistiques → corrigé p. 190

1 « Il lève l'image des blés mobiles, des luzernes appétissantes […] » (l. 13). Quelle est la classe grammaticale des mots soulignés ? **2 pts**

2 Quel est le temps dominant dans le texte ? Quel effet son emploi produit-il ? **4 pts**

3 Réécrivez ces trois phrases en utilisant l'imparfait et en remplaçant « il » par « nous ». Vous ferez toutes les modifications nécessaires.
« Il n'emporta point de provisions. Il boira l'air frais en route et reniflera les odeurs salubres. Il laisse ses armes à la maison et se contente d'ouvrir les yeux. » **10 pts**

Compréhension et compétences d'interprétation → *corrigé p. 190*

1 « Il laisse ses armes à la maison et se contente d'ouvrir les yeux. » (l. 3-4) Comment cette phrase nous permet-elle de mieux comprendre le titre du texte ? **6 pts**

2 **a.** Quels sont les différents sens sollicités lors de cette balade ? Citez le texte pour justifier votre réponse. **4 pts**
b. Quels sentiments provoquent-ils chez le personnage tout au long du texte ? Relevez des éléments du texte pour justifier votre réponse. **4 pts**

3 Comment la nature est-elle rendue vivante ? Citez le texte pour justifier votre réponse. **4 pts**

4 Pensez-vous que le chasseur reste maître de ses images ? Vous développerez votre réponse en vous appuyant précisément sur le texte. **8 pts**

5 D'après vous, quelle phrase du texte pourrait être le titre de cette planche de bande dessinée ? Justifiez votre choix en confrontant des éléments du texte et de l'image. **8 pts**

Dictée → *corrigé p. 192*

20 min **10 pts**

› Écoutez la dictée sur le site abcbrevet.com.

Consignes :
– On dictera le texte à haute voix à plusieurs reprises.
– On inscrira au tableau de manière lisible par l'ensemble des candidats le titre de l'œuvre, le nom de l'auteur, ainsi que les deux prénoms **Paul** et **Étienne.**

Rédaction

1 h 30 **40 pts**

Vous traiterez au choix un des deux sujets de rédaction suivants :

Sujet d'imagination → *corrigé p. 193*

› Le lendemain, le chasseur d'images se rend en ville et déambule au gré de ses envies. À la manière de Jules Renard, vous raconterez sa balade en insistant sur les sensations et les sentiments de ce personnage.
Votre rédaction sera d'une longueur minimale d'une soixantaine de lignes (300 mots environ).

Sujet de réflexion → *corrigé p. 194*

› Pourquoi « chasser » des images ? Vous répondrez à cette question en prenant appui sur vos pratiques personnelles et sur votre culture littéraire et artistique. Votre rédaction sera d'une longueur minimale d'une soixantaine de lignes (300 mots environ).

Sujet 7 Corrigé

Grammaire et compétences linguistiques → *énoncé p. 188*

Les clés pour réussir

1 Il existe cinq classes grammaticales de mots variables : les verbes, les noms, les adjectifs, les déterminants et les pronoms.

3 • **On vous demande** de mettre les verbes à l'imparfait et de passer du singulier au pluriel en remplaçant « il » par « nous ».

• **Vous devez modifier** :
- les pronoms personnels ;
- la conjugaison des verbes ;
- un déterminant possessif.

1 Les deux mots soulignés sont des adjectifs qualificatifs épithètes.

2 Le temps dominant est le présent de l'indicatif : « il saute » (l. 1), « il lève » (l. 3), « il fixe » (l. 21). On a l'impression de participer à la balade avec le personnage, on découvre les images en même temps que lui, c'est du présent de narration.

3 **Nous n'emportions** point de provisions. **Nous buvions** l'air frais en route et **reniflions** les odeurs salubres. **Nous laissions nos** armes à la maison et **nous contentions** d'ouvrir les yeux.

Compréhension et compétences d'interprétation → *énoncé p. 189*

Les clés pour réussir

2 **a.** Pour ce type de questions, **listez** les cinq sens, **puis observez** dans le texte lesquels sont présents.
b. Une sensation est le résultat d'une **perception** par l'un des cinq sens, un sentiment est le résultat d'une **émotion**.

3 Cette question vous demande de trouver une **figure de style**. Les plus fréquentes sont la comparaison, la métaphore, la personnification et l'énumération.

5 La bande dessinée utilise un vocabulaire spécifique : **une case ou une vignette** est un **cadre** contenant une image ; **une bande** est une **suite de cases** sur une ligne ; **une planche** est une **page** de bande dessinée.

1 Le titre associe les thèmes de la chasse et des images, on retrouve ces deux thèmes mêlés dans la phrase : la chasse avec le mot « armes » et les images avec le mot « les yeux ». Il s'agit donc d'une chasse au sens figuré : ce qu'il prendra dans ses « filets » (l. 5) ce seront uniquement des images.

2 **a.** Les cinq sens du personnage vont être sollicités pendant cette balade :
1. le goût : « il boira l'air frais » (l. 3) ;
2. l'odorat : « reniflera les odeurs salubres » (l. 3) et « parfums » (l. 16) ;
3. la vue : « ouvrir les yeux » (l. 4) et le mot « image » répété plusieurs fois dans le texte ;
4. l'ouïe « sourde rumeur » (l. 16-17) ;
5. le toucher « ses nerfs se lient aux nervures des feuilles » (l. 17-18).

b. Les sentiments qu'éprouve le personnage évoluent au cours de la balade : il a d'abord un sentiment de légèreté physique et morale : « son cœur pur et son corps léger » (l. 1), puis un sentiment de plénitude lorsqu'il a collecté plusieurs images : « imprégné » (l. 16), ensuite il ressent de la peur : « il a peur » (l. 19) comme s'il avait trop de sensations et enfin, au retour, il est satisfait et heureux : « il se plaît » (l. 25).

3 La nature est rendue vivante grâce aux différentes personnifications qui lui attribuent des caractéristiques humaines :
– « chemin qui montre ses os [...] veines crevées » (l. 6) ;
– la rivière « blanchit aux coudes et dort [...] a la chair de poule » (l. 9) ;
– le soleil « dévêt sur l'horizon ses lumineux habits » (l. 22).

4 Au départ, le chasseur est maître des images, il les prend au piège : « les yeux servent de filets » (l. 4), mais très vite il est submergé par l'abondance d'images et de sensations qu'elles font naître « vibrant jusqu'au malaise, il perçoit trop » (l. 19). À la fin, les images semblent plus calmes « dociles » (l. 26), mais elles restent autonomes pour décider de revenir dans la tête du chasseur : « chacune d'elles en éveille une autre » (l. 26-27).

5 Une phrase du texte qui pourrait servir de titre à cette planche de bande dessinée est « les yeux servent de filets où les images s'emprisonnent d'elles-mêmes » (l. 4). La bande dessinée fait en effet alterner les cases avec le regard de l'homme et celles avec ce qu'il voit : les vignettes 4 et 5 font ainsi écho à « se contente d'ouvrir les yeux » (l. 4) ou « il fixe un moment, au point que son œil éclate » (l. 21). La communion avec la nature est aussi très présente dès la première case qui pourrait illustrer la phrase du texte : « ses nerfs se lient aux nervures des feuilles » (l. 17-18).

FRANÇAIS

Dictée → *énoncé p. 189*

Les clés pour réussir

Bien conjuguer

- Le **passé simple** à la première personne du pluriel : -âmes/-îmes/-ûmes/-înmes.

Bien accorder

- L'adjectif de couleur « bleu » : ne pas oublier le « e » et/ou le « s » au féminin et au pluriel.
- Les participes passés employés comme adjectifs.

Ne pas confondre

- **« s'en » et « sans »** → « s'en » se rencontre devant un verbe pronominal (« se » + verbe). « Sans » est une préposition qui indique le manque, la privation, elle est le contraire de « avec ».
- **« ou » et « où »** → « ou » est la conjonction de coordination, elle peut être remplacée par « ou bien ». « Où » est un pronom relatif qui indique un lieu.
- **« mur » et « mûr »** → « mur » est un nom masculin qui désigne une construction. « Mûr » est un adjectif qui indique qu'un fruit est arrivé à maturité.

Bien orthographier

- Les chiffres s'écrivent en lettres.
- Attention à bien écrire les sons « euil » et « eil » dans les mots « cueillir » et « vieil ».

Les mots difficiles

- **« exalter »** signifie « élever très haut ».
- **« gaieté »** peut s'écrire de trois manières différentes : « gaieté » / « gaîté » / « gaité », mais attention, il n'y a jamais de « e » à la fin.

À deux heures, nous repartîmes en expédition, accompagnés de Paul, spécialiste de l'extraction des escargots cachés dans les trous des vieux murs, ou des souches d'olivier. Nous travaillâmes sans arrêt, pendant trois heures, à entasser des provisions, pour faire face à la ruine prochaine. Nous repartîmes vers six heures, chargés d'amandes, d'escargots, de prunelles des bois, de belles prunes bleues volées chez maître Étienne, et d'une musette d'abricots presque mûrs, cueillis sur un très vieil arbre qui s'obstinait, depuis cinquante ans, fleurir dans les ruines solitaires d'une ferme abandonnée.

Marcel Pagnol, *Le Château de ma mère*, De Fallois, 1958.

Travail d'écriture – Sujet d'imagination → énoncé p. 189

Les clés pour réussir

La situation de communication

- Il s'agit d'une suite de texte essentiellement **descriptive** : vous devez garder le **même narrateur** et le **même temps verbal**.
- Le lieu est précisé, il ne s'agit plus de la campagne, mais de la **ville**, pensez notamment aux textes étudiés sur ce thème en 4e.

L'organisation de la description

- Vous devez donc écrire « à la manière de » Jules Renard : c'est-à-dire en gardant la même structure de texte que lui : un point de départ, un paragraphe par nouvelle image, un point d'arrivée.
- C'est une description en mouvement : le lecteur découvrira la scène en même temps que l'observateur grâce aux connecteurs spatio-temporels (« en haut », « à côté », « devant », « d'abord », « puis », « ensuite »...)
- Insistez sur les sensations et les sentiments éprouvés par le personnage face à chaque image « récoltée ».

Méthode

Pour vous aider, nous vous avons indiqué en couleur les parties de la rédaction qui répondent aux consignes.

Images de la ville Connecteurs spatio-temporels Sentiments Sensations

C'est une fin d'après-midi orageuse : une chaleur moite a pesé toute la journée et l'averse salvatrice vient de tomber. Le chasseur d'images sait que c'est l'heure parfaite pour déambuler dans la ville. La ville fraîchement arrosée par une pluie d'orage.

Dès les premiers pas sur le bitume chaud et humide, il flaire l'odeur caractéristique de la pluie qui s'évapore du macadam. Il ferme les yeux, les rouvre, et les fumerolles qui remontent de la route s'évanouissent dans son regard. Une première image, familière et rassurante.

Il descend la rue, croise quelques passants qui se décident à quitter leur maison, hésitants... la pluie a-t-elle vraiment cessé ? Des pleurs lui font lever la tête vers une fenêtre entrouverte, « à l'espagnolette » comme disait sa mère, c'est un bébé. Les pleurs se font plus insistants, puis s'arrêtent brusquement. Une silhouette passe devant la fenêtre, le bébé dans les bras. Il sourit, apaisé lui aussi.

Il tourne à droite, dans une ruelle, la dernière rue pavée de la ville. L'eau s'écoule rapidement entre les vieux pavés. Ce sont des méandres, des lagons, une cascade : un vieux mégot est entraîné comme un radeau de survie sur ce torrent infernal, le chasseur le suit du regard jusqu'à le perdre de vue, il a sombré dans le caniveau.

Un long muret court vers la gauche, machinalement il pose sa main dessus et avance. Comme un enfant. Il retrouve cette sensation râpeuse du ciment sous la paume de sa main. Il avance ainsi, guidé par cette rampe de béton. Soudain, il doit s'arrêter, un chat est posé sur le muret. Ils échangent un regard. De chasseur, il se sent devenir chassé. Étrange sentiment. Il change de trottoir.

Et puis, il a faim, d'abord, il ne sait pas pourquoi, mais l'air qui pénètre son nez finit par le renseigner : il est derrière la rue des restaurants. Les fumées des hottes s'échappent et lui apportent des odeurs mêlées de friture et de viandes saisies sur le feu. Il tend l'oreille et croit entendre quelques bruits de vaisselles heurtées, l'agitation de la cuisine avant le service. Il imagine l'assiette, les frites dorées, le magret fumant, la touche rouge du quartier de tomate posé sur la feuille de salade... il salive, il est temps de rentrer.

Sur le chemin du retour, il décide de s'arrêter au milieu de la grand-place. Il ferme les yeux un instant et se nourrit des images rencontrées. Elles se mêlent aux bruits de la ville et l'enivrent. Il n'a plus faim, il est rassasié d'images et de sensations.

Travail d'écriture – Sujet de réflexion → *énoncé p. 190*

Les clés pour réussir

L'introduction

- **Introduisez le sujet** : vous pouvez faire référence au texte étudié et au sens moderne de l'expression « chasseur d'images ».
- **Présentez le sujet** : reprenez la question posée par le sujet.
- Annoncez clairement votre **plan**.

Le développement

- La question posée appelle un développement en plusieurs parties qui énumèrent les raisons qui poussent certaines personnes à « chasser » des images. Les raisons peuvent être :
  – le besoin de nourrir son **imaginaire** ;
  – la volonté de **garder des souvenirs** ;
  – le **plaisir esthétique**.
- **Dans chaque partie**, vous sélectionnerez **un exemple pertinent et précis** en ayant soin de les **varier** comme vous le demande le sujet : « en prenant appui sur vos pratiques personnelles, et sur votre culture littéraire et artistique ».

La conclusion

- Résumez en d'autres termes votre argumentation en précisant votre avis.
- Terminez avec une phrase d'ouverture, en évoquant par exemple les différents moyens de conservation et de diffusion des images aujourd'hui.

Méthode

Pour vous aider, nous vous avons indiqué en couleur les parties de la rédaction qui répondent aux consignes.

Indicateurs logiques   Arguments |…| Exemples

Les « chasseurs d'images », qu'ils soient de simples promeneurs esthètes comme dans le texte ou des photographes – suivant le sens moderne de l'expression –, sont toujours aussi nombreux aujourd'hui. Quelles raisons les poussent ainsi à chasser des images ? Nous proposerons trois réponses en évoquant d'abord le besoin de nourrir l'imagination, puis la volonté de garder des souvenirs et enfin le plaisir esthétique de la contemplation des images.

Premièrement, les images sont la racine étymologique et la source de notre imagination. C'est-à-dire de notre capacité à nous fabriquer des images mentales et à les faire vivre dans notre esprit. Par exemple, le poète Charles Baudelaire, au XIXe siècle, dans son *Invitation au voyage*, évoque les images qui entraînent son esprit vers la rêverie : « Vois sur ces canaux / Dormir ces vaisseaux ». Les images sont si nettes pour lui, qu'elles peuvent aussi nourrir l'imaginaire du lecteur et deviennent un trait d'union pour une invitation à l'évasion.

La deuxième raison qui peut pousser à « chasser des images » est le besoin de garder des souvenirs, d'aider la mémoire grâce à des supports matériels qui vont fixer des instants de vie à partir desquels renaîtront durablement des souvenirs imagés. Ainsi, les nombreuses photographies de vacances, d'événements mémorables d'une vie, voire même les *selfies* pour immortaliser une visite à la tour Eiffel ou en retenant la tour de Pise sont autant d'aide-mémoire qui non seulement fixent une image, mais aussi aident à en faire revivre d'autres.

Enfin, les chasseurs d'images sont aussi les nombreux artistes, photographes ou peintres, qui s'attachent à retenir par leur art un instant de beauté, de vie, des sensations fugaces. Citons l'exemple de Paul Gauguin qui su fixer sur ses toiles les couleurs et l'atmosphère de Tahiti en y associant les personnes qu'il rencontrait, comme dans son tableau *Nave Nave Mahana* (en français : *Jour délicieux*) qui met en scène des jeunes Tahitiennes et un enfant qui s'adonnent à la cueillette de fruits dans un décor paradisiaque.

FRANÇAIS

Pour conclure, il apparaît donc que les chasseurs d'images peuvent avoir différentes motivations qui se rejoignent sur une idée commune : le partage, que ce soit avec un lecteur, un spectateur potentiel ou avec l'entourage proche. Se poserait alors aujourd'hui la question, avec la multiplication des moyens de conservations des images, et notamment le numérique, de savoir lesquels se prêtent le mieux à ce véritable partage.

Sujet 8 Edmond Rostand, *Cyrano de Bergerac*

100 pts 3 heures

Sujet inédit

Travail sur le texte littéraire et sur l'image

1 h 10 50 pts

Texte

Cyrano se confie à son ami Le Bret.

CYRANO, *changeant de ton et gravement*

J'aime.

LE BRET

Et peut-on savoir ? Tu ne m'as jamais dit ? …

CYRANO

Qui j'aime ? … Réfléchis, voyons. Il m'interdit
Le rêve d'être aimé même par une laide,
Ce nez qui d'un quart d'heure en tous lieux me précède ;
Alors, moi, j'aime qui ? … Mais cela va de soi !
J'aime – mais c'est forcé ! – la plus belle qui soit !

LE BRET

La plus belle ? …

CYRANO

Tout simplement, qui soit au monde !
La plus brillante, la plus fine.
(Avec accablement.)
La plus blonde !

LE BRET

Eh ! mon Dieu, quelle est donc cette femme ? …

CYRANO

Un danger
Mortel sans le vouloir, exquis sans y songer,
Un piège de nature, une rose muscade[1]
Dans laquelle l'amour se tient en embuscade !

FRANÇAIS

Qui connaît son sourire a connu le parfait.
Elle fait de la grâce avec rien, elle fait
Tenir tout le divin dans un geste quelconque,
Et tu ne saurais pas, Vénus, monter en conque[2],
Ni toi, Diane, marcher dans les grands bols fleuris,
Comme elle monte en chaise[3] et marche dans Paris !

LE BRET

Sapristi ! je comprends. C'est clair !

CYRANO

C'est diaphane[4].

LE BRET

Magdeleine Robin, ta cousine ?

CYRANO

Oui. – Roxane[5].

LE BRET

Eh bien ! mais c'est au mieux ! Tu l'aimes ? Dis-le-lui !
Tu t'es couvert de gloire à ses yeux aujourd'hui !

CYRANO

Regarde-moi, mon cher, et dis quelle espérance
Pourrait bien me laisser cette protubérance !
Oh ! je ne me fais pas d'illusion ! – Parbleu,
Oui, quelquefois, je m'attendris, dans le soir bleu ;
J'entre en quelque jardin où l'heure se parfume ;
Avec mon pauvre grand diable de nez je hume
L'avril, – je suis des yeux, sous un rayon d'argent,
Au bras d'un cavalier, quelque femme, en songeant
Que pour marcher, à petits pas, dans la lune,
Aussi moi j'aimerais au bras en avoir une,
Je m'exalte, j'oublie… et j'aperçois soudain
L'ombre de mon profil sur le mur du jardin !

LE BRET, *ému*

Mon ami !

CYRANO

Mon ami, j'ai de mauvaises heures !
De me sentir si laid, parfois, tout seul…

LE BRET, *vivement, lui prenant la main*

– Tu pleures ?

CYRANO
Ah ! non, cela, jamais ! Non, ce serait trop laid,
Si le long de ce nez une larme coulait !

Edmond ROSTAND, *Cyrano de Bergerac* (I, 5), 1897.

---

1. *Rose muscade* : variété de rose rouge.
2. *Conque (n. f.)* : grande coquille concave, qui sert traditionnellement de véhicule à Vénus.
3. *Chaise* : chaise à porteur, véhicule utilisé par les nobles au XVIIe siècle.
4. *Diaphane* : qui laisse passer à travers soi les rayons lumineux, transparent.
5. *Roxane* : l'autre prénom donné à Magdeleine Robin. Il s'agit de la même personne, aimée par Cyrano.

Les réponses aux questions doivent être entièrement rédigées.

Grammaire et compétences linguistiques → corrigé p. 201

1 Cyrano dit de la femme qu'il aime qu'elle est « *un danger mortel, […] exquis* » (vers 9 et 10).

a. Trouvez un synonyme pour chaque mot souligné, puis dites quel est le rapport de sens entre ces deux adjectifs. **2 pts**

b. Comment Cyrano présente-t-il, dans ces deux vers, l'amour que lui inspire cette femme ? **2 pts**

c. Relevez, dans les vers 11 à 15, une autre expression qui exprime cette même idée de l'amour. **2 pts**

2 a. Dans le texte, quels sont les différents signes de ponctuation qui expriment l'émotion de Cyrano ? **1 pt**

b. Dans les vers 25 à 35, quel est le temps principalement utilisé ? Quelle est sa valeur ? **2 pts**

3 Réécrivez le passage suivant en mettant tous les verbes à l'imparfait et en remplaçant « je » par « nous ». Vous ferez toutes les modifications nécessaires.

Oui, quelquefois, je m'attendris, dans le soir bleu ;
J'entre en quelque jardin où l'heure se parfume ;
Avec mon pauvre grand diable de nez je hume
L'avril, – je suis des yeux, sous un rayon d'argent […] **10 pts**

Compréhension et compétences d'interprétation → corrigé p. 201

1 Comment appelle-t-on les expressions qui sont en italique ? À qui sont-elles destinées ? À quoi servent-elles ? **4 pts**

2 Trouvez des éléments qui permettent d'affirmer que ce texte appartient à la fois au genre théâtral et au genre poétique. **4 pts**

FRANÇAIS

3 Quel est le personnage principal de ce passage ? Donnez deux raisons pour justifier votre choix. **2 pts**

4 **a.** Relevez, dans les vers 6 à 8, les expressions qui caractérisent la personne aimée par Cyrano. **2 pts**
b. Quels sont, dans ces mêmes vers, les deux procédés d'écriture employés pour valoriser la femme adorée ? **2 pts**

5 Dans les vers 16 et 17 :
a. À qui cette femme est-elle comparée ? **1 pt**
b. Qui sont ces deux personnages ? **2 pts**
c. Que pensez-vous de cette comparaison ? **2 pts**

6 *« Ce nez qui d'un quart d'heure en tous lieux me précède »* (vers 4)
a. Quelle est la figure de style utilisée pour décrire le nez ? **2 pts**
b. Relevez dans le texte quatre autres expressions qui se rapportent au nez. **2 pts**
c. Pourquoi ce nez rend-il Cyrano malheureux ? **2 pts**

7 **a.** Dans les vers 35 à 38, quels sentiments Le Bret éprouve-t-il en écoutant Cyrano ? **2 pts**
b. Si vous étiez metteur en scène, quelles indications donneriez-vous au comédien qui joue le rôle de Cyrano pour interpréter les vers 35 à 38 ? **4 pts**

Dictée → corrigé p. 203 20 min **10 pts**

› Écoutez la dictée sur le site abcbrevet.com.

Rédaction 1 h 30 **40 pts**

Vous traiterez, au choix, l'un des deux sujets suivants.

Sujet d'imagination → corrigé p. 204

› Vingt ans ont passé, Roxane et Cyrano sont en couple, une dispute éclate au sujet de l'inactivité de Cyrano. Rédigez la scène sous forme d'un dialogue théâtral à la tonalité humoristique. Il ne vous est pas demandé d'écrire en vers.
Votre rédaction sera d'une longueur minimale d'une soixantaine de lignes (300 mots environ).

Sujet de réflexion → corrigé p. 205

› Malgré la télévision et Internet qui permettent de suivre de nombreuses représentations (pièces de théâtre, concerts, rencontres sportives, cirque…), le public se déplace toujours en nombre pour assister à ces divers spectacles. Dans un devoir organisé et illustré d'exemples précis, vous essaierez de donner les raisons de cet attrait pour les spectacles vivants.

Votre rédaction sera d'une longueur minimale d'une soixantaine de lignes (300 mots environ).

Sujet 14 Corrigé

Grammaire et compétences linguistiques → énoncé p. 199

Les clés pour réussir

1 a. et **b.** Des éléments qui s'opposent soulignent souvent un paradoxe, une contradiction.

2 b. Les principales valeurs du présent sont : l'actualité, la narration, la vérité générale, l'habitude.

3 • **Le passage à la première personne du pluriel et à l'imparfait entraînent le changement :**
– des terminaisons verbales ;
– des pronoms personnels ;
– des déterminants possessifs.

1 a. « Fatal » est synonyme de *« mortel »*, et « charmant » synonyme de l'adjectif *« exquis »*. Ces deux adjectifs sont antithétiques, c'est-à-dire opposés.
b. Cyrano présente l'amour comme un paradoxe : l'amour est pour lui l'alliance du plus grand malheur et du bonheur absolu.
c. L'expression *« Un piège de nature, une rose muscade / Dans laquelle l'amour se tient en embuscade ! »* renvoie à la même idée de l'amour : les mots *« piège »* et *« embuscade »* soulignent le danger lié à l'amour.

2 a. Les points d'exclamation et de suspension traduisent l'émotion de Cyrano.
b. Dans les vers 25 à 35, le présent de l'indicatif est le temps dominant. Il s'agit d'un présent d'habitude, ce qui nous est indiqué par l'adverbe « quelquefois » au vers 26 et par la succession d'actions répétitives.

3 Oui, quelquefois, nous nous attendrissions, dans le soir bleu ;
Nous entrions en quelque jardin où l'heure se parfumait ;
Avec notre pauvre grand diable de nez nous humions
L'avril, – nous suivions des yeux, sous un rayon d'argent [...]

Compréhension et compétences d'interprétation → énoncé p. 199

Les clés pour réussir

1 Dans un texte théâtral, on distingue le texte dit par les comédiens, les répliques, et les indications scéniques, les didascalies.

2 Les dialogues théâtraux peuvent être rédigés en prose ou en vers. Dans ce dernier cas, c'est l'alexandrin – vers de douze syllabes – qui est le vers privilégié. Il peut occuper toute une ligne, ou bien être commencé dans une réplique et terminé dans la suivante.

3 Un héros éponyme est un personnage qui donne son nom au titre de l'œuvre. Il s'agit généralement du personnage principal.

4 **b.** Pour mettre en valeur un élément de phrase, on peut utiliser le superlatif, la répétition, le rejet qui crée un effet d'attente et la ponctuation.

5 **a.**, **b.** et **c.** Les comparaisons font naître des images qui peuvent être positives ou négatives. Les déesses romaines Vénus et Diane se caractérisent en outre par leur jeunesse et leur beauté.

6 L'hyperbole est une figure de style qui consiste à exagérer des termes ou des images.

1 Les expressions en italique sont des didascalies. Elles sont destinées aux acteurs et au metteur en scène, et permettent à l'auteur de donner des indications sur le lieu dans lequel se déroule la scène, le moment où elle se déroule, le ton des répliques, les éventuels déplacements des personnages : ce sont des indications de mise en scène. Elles ne sont bien entendu pas destinées à être prononcées par les acteurs.

2 Ce texte est une suite de dialogues sans narrateur, le nom du personnage qui parle est indiqué avant chaque réplique : il s'agit donc bien d'un extrait de pièce de théâtre. En outre, le texte est rédigé en vers de douze syllabes – des alexandrins – ce qui lui donne un caractère poétique.

3 Cyrano est le personnage principal de cet extrait : c'est lui qui a les plus longues répliques, et il donne son nom à la pièce (héros éponyme).

4 **a.** « *la plus belle qui soit* » (vers 6), « *La plus belle ?... / – Tout simplement qui soit au monde !* » (vers 7) et « *La plus brillante, la plus fine. / La plus blonde !* » (vers 8) caractérisent la femme aimée.
b. L'utilisation du superlatif, la répétition et l'utilisation de la ponctuation expressive permettent de valoriser la femme aimée.

5 **a.** Cette femme est comparée à Vénus (vers 16) et Diane (vers 17).
b. Ce sont des déesses de la mythologie romaine : Vénus est la déesse de la beauté et de l'amour, Diane règne sur les forêts et pratique la chasse, fuyant les hommes.
c. Cette comparaison à des déesses est particulièrement valorisante pour la femme aimée, et révèle la véritable adoration de Cyrano pour Roxane. Cependant elle souligne aussi son aspect inaccessible.

6 **a.** C'est l'hyperbole qui est utilisée ici, car Cyrano exagère la longueur de son nez en racontant qu'il faut voir son nez défiler pendant un quart d'heure avant de le voir, lui, entièrement. On peut aussi y voir une personnification du nez.

b. Les autres expressions qui se rapportent au nez sont : *« cette protubérance »* (vers 24), *« mon pauvre grand diable de nez »* (vers 28), *« L'ombre de mon profil »* (vers 34) et *« le long de ce nez »* (vers 38).
c. Ce nez rend Cyrano malheureux car il pense qu'il le rend laid donc indigne d'être aimé, et le condamne à la solitude.

7 **a.** Le Bret est ému par la détresse de Cyrano, il éprouve de la compassion et cherche à le réconforter, en l'écoutant et en lui prenant la main, comme cela est indiqué dans les didascalies.
b. À la fin de la scène, on peut imaginer Cyrano se détournant pour se cacher, et s'appuyant contre un mur, un arbre... ou s'effondrant sur un banc, une chaise... en fonction du décor choisi. La réplique suivante doit être dite sur un ton d'accablement, laissant deviner un sanglot dans la voix. La dernière réplique de Cyrano pourrait au contraire être prononcée d'une voix forte et assurée, et le personnage pourrait alors se redresser brusquement et parcourir la scène.

Dictée → *énoncé p. 200*

Les clés pour réussir

Bien conjuguer

- Le temps dominant est le **présent de l'indicatif**. Le futur est également employé.

Bien orthographier

- Ne pas confondre **« or »** et **« hors »** dans l'expression **« hors de »**.
- De nombreux verbes sont à l'infinitif (finale en -er) car ils sont précédés d'un verbe déjà conjugué ou d'une préposition (à, de)
- **« Tandis que »** s'écrit en deux mots.

Bien accorder

- *« Songez-y »* est à la deuxième personne de l'impératif.
- *« Condamné »* et *« regardé »* sont des participes passés employés avec l'auxiliaire être, ils s'accordent avec le sujet : « il » et « le bonheur ».

Les mots difficiles

- Attention au « mn » de **« condamné »**.
- Le mot **« aspect »** vient du latin *aspectus* (le regard), d'où sa finale particulière.

Dès qu'un homme cherche le bonheur, il est condamné à ne pas le trouver, et il n'y a point de mystère là-dedans. Le bonheur n'est pas comme cet objet en vitrine, que vous pouvez choisir, payer, emporter ; si vous l'avez

FRANÇAIS

bien regardé, il sera bleu ou rouge chez vous comme dans la vitrine. Tandis que le bonheur n'est bonheur que quand vous le tenez ; si vous le cherchez dans le monde, hors de vous-même, jamais rien n'aura l'aspect du bonheur. En somme on ne peut ni raisonner ni prévoir au sujet du bonheur ; il faut l'avoir maintenant. Quand il paraît être dans l'avenir, songez-y bien, c'est que vous l'avez déjà. Espérer, c'est être heureux.

Alain, *Propos,* 18 mars 1911.

Travail d'écriture – Sujet d'imagination → énoncé p. 200

Les clés pour réussir

Les caractéristiques d'une scène de théâtre

- Noms des personnages.
- Didascalies.
- Entrée et sortie des personnages mettant fin à la scène.

Les dialogues

La situation invite à rédiger une dispute conjugale avec une tonalité humoristique. Pensez à opposer les personnages, à **utiliser leurs caractéristiques** qui auront évolué avec le temps. D'autres personnages peuvent intervenir. La scène doit se terminer par l'arrivée ou la sortie d'un personnage.

Méthode

Pour vous aider, nous vous avons indiqué en couleur les parties de la rédaction qui répondent aux consignes.

Caractéristiques d'un texte théâtral   Éléments du texte

Intérieur bourgeois, côté jardin, Cyrano est assis dans un fauteuil et lit ; côté cour, Roxane est occupée à éplucher des légumes. On frappe à la porte.

CYRANO, *en criant* : Roxane ! On frappe à la porte...
Roxane relève la tête, observe Cyrano, puis continue son ouvrage.

CYRANO, *insistant* : Roxane, on a frappé à la porte, va ouvrir, ce doit être mon ami Le Bret... je l'ai invité à déjeuner.

ROXANE, *surprise* : Le Bret, invité ? Encore ?!

CYRANO, *levant la tête de son livre* : Eh bien oui, cela pose un problème ma douce Roxane ? Tu es bien allée à la chasse hier, n'as-tu pas rapporté quelque gibier ?

ROXANE, *irritée* : Justement, la chasse, parlons-en ! Tu n'y vas pas souvent ces derniers temps !

CYRANO, *d'une voix mielleuse* : Mais, pourquoi irais-je courir les bois, quand je suis marié à l'incarnation de Diane !

ROXANE : L'incarnation de Diane ! Laisse-moi rire, il y a bien longtemps que je ne vis plus comme une déesse, et à qui la faute !

CYRANO, *prenant de haut* : Mais enfin Roxane, tu sais bien que je ne suis pas à l'aise pour sortir, à cause de... enfin tu sais bien, ne m'oblige pas à prononcer le mot que j'exècre !

ROXANE, *se moquant* : À cause de ton nez, de ton pif, de ton tarin ! Et pourquoi tu n'irais pas le promener un peu à l'extérieur, ça lui ferait du bien ! Je dois bien le supporter, moi, ici ! Et puis lorsqu'il s'agit de le faire un peu boire en compagnie de ton ami Le Bret, tu es bien moins timoré pour sortir !

CYRANO, *prenant un air choqué* : Roxane, tu es de mauvaise foi, je ne sors que le soir et dans des tavernes sombres par pure coquetterie ! La boisson n'a rien à voir avec ça ! Tenir de tels propos, tu devrais avoir honte !
On frappe de façon plus insistante.

CYRANO : Tu entends ? Tu vas finir par énerver tout le monde !

ROXANE, *ferme* : Je n'irai pas ouvrir !

CYRANO : Tu l'auras voulu... je me lève !

ROXANE : Oui, c'est ça ! Et lève bien la tête... pour ne pas t'empêtrer !

CYRANO, *rouge de colère* : Peste !

Il arrive à la porte, l'ouvre : personne.

CYRANO : C'est malin, il est parti ! Tu l'auras vexé avec tes propos, je vais le rattraper. *(Il sort.)*
Roxane va ouvrir une porte dérobée, Le Bret entre et se jette dans ses bras.

LE BRET : Enfin, j'ai cru qu'il n'allait jamais partir !

Travail d'écriture – Sujet de réflexion → énoncé p. 200

Les clés pour réussir

Le sujet vous demande de trouver les raisons pour lesquelles certaines personnes continuent à préférer sortir pour assister à des spectacles plutôt que d'en regarder les retransmissions chez eux. Il faut donc organiser **un développement en plusieurs paragraphes qui énumèrent ces raisons**. Commencez par chercher des exemples dans votre expérience personnelle de différents spectacles auxquels vous avez assisté, et analysez ce que vous avez éprouvé alors.

FRANÇAIS

L'introduction

- **Introduisez le sujet** : phrase d'accroche sur la diversité des médias qui permettent d'accéder aux retransmissions.
- **Énoncez le sujet.**
- Annoncez le **plan**.

Le premier paragraphe

La disponibilité : le fait de « sortir » de chez soi implique que l'on se rend entièrement disponible pour le spectacle que l'on va voir. Toute notre attention et notre concentration y sont portées.

Le deuxième paragraphe

L'aspect social : on sort souvent avec d'autres personnes, ce qui permet d'échanger, de partager à propos de ce que l'on ressent devant la représentation.

Le troisième paragraphe

La proximité avec les artistes : le spectacle vivant offre un véritable moment privilégié de partage entre les artistes et leur public.

La conclusion

- Résumez en d'autres termes votre argumentation.
- Terminez avec une phrase d'ouverture, par exemple sur la retransmission d'un film au cinéma ou à la télévision.

Méthode

Pour vous aider, nous vous avons indiqué en couleur les parties de la rédaction qui répondent aux consignes.

Indicateurs logiques   Arguments |...| Exemples

La qualité des médias et des techniques de l'image offrent aujourd'hui un accès à la culture simple et rapide sans avoir à sortir de chez soi. Cependant, malgré la télévision et Internet qui permettent de suivre de nombreuses représentations (pièces de théâtre, concerts, rencontres sportives, cirque...), le public se déplace toujours en nombre pour assister à ces divers spectacles. Nous essaierons d'analyser les principales raisons qui expliquent ce choix.

D'abord, le fait de « sortir » de chez soi implique que l'on se rend entièrement disponible pour le spectacle que l'on va voir. Toute notre attention et notre concentration y sont portées, le plaisir du spectacle ne risque donc pas d'être gâché par des interruptions intempestives.

Par exemple, lors de la représentation théâtrale de *Cyrano de Bergerac* d'Edmond Rostand, on se laissera guider par les émotions des personnages d'un bout à l'autre du spectacle sans être perturbé et le spectacle sera complet. L'obscurité de la salle ajoute à cette concentration, on est là entièrement pour le spectacle.

Ensuite, les spectacles vivants sont souvent l'occasion d'échanges avec d'autres personnes. En effet, on sort rarement seul, ce qui permet de partager à propos de ce que l'on ressent devant la représentation. De plus, l'émotion ressentie devant un spectacle peut être communicative. C'est le cas lorsque l'on observe de jeunes enfants devant un spectacle de cirque : les facéties des clowns déclenchent chez les petits des rires qui se communiquent très vite aux plus grands, et la magie du spectacle est ainsi partagée par tout le monde.

Enfin, la proximité avec les artistes est plus grande : le spectacle vivant offre un véritable moment privilégié de partage entre les artistes et le public. Ainsi, dès lors qu'ils arrivent sur scène, les chanteurs et chanteuses, que l'on voit habituellement à travers le petit écran, s'incarnent et n'hésitent pas à créer des moments de complicité avec leurs fans en s'écartant du programme prévu ou en discutant avec le public.

Les motivations qui poussent les personnes à sortir pour assister à des spectacles vivants sont donc nombreuses et peuvent rassurer sur la pérennité de ce type de loisir. Face au développement des retransmissions de films très rapides sur Internet, on pourrait également s'interroger sur l'avenir du cinéma.

Sujet 9 Marcel Aymé, *Uranus*

3 heures

France métropolitaine, juin 2018

Travail sur le texte littéraire et sur l'image

1 h 10 **50 pts**

Document A Texte littéraire

La scène se déroule, après la Seconde Guerre mondiale, dans la ville de Blémont qui a subi d'importantes destructions.

Léopold s'assura que la troisième était au complet. Ils étaient douze élèves, quatre filles et huit garçons qui tournaient le dos au comptoir. Tandis que le professeur gagnait sa place au fond de la salle, le patron alla retirer le bec de cane[1] à la porte d'entrée afin de s'assurer contre toute intrusion. Revenu à son zinc[2], il but encore un coup de vin blanc et s'assit sur un tabouret. En face de lui le professeur Didier s'était installé à sa table sous une réclame d'apéritif accrochée au mur. Il ouvrit un cahier, jeta un coup d'œil sur la classe de troisième et dit :

– Hautemain, récitez.

Léopold se pencha sur son siège pour voir l'élève Hautemain que lui dissimulait la poutre étayant le plafond. La voix un peu hésitante, Hautemain commença :

Seigneur, que faites-vous, et que dira la Grèce ?
Faut-il qu'un si grand cœur montre tant de faiblesse ?[3]

– Asseyez-vous, dit le professeur lorsque Hautemain eut fini. Quinze.

Il notait avec indulgence. Estimant que la plupart de ces enfants vivaient et travaillaient dans des conditions pénibles, il voulait les encourager et souhaitait que l'école, autant que possible, leur offrît les sourires que leur refusait trop souvent une existence troublée. À son zinc, Léopold suivait la récitation des écoliers en remuant les lèvres et avalait anxieusement sa salive lorsqu'il sentait hésiter ou trébucher la mémoire du récitant. Son grand regret, qu'il n'oserait jamais confier à M. Didier, était de ne participer à ces exercices qu'en simple témoin. Léopold eût aimé réciter, lui aussi :

Captive, toujours triste, importune à moi-même,
Pouvez-vous souhaiter qu'Andromaque vous aime ?[3]

Malgré la timidité et le respect que lui inspirait Andromaque, il lui semblait qu'il eût trouvé les accents propres à émouvoir le jeune guerrier. Il se plaisait à imaginer sa voix, tout amenuisée par la mélancolie et s'échappant du zinc comme une vapeur de deuil et de tendresse.

– Les cahiers de préparation, dit le professeur Didier.

Les élèves ayant étalé leurs cahiers, il alla de table en table s'assurer qu'ils avaient exécuté le travail portant sur un autre passage d'*Andromaque*. Pendant qu'il regagnait sa place, Léopold se versa un verre de blanc.

– Mademoiselle Odette Lepreux, lisez le texte. [...]

Odette se mit à lire d'une voix claire, encore enfantine, où tremblaient des perles d'eau fraîche :

Où fuyez-vous, Madame ?
N'est-ce point à vos yeux un spectacle assez doux
Que la veuve d'Hector pleurante à vos genoux ?[4]

Sur ces paroles d'Andromaque, la patronne, venant de sa cuisine, pénétra discrètement dans l'enceinte du zinc. Comme elle s'approchait du cafetier, elle eut la stupéfaction de voir les larmes ruisseler sur ses joues cramoisies et interrogea :

– Qu'est-ce que t'as ?

– Laisse-moi, murmura Léopold. Tu peux pas comprendre. [...]

Odette Lepreux poursuivait sa lecture :

Par une main cruelle hélas ! J'ai vu percer
Le seul où mes regards prétendaient s'adresser.[4]

La patronne considérait cet homme étrange, son mari, auquel ses reproches et ses prières n'avaient jamais réussi, en trente ans de vie commune, à tirer seulement une larme. Ne revenant pas de son étonnement, elle oublia une minute ce qu'elle était venue lui dire.

Marcel Aymé, *Uranus*, 1948.

---

1. bec de cane : élément de serrurerie qui permet de fermer une porte de l'intérieur sans utiliser de clé.

2. zinc : comptoir de bar.

3. Le texte en italique renvoie à des extraits de la tragédie *Andromaque* de Jean Racine (1667). Après la prise de Troie, Andromaque, veuve d'Hector, devient la prisonnière de Pyrrhus, qui tombe amoureux d'elle. Dans ces deux passages, Andromaque s'adresse à Pyrrhus pour le convaincre de renoncer à cet amour.

4. Dans ces extraits, Andromaque s'adresse à Hermione qui devait épouser Pyrrhus. Hermione considère donc Andromaque comme une rivale. Andromaque lui déclare qu'elle n'aime que son mari, Hector, mort transpercé par une épée.

FRANÇAIS

Document B Image

Photogramme tiré du film *Uranus* réalisé par Claude Berri, 1990.

Les réponses aux questions doivent être entièrement rédigées.

Compréhension et compétences d'interprétation → corrigé p. 212

1 Où se déroule la scène ? Qui est Léopold ? Pourquoi la situation présentée peut-elle surprendre ? Justifiez votre réponse. **4 pts**

2 Lignes 10 à 24 : Comment se manifeste l'intérêt de Léopold pour le cours du professeur Didier ? Développez votre réponse en vous appuyant sur trois éléments significatifs. **6 pts**

3 Lignes 24 à 30 : Quels liens Léopold établit-il avec le personnage tragique d'Andromaque ? Comment l'expliquez-vous ? Développez votre réponse. **6 pts**

4 Lignes 37 à 45 : Que ressent Léopold quand Odette lit l'extrait d'*Andromaque* ? Justifiez votre réponse en vous appuyant sur une image que vous analyserez. **6 pts**

5 **a.** Par quelles oppositions la scène du film reproduite ci-dessus cherche-t-elle à faire rire le spectateur ? Donnez trois éléments de réponse. **6 pts**
b. Qu'est-ce qui peut relever également du comique dans la fin du texte (lignes 43 à 54) ? **4 pts**

Grammaire et compétences linguistiques → corrigé p. 214

1 L'une des phrases suivantes contient une proposition subordonnée relative et l'autre une proposition subordonnée complétive :
« *Léopold s'assura que la troisième était au complet.* » (ligne 1)

« Léopold se pencha sur son siège pour voir l'élève Hautemain que lui dissimulait la poutre étayant le plafond. » (lignes 10-11)

a. Trouvez dans quelle phrase se trouve la proposition subordonnée relative. Recopiez-la sur votre copie. **1 pt**

b. Trouvez dans quelle phrase se trouve la proposition subordonnée complétive. Recopiez-la sur votre copie. **1 pt**

c. Expliquez comment vous avez pu différencier chacune de ces deux propositions. **3 pts**

2 Voici deux phrases au discours direct dont le verbe introducteur est au présent :

Andromaque demande à Pyrrhus : « Seigneur, que faites-vous, et que dira la Grèce ? »

Andromaque déclare à Hermione : « J'ai vu percer le seul où mes regards prétendaient s'adresser. »

Sur votre copie, réécrivez ces deux phrases au discours indirect en mettant le verbe introducteur au passé simple. Vous ferez toutes les modifications nécessaires. **10 pts**

3 *« La patronne considérait cet homme étrange, son mari, auquel ses reproches et ses prières n'avaient jamais réussi, en trente ans de vie commune, à tirer seulement une larme. »* (lignes 51 à 53)

a. Donnez un synonyme de l'adjectif « étrange ». **1 pt**

b. L'adjectif « étrange » vient du latin « extraneus » qui signifiait « qui n'est pas de la famille, étranger ». Comment ce sens premier peut-il enrichir le sens de cet adjectif dans le texte ? **2 pts**

Dictée → corrigé p. 215

20 min **10 pts**

› Écoutez la dictée sur le site abcbrevet.com.

Consignes :

– On dictera le texte à haute voix à plusieurs reprises.
– On indiquera qu'il convient d'écrire tous les chiffres en lettres.
– On inscrira au tableau de manière lisible par l'ensemble des candidats : **Blémont, Saint-Euloge, Progrès**, D'après Marcel Aymé, *Uranus*, 1948.

Rédaction

1 h 30 **40 pts**

Vous traiterez au choix l'un des deux sujets suivants :

Sujet d'imagination → corrigé p. 216

« – Laisse-moi, murmura Léopold. Tu peux pas comprendre. » À la fin du cours, c'est à M. Didier, le professeur de français, que Léopold se confie sur son grand regret de n'avoir pu poursuivre ses études et découvrir des œuvres littéraires.

› Racontez la scène et imaginez leur conversation en insistant sur les raisons que donne Léopold et sur les émotions qu'il éprouve.

Sujet de réflexion → corrigé p. 218

› Vous avez lu en classe ou par vous-même de nombreuses œuvres littéraires dans leur intégralité ou par extraits. Vous expliquerez ce que vous ont apporté ces lectures et vous direz pour quelles raisons il est toujours important de lire aujourd'hui.

Sujet 9 Corrigé

Compréhension et compétences d'interprétation → énoncé p. 210

Les clés pour réussir

1 Pensez au **contexte** indiqué par le **paratexte** « la ville de Blémont qui a subi d'importantes destructions ». L'école a donc sûrement été détruite.

3 On attend au moins deux liens, illustrés de citations du texte et expliqués. Les lignes sont clairement indiquées.

4 **Attention**, « une image » est une figure de style qui s'adresse à l'imagination du lecteur : métaphore, comparaison, hyperbole... Il ne s'agit pas du photogramme qui accompagne le texte.

5 **a.** et **b.** L'humour naît souvent du décalage entre deux personnages, deux situations, deux façons de parler... Soyez donc attentifs sur l'image comme dans la fin du texte aux jeux d'opposition et de décalage.

1 La scène se déroule dans un café de Blémont, tenu par Léopold, le « *cafetier* » (l. 44). La situation peut surprendre parce que le cours de français se déroule dans un bar transformé en salle de classe en raison des destructions occasionnées par la guerre : « *Le professeur Didier s'était installé à sa table sous une réclame d'apéritif accrochée au mur.* » (ll. 6-7)

2 L'intérêt de Léopold pour le cours du professeur Didier se manifeste de plusieurs façons :
– Sa posture physique montre sa curiosité : *« se pencha sur son siège pour voir l'élève (l. 10) » ; « suivait la récitation des écoliers » (l. 20).*
– Son implication dans le cours le conduit à éprouver de l'empathie pour les récitants : « *en remuant les lèvres* » (l. 20) ; « *avalait anxieusement sa salive* » (l. 21).

– L'émotion qu'il ressent montre son désir de participer à la classe : « *Léopold eût aimé réciter* » (l. 24) et révèle une frustration : « *son grand regret [...] en simple témoin* » (ll. 22-23).

3 Léopold admire le personnage d'Andromaque : *« Malgré la timidité et le respect que lui inspirait Andromaque » (l. 27).* Il va même jusqu'à s'identifier à elle : *« il lui semblait qu'il eût trouvé les accents propres à émouvoir le jeune guerrier. » (ll. 27-29).* Enfin, il s'imagine en train de jouer le rôle d'Andromaque : *« Il se plaisait à imaginer sa voix » (l. 29).* Léopold est sensible à la fois à la beauté des vers et au pathétique de la situation. L'émotion provoquée par le texte littéraire lui permet de s'échapper de son quotidien.

4 Léopold est touché par la lecture d'Odette, par son innocence, par sa voix. La voix de cette élève symbolise en effet la beauté, la pureté, la fraîcheur, la jeunesse : *« claire », « enfantine », « perles d'eau fraîche »* (ll. 37-38).
On relève la métaphore « *où tremblaient des perles d'eau fraîche* » (ll. 37-38) qui assimile les mots récités à des gouttes d'eau. Cette image met en évidence l'émotion de Léopold quand il entend la voix cristalline de la jeune fille. Le « *tremblement* » peut marquer à la fois l'émotion de la jeune fille, le caractère précieux et fragile de cette beauté et la communication de cette émotion à Léopold. De plus, on peut voir un lien entre « *les perles d'eau fraîche* » (l. 38) et « *les larmes* » (l. 44) car Léopold est sensible à la détresse d'Andromaque *(« la veuve d'Hector pleurante à vos genoux »*, (l. 41).

5 **a.** Sur ce photogramme, le rire naît de l'opposition marquée entre les deux personnages :
– le contraste de postures entre le mari en train de déclamer avec emphase et sa femme occupée à éplucher les pommes de terre ;
– le jeu des regards entre le déclamateur enthousiaste qui regarde vers le ciel et l'air désabusé et dubitatif de la ménagère qui regarde son « ouvrage » en esquissant une moue réprobatrice ;
– le décalage entre l'univers du café transformé ici en espace théâtral par la posture de Léopold ;
Tous ces éléments tendent à tourner le personnage de Léopold en dérision : il est en décalage avec son environnement.

b. La fin du texte met aussi en évidence le décalage entre Léopold et son épouse :
– le passage brutal de la récitation d'une grande tragédie à la réalité du bar : « *Sur ces paroles d'Andromaque, la patronne, venant de sa cuisine* » (l. 42) ;
– l'opposition entre le langage soutenu de la tragédie classique et l'emploi par le couple de tournures familières : « *Qu'est-ce que t'as ?* » (l. 46).
– l'incompréhension de la femme devant l'émotion de son mari peut être aussi source de comique : cet homme insensible depuis trente ans envers sa femme, s'émeut jusqu'aux larmes à la lecture d'un texte littéraire.

Grammaire et compétences linguistiques → énoncé p. 210

Les clés pour réussir

1 • La **proposition subordonnée relative complète un nom, on peut la supprimer** et elle est introduite par un **pronom relatif** (qui, que, quoi, dont, où, lequel...) qui remplace un nom appelé **antécédent**.
La **proposition subordonnée complétive complète un verbe, on ne peut ni la supprimer ni la déplacer** et elle est introduite par la **conjonction de subordination « que »**.

2 • Dans le passage du **discours direct** au **discours indirect**, il faut être attentif à plusieurs éléments :
– le temps des verbes ;
– la suppression de la ponctuation expressive (!?), des guillemets et des tirets ;
– les changements de pronoms personnels (je, tu, elle, ma, ton → il, elle, sa, son, ses, leur...) ;
– la transformation des adverbes (demain, hier... → le lendemain, la veille...).

3 Un **synonyme** est un mot de même sens et de même catégorie grammaticale. Pensez bien à proposer ici un adjectif.

1 **a.** La proposition subordonnée relative est : « que lui dissimulait la poutre étayant le plafond. »
b. La proposition subordonnée complétive est : « que la troisième était au complet »
c. La proposition subordonnée relative est introduite par le pronom relatif « que », elle est l'expansion du nom antécédent « l'élève Hautemain », et donne une information sur ce nom : elle complète le nom. Elle peut être supprimée. La proposition complétive est un groupe complément du verbe. On ne peut pas la déplacer ni la supprimer.

2 Andromaque demanda à Pyrrhus ce qu'il faisait et ce que dirait la Grèce.
Andromaque déclara à Hermione qu'elle avait vu percer le seul où ses regards avaient prétendu / prétendaient s'adresser.

3 **a.** *« Bizarre », « étonnant », « surprenant », « curieux », « extravagant », « singulier »* sont des synonymes de l'adjectif « étrange ».
b. « *La patronne* » ne comprend pas l'émotion de son mari, habituellement insensible. Elle ne l'a jamais vu ému. Elle a l'impression de découvrir un homme nouveau, qui n'est pas celui qu'elle connaît.

Dictée → *énoncé p. 211*

Les clés pour réussir

Bien accorder

- « heure » prend un « s » dès qu'il est précédé d'un autre chiffre que « une ».

Ne pas confondre

- **« ou » / « où »** : « ou » conjonction de coordination (= ou bien), « où » pronom relatif qui indique un lieu ou un moment.
- **« ses » / « ces »** : « ses » déterminant possessif (= les siens, les siennes), « ces » déterminant démonstratif (pour montrer).

Bien orthographier

- **« s'asseoir » / « s'assoir »** : les deux orthographes sont acceptées.
- **« ce n'étaient » / « ce n'était »** : les deux orthographes sont acceptées.
- Les chiffres doivent être écrits en lettres.

Bien conjuguer

- Un verbe de la dictée est conjugué au subjonctif imparfait, les erreurs sur ce verbe ne sont pas prises en compte, mais les élèves qui l'orthographient correctement bénéficient d'un bonus qui peut annuler une autre erreur.

Les mots difficiles

- **« imprécation »** : souhait de malheur contre quelqu'un.
- **« zinc »** : avec un « c », comme dans le texte initial.

Le collège de Blémont étant détruit, la municipalité avait réquisitionné certains cafés pour les mettre à la disposition des élèves, le matin de huit à onze heures et l'après-midi de deux à quatre. Pour les cafetiers, ce n'étaient que des heures creuses et leurs affaires n'en souffraient pas. Néanmoins, Léopold avait vu d'un très mauvais œil qu'on disposât ainsi de son établissement et la place Saint-Euloge avait alors retenti du tonnerre de ses imprécations. Le jour où pour la première fois les élèves étaient venus s'asseoir au café du Progrès, il n'avait pas bougé de son zinc, le regard soupçonneux, et affectant de croire qu'on en voulait à ses bouteilles. Mais sa curiosité, trompant sa rancune, s'était rapidement éveillée et Léopold était devenu le plus attentif des élèves.

Marcel Aymé, *Uranus*, 1948.

FRANÇAIS

Travail d'écriture – Sujet d'imagination → énoncé p. 211

Les clés pour réussir

On attend ici un récit **respectant la situation d'énonciation initiale** et les **caractéristiques des personnages** du texte. Le mot « conversation » n'impose pas le discours direct, cependant une **présentation correcte du dialogue** doit être mise en place et permet de traiter plus aisément le sujet, notamment le développement des caractéristiques de Léopold.

La présentation du dialogue

- Après la dernière phrase du récit, il faut mettre **deux points** (:), **aller à la ligne**, ouvrir des guillemets («) et les faire suivre d'un **tiret** (-). Ensuite, à chaque fois que quelqu'un intervient pour prendre la parole, vous devez aller à la ligne, et mettre un tiret. Les guillemets ne seront fermés qu'à la fin du dialogue. Pensez à varier les verbes introducteurs.
- Veillez à bien **développer les raisons** mises en avant par Léopold et son **sentiment de regret** de n'avoir pas pu suivre d'études et de n'avoir pas pu découvrir d'œuvres littéraires.

Méthode

Pour vous aider, nous vous avons indiqué en couleur les parties de la rédaction qui répondent aux consignes.

Respect de la situation initiale — Présentation du dialogue — Sentiments de Léopold

Monsieur Didier invita ses élèves à quitter la « salle de classe » improvisée et s'approcha de Léopold :

« – Eh bien Léopold, tu m'as l'air bien ému, es-tu à ce point contrarié que l'on occupe tes locaux ?

– C'est que... pas du tout Monsieur Didier, répondit Léopold un peu gêné de devoir s'adresser à un professeur de français. J'écoutais simplement vos élèves, et je pensais à cette pauvre Andromaque.

– Pauvre Andromaque ! Tu la connais donc ? demanda M. Didier avec un sourire un peu moqueur. »

Les yeux baissés vers ses vieux souliers tâchés de boissons et de graisse, Léopold rougit et reprit :

« – Je la connais, je la connais... sans la connaître. C'est l'seul livre qu'y avait à la maison quand j'étais gosse, vous savez M'sieur.

– Et tu l'as lu ? s'étonna le professeur.

– Pour sûr ! Monsieur Didier, et plutôt deux fois qu'une ! s'exclama vivement Léopold. Vous savez, chez moi, les livres ils entraient moins souvent que les clients ! Mais un jour, y a un original qu'est venu dans le café de mes parents, vrai, il devait venir de la ville, il avait des manières et puis un haut de forme, si haut qu'il était obligé de se baisser pour passer la porte !

– Effectivement, cela n'est pas monnaie courante à Blémont ! renchérit M. Didier.

Léopold semblait plongé dans ses souvenirs et il revivait la scène :

– Je me souviens, il s'est assis là, près de la fenêtre, ajouta-t-il en faisant un geste du doigt, il a commandé un plat du jour à ma mère – de la tête de veau, c'était un mercredi – et puis il a sorti son livre et il s'est plongé dedans. J'avais jamais vu ça : il bougeait les lèvres en faisant des grands gestes comme si personne ne le regardait.

–Tu n'es jamais allé au théâtre Léopold ? l'interrompit le professeur.

– Le théâtre... Léopold soupira, non, je n'ai jamais quitté Blémont : quand j'ai eu douze ans, certificat d'études en poche, j'étais fier et je me voyais déjà sur les bancs du collège, mais mon père m'a fait asseoir en face de lui, il était derrière le zinc et il m'a annoncé fièrement : « Tu vois Léopold, un jour, tout ça ce sera à toi ! Mais avant, il va falloir que tu trimes un peu, alors je t'ai trouvé une place d'apprenti chez le boucher de la place Sainte-Euloge, le patron n'est pas commode mais ça t'apprendra la vie, tu commences demain matin ! » J'étais déçu... mais c'était comme ça.

–Tu n'es donc pas allé au collège ? conclut M. Didier, mais comment connais-tu si bien Andromaque alors ?

– Eh bien, le voyageur, il a mangé sa tête de veau, et puis il est reparti sans dire un mot ; et quand j'ai débarrassé sa table, j'ai vu qu'il avait oublié son livre : *Andromaque*, par Jean Racine ! J'ai pas voulu le voler, j'ai jamais rien volé dans ma vie, mais le touriste avait disparu, alors j'ai gardé le livre, et je l'ai lu... et relu... je crois que je n'ai jamais rien vu d'aussi beau ! »

À nouveau, les joues de Léopold se rembrunissaient, et ses yeux devenaient humides, le professeur s'en aperçut et il lui proposa :

« – Mais alors, demain, tu pourrais peut-être réciter un passage à mes troisièmes ? Je suis certain que tu serais une Andromaque plus persuasive que la plupart d'entre eux !

Léopold leva doucement la tête, les yeux grands ouverts et n'en revenant pas :

– Réciter *Andromaque* ? Moi ? Mais avec plaisir, bégaya-t-il.

– Et bien, c'est entendu Léopold, déclara le professeur en quittant le café, et si tu le souhaites, je pourrais t'apporter d'autres livres, je suis certain que tu trouveras bien une place où les ranger entre deux bouteilles ! s'amusa M. Didier. »

Léopold s'empressa de fermer plus tôt son café ce jour-là, et l'on entendit jusque tard dans la nuit résonner les alexandrins de Racine derrière le rideau de fer du bistrot du village.

Travail d'écriture – Sujet de réflexion → *énoncé p. 212*

Les clés pour réussir

L'introduction

- Annoncez le thème de la lecture.
- **Présentez le sujet** : reprenez la question posée par le sujet.
- Annoncez clairement votre **plan**.

Le développement

- On attend que vous fassiez appel à une **variété de références littéraires** en rapport avec vos **expériences de lecture personnelles**. Vous devrez donner au moins trois arguments soulignant l'importance de la lecture au XXIe siècle :

– lire pour s'évader, pour voyager ;
– lire pour apprendre, pour s'enrichir ;
– lire pour réfléchir ;
– lire pour mieux se connaître ;
– lire pour mieux écrire ;
– lire pour partager, pour échanger ;
– lire pour se réconcilier, pour se libérer ;
– lire pour sortir de la réalité ;
– lire pour s'identifier et vivre des aventures ;
– lire pour éprouver des émotions…

La conclusion

- Précisez votre avis.
- **Terminez avec une phrase d'ouverture** pour élargir la question en restant sur le même thème.

Méthode

Pour vous aider, nous vous avons indiqué en couleur les parties de la rédaction qui répondent aux consignes.

Indicateurs logiques — Arguments — Exemples

Une étude réalisée en juin 2018 auprès d'un échantillon de 1500 personnes âgées de 7 à 19 ans révèle que trois jeunes interrogés sur quatre aiment lire. Nous expliquerons ici ce que peuvent apporter les lectures et pourquoi nous considérons qu'il est toujours important de lire aujourd'hui. Nous développerons trois idées : d'abord la lecture qui permet de s'évader, puis la lecture qui invite à la réflexion et enfin la lecture qui nous fait éprouver des émotions.

Premièrement, la lecture est un loisir simple et accessible qui offre des moments de détente inoubliables et peut nous transporter dans des univers imaginaires qui nous libèrent du quotidien. Ainsi, les romans de science-fiction comme *La Nuit des temps* de Barjavel nous font découvrir une civilisation inconnue à travers l'histoire d'amour de Païkan et Éléa. Le lecteur est entraîné dès les premières pages avec l'équipe de scientifiques, et recherche avec eux l'histoire de cette civilisation disparue jusqu'au dénouement final.

De plus, lire invite également à réfléchir. De nombreuses œuvres littéraires sont motivées par la transmission d'un « message » de la part de l'auteur. Qu'il nous livre son expérience ou ses réflexions, l'écrivain écrit souvent avec une intention particulière qu'il souhaite communiquer au lecteur. Par exemple, dans son livre *Moi, Malala,* la jeune Pakistanaise Malala Yousafzai témoigne de son expérience personnelle de jeune femme à qui l'on a cherché à refuser l'accès à l'éducation et nous aide à prendre conscience des inégalités entre les hommes et les femmes qui ont toujours cours aujourd'hui.

Enfin, par l'identification entre le lecteur et les personnages, ou tout simplement par la maîtrise de la beauté de la langue dont font preuve les auteurs, la lecture peut nous procurer de vraies émotions. C'est notamment le cas de la poésie, certains auteurs par les images qu'ils font naître, suscitent en nous des émotions sur lesquelles on se sent parfois incapable de poser des mots. Jacques Prévert, dans son poème *Paris at night*, arrange les mots avec tant de simplicité qu'il s'en dégage une beauté qui s'adresse souvent plus au cœur qu'à l'esprit. L'émotion esthétique ressentie dépend évidemment de l'état d'esprit et du vécu du lecteur.

La lecture apparaît donc comme une activité très riche qui offre des intérêts aussi variés que ses genres littéraires. Il pourrait être intéressant d'établir aussi des parallèles entre l'acte de lire et l'importance du numérique pour montrer que tout ne les oppose pas.

Sujet 10 Antoine de Saint-Exupéry, *Pilote de guerre*

100 pts — 3 heures

D'après sujet inédit

Travail sur le texte littéraire et sur l'image

1 h 10 — 50 pts

Texte

Dans Pilote de guerre, *Saint-Exupéry, écrivain et pilote, offre un témoignage des missions qu'il a effectuées au sein du groupe d'aviation 2/33 de 1939 à 1940, jusqu'à la défaite et la signature de l'armistice en juin 1940 qui coupera la France en deux zones.*

Aux heures de paix, on sait où trouver chaque objet. On sait où joindre chaque ami. On sait aussi où l'on ira dormir le soir. […]

Mais voici la guerre.

Je survole donc des routes noires de l'interminable sirop qui n'en finit plus de couler. On évacue, dit-on, les populations. Ce n'est déjà plus vrai. Elles s'évacuent d'elles-mêmes. Il est une contagion démente dans cet exode. Car où vont-ils ces vagabonds ? Ils se mettent en marche vers le Sud, comme s'il était, là-bas, des logements et des aliments, comme s'il était, là-bas, des tendresses pour les accueillir. Mais il n'est, dans le Sud, que des villes pleines à craquer, où l'on couche dans les hangars et dont les provisions s'épuisent. Où les plus généreux se font peu à peu agressifs à cause de l'absurde de cette invasion qui, peu à peu, avec la lenteur d'un fleuve de boue, les engloutit. Une seule province ne peut ni loger ni nourrir la France !

Où vont-ils ? Ils ne savent pas ! Ils marchent vers des escales fantômes, car à peine cette caravane aborde-t-elle une oasis, que déjà il n'est plus d'oasis. Chaque oasis craque à son tour, et à son tour se déverse dans la caravane. Et si la caravane aborde un vrai village qui fait semblant de vivre encore, elle en épuise, dès le premier soir, toute la substance. Elle le nettoie comme les vers nettoient un os.

L'ennemi progresse plus vite que l'exode. Des voitures blindées, en certains points, doublent le fleuve qui, alors, s'empâte et reflue. Il est des divisions allemandes qui pataugent dans cette bouillie, et l'on rencontre ce paradoxe surprenant qu'en certains points ceux-là mêmes qui tuaient ailleurs, donnent à boire. Nous avons cantonné, au cours de la retraite, dans une dizaine de villages successifs. Nous avons trempé dans la tourbe lente qui lentement traversait ces villages : « – Où allez-vous ? – On ne sait pas. »

Jamais ils ne savaient rien. Personne ne savait rien. Ils évacuaient. Aucun refuge n'était plus disponible. Aucune route n'était plus praticable. Ils évacuaient quand même. On avait donné dans le Nord un grand coup de pied dans la fourmilière, et les fourmis s'en allaient. Laborieusement. Sans panique. Sans espoir. Sans désespoir. Comme par devoir.

Antoine de Saint-Exupéry, *Pilote de guerre*, éditions Gallimard, 1942.

Document **L'exode des civils lors de l'invasion allemande (juin 1940)**

Les réponses aux questions doivent être entièrement rédigées.

Grammaire et compétences linguistiques → corrigé p. 223

1 « *Nous avons trempé dans* **la tourbe lente** *qui lentement traversait ces villages* » (l. 26-27).

a. Qui désigne d'une part le pronom « *nous* » ? **1 pt**

b. Qui désigne d'autre part le groupe nominal « *la tourbe lente* » ? **1 pt**

c. Mettez en relation cette distinction et votre réponse à la question 5 : quelle est la position adoptée par le narrateur ? **2 pts**

2 Réécrivez le passage suivant en mettant le nom « village » au pluriel et en le transposant à l'imparfait de l'indicatif. Vous ferez toutes les modifications nécessaires.

« Et si la caravane aborde un vrai village qui fait semblant de vivre encore, elle en épuise, dès le premier soir, toute la substance. Elle le nettoie comme les vers nettoient un os. » **10 pts**

Compréhension et compétences d'interprétation → corrigé p. 223

1 **a.** Qui sont « *les populations* » dont il est question dans l'extrait (ligne 5) ? **1 pt**
b. Où se rendent-elles ? **1 pt**

2 **a.** Comment est appelé ce déplacement de population ? **1 pt**
b. Quels événements l'expliquent ? **1 pt**

3 **a.** Dans quel but ces populations se déplacent-elles ? **2 pts**
b. En citant le texte, vous direz si elles atteignent leur but. **2 pts**

4 **a.** Dans les lignes 4 à 14, relevez les deux expressions qui désignent le mouvement des populations. À quelle figure de style a-t-on affaire ? **2 pts**
b. Quelle vision le narrateur donne-t-il ainsi de cet événement ? **2 pts**

5 D'où le narrateur observe-t-il cette scène ? Justifiez votre réponse. **2 pts**

6 **a.** Dans les lignes 17 à 34, à quels animaux est comparée la population ? **2 pts**
b. Quels comportements sont suggérés par ces deux comparaisons ? **4 pts**

7 **a.** Dans le dernier paragraphe, sur quels aspects de la situation insiste l'accumulation des termes négatifs ? **4 pts**
b. Quelle est la caractéristique des cinq dernières phrases de l'extrait ? Quel effet produisent-elles ? **4 pts**

8 Décrivez l'image, quels sont les éléments qui la rapprochent du texte ? **4 pts**

9 Quelles impressions suscitent en vous cette photographie et ce texte ? **4 pts**

Dictée → corrigé p. 225

20 min **10 pts**

› Écoutez la dictée sur le site abcbrevet.com.

Rédaction

1 h 30 **40 pts**

Vous traiterez, au choix, l'un des deux sujets suivants.

Sujet d'imagination → corrigé p. 226

› Vous ferez le récit de l'exode de la population française vers la zone libre par un de ces réfugiés : le narrateur fera partie de cette foule errante qui fuit les zones occupées, il racontera l'arrivée des réfugiés dans l'un de ces villages refuges du Sud, leur accueil par la population locale, les conditions de vie rencontrées.
Votre rédaction sera d'une longueur minimale d'une soixantaine de lignes (300 mots environ).

Sujet de réflexion → corrigé p. 228

› Pensez-vous qu'on puisse faire preuve de solidarité dans une situation difficile ? Vous construirez votre réflexion en prenant appui sur des arguments et sur des exemples précis.
Votre rédaction sera d'une longueur minimale d'une soixantaine de lignes (300 mots environ).

Sujet 10 Corrigé

Grammaire et compétences linguistiques → énoncé p. 221

Les clés pour réussir

2 • **On vous demande de passer** :
– du singulier au pluriel ;
– du présent à l'imparfait.

• **Vous devez modifier** :
– l'accord d'un objectif qualificatif ;
– les terminaisons des verbes ;
– la forme d'un pronom.

1 **a.** Le pronom « *nous* » désigne les pilotes, dont fait partie Saint-Exupéry, qui sont des soldats français.
b. « *La tourbe lente* » désigne la population civile.
c. Le narrateur ne participe pas à cet exode. Il adopte la position d'un observateur extérieur qui le voit depuis le ciel mais qui essaie aussi de le comprendre depuis le sol.
2 Et si la caravane abordait de vrais villages qui faisaient semblant de vivre encore, elle en épuisait, dès le premier soir, toute la substance. Elle les nettoyait comme les vers nettoient un os.

Compréhension et compétences d'interprétation → énoncé p. 222

Les clés pour réussir

1 Le **paratexte** donne des informations concernant le contexte historique dans lequel se déroulent les événements racontés dans l'extrait proposé. Une bonne connaissance des cours d'Histoire permet de comprendre le texte et de mieux l'expliquer.

2 **a.** Le mot figure dans le texte.

FRANÇAIS

4 **a.** Il s'agit d'une figure de style de la **ressemblance**. Elle met en relation deux éléments appartenant à deux réalités différentes. Il peut s'agir d'une métaphore, d'une comparaison ou d'une personnification.
b. L'analyse des éléments qui composent la figure de style – ce qui est comparé et à quoi cela est comparé – et de leurs points communs permet de répondre à la question.

7 **a.** « *Accumulation* » signifie « addition ».
b. La caractéristique concerne les **formes de la phrase** : affirmative, négative, nominale, emphatique, passive ou active.

8 Il faut partir de l'observation minutieuse des éléments de la photographie et les mettre en relation avec les remarques faites sur le texte dans les questions précédentes. Les connaissances acquises en Histoire sur l'exode de 1940 seront valorisées.

9 Le texte utilise des comparaisons qui font naître des impressions comparables à celles produites par la photographie. Les regards des personnages sont des points essentiels à commenter pour ce type de question.

1 **a.** Le groupe nominal *« les populations »* désigne les civils français du Nord.
b. Ces populations se rendent dans le sud de la France.

2 **a.** Ce déplacement de population est appelé *« exode »* (l. 7).
b. La défaite de l'armée française, l'occupation par les nazis de la partie nord de la France expliquent ce déplacement de population, dû à la peur.

3 **a.** Ces populations se déplacent dans le but de trouver de quoi se nourrir et se loger : *« des logements et des aliments »* (l. 8).
b. Elles n'atteignent pas leur but parce que les villes du Sud n'ont ni la capacité d'accueillir un tel afflux de personnes, car elles sont *« pleines à craquer »* (l. 10), ni la nourriture suffisante pour cette masse de population, comme le souligne l'expression *« les provisions s'épuisent »* (l. 11).

4 **a.** *« L'interminable sirop qui n'en finit pas de couler »* (l. 4-5) et *« avec la lenteur d'un fleuve de boue »* (l. 12-13) désignent le mouvement des populations. Il s'agit d'une métaphore.
b. Le narrateur, avec cette figure de style, compare le mouvement des populations à du liquide épais qui se déverse de manière ininterrompue et vient inonder le Sud.

5 Le narrateur observe cette scène d'un avion, comme le prouve *« Je survole »* (l. 4) mais aussi au sol puisqu'il a *« cantonné, au cours de la retraite »* (l. 25-26).

6 **a.** La population est d'abord comparée à des *« vers »* (l. 20) puis à des *« fourmis »* (l. 32).

b. Ces deux comparaisons suggèrent l'idée d'une masse infinie de population qui envahit tout et qui, affamée, consomme toutes les réserves jusqu'à ce qu'il ne reste plus rien.

7 **a.** L'accumulation des termes négatifs *« ne ... rien », « Aucun », « n'... plus »* insistent sur la situation critique et sans issue dans laquelle se trouvent ces gens et leur ignorance des faits.
b. Les cinq dernières phrases sont nominales. Elles mettent en relief la manière dont se déroule cette évacuation, son côté mécanique, pénible, sans sentiments.

8 La photographie montre des enfants et des hommes qui poussent et tirent une charrette sur laquelle sont entassés en désordre des matelas, vêtements et valises sur une route de campagne. D'après la légende de la photographie, il s'agit de l'exode de 1940, lorsque les Français fuyaient les Allemands : « l'ennemi progresse plus vite que l'exode » (l. 21). La progression semble lente et pénible (« qui lentement traversait ces villages » (l. 27)) et rappelle un certain vagabondage évoqué dans le texte : « ces vagabonds ».

9 Il se dégage de la photographie, à travers le regard de la jeune fille tournée avec inquiétude vers l'arrière, la même sensation d'ignorance et d'inquiétude que dans le texte : « Où vont-ils ? Ils ne savent pas ! » (l. 15). On a l'impression d'une fuite pénible (« laborieusement » (l. 33)) et sans but : « Ils marchent vers des escales fantômes » (l. 15-16).

Dictée → *énoncé p. 222*

Les clés pour réussir

Bien conjuguer

- **L'infinitif** s'impose quand le verbe est précédé du verbe *« pouvoir »* ou de la préposition *« de »*. → *« confier », « voyager ».*
- **Les verbes conjugués** possèdent un sujet avec lequel ils s'accordent. → « passent » s'accorde avec *« Beaucoup »*, pronom qui exprime la pluralité ; *« exigent »* s'accorde avec *« Toute confidence »* et *« tout contact »*, troisième personne du pluriel ; *« tournent »* s'accorde avec *« agents »*, au pluriel, et non avec *« armée »*.

Bien accorder

- ***« Tout »*, quand il est déterminant indéfini**, s'accorde avec le nom qu'il précède. → *« tout »* s'accorde avec *« courrier »*, masculin singulier ; *« toute »* s'accorde avec « *confidence »*, féminin singulier ; *« tout »* s'accorde avec « *contact »*, masculin singulier.
- **L'adjectif qualificatif** s'accorde avec le nom qu'il précise. → *« terribles »* s'accorde avec *« coups »*, pluriel.

Ne pas confondre

- ***« sait »*** et ***« c'est »*** → *« sait »* dans le texte ne peut s'écrire *« c'est »* car il a pour sujet *« L'ennemi »* et se construit avec la proposition commençant par *« que »*.

Les mots difficiles

- ***« Nécessité »*** s'écrit avec un « é » final, comme tous les noms féminins abstraits se terminant par « -té ».
- ***« Au téléphone », « au télégraphe »*** ne peuvent pas s'écrire au pluriel car ce sont des appareils qui servent de moyen de communication. Au pluriel, cela signifierait que *« on »* parle dans plusieurs appareils en même temps.

Beaucoup parmi les gens de la Résistance passent la plupart de leur temps dans les trains. On ne peut rien confier au téléphone, au télégraphe, aux lettres. Tout courrier doit être porté. Toute confidence, tout contact exigent un déplacement. Et il y a les distributions d'armes, de journaux, de postes émetteurs, de matériel de sabotage. Ce qui explique la nécessité d'une armée d'agents de liaison qui tournent à travers la France comme des chevaux de manège. Ce qui explique aussi les coups terribles qui les atteignent. L'ennemi sait aussi bien que nous l'obligation où nous sommes de voyager sans cesse.

Joseph Kessel, *L'Armée des ombres*, éditions Plon, 1963.

Travail d'écriture – Sujet d'imagination → énoncé p. 222

Les clés pour réussir

- Le sujet vous informe sur :

– **le statut du narrateur** : vous écrirez votre devoir à la première personne, soit du singulier (« je »), soit du pluriel (« nous ») ;

– **les différents paragraphes qui composeront votre travail** : d'abord le récit de l'exode (dans quelles conditions physiques ? mentales ?), ensuite celui de l'arrivée et de l'accueil par les villageois (quel accueil ? comment sont-ils accueillis ?) et enfin le récit des conditions de vie une fois sur place.

- **Les temps verbaux** : Antoine de Saint-Exupéry emploie le présent de narration. Vous pouvez faire de même pour rendre votre récit plus vivant, comme s'il se déroulait au moment où vous le racontez. Mais vous pouvez employer les temps du système du passé, c'est-à-dire l'imparfait et le passé simple comme temps repères, ainsi que le plus-que-parfait pour l'antériorité.

Méthode

Pour vous aider, nous vous avons indiqué en couleur les parties de la rédaction qui répondent aux consignes.

Première personne | ... | Récit de l'exode | ... | Conditions de vie

Présent de narration | ... | Arrivée et accueil

Je marche. Je marche depuis des jours et des nuits et je suis épuisé. La chaleur est accablante en ce mois de juin. Depuis combien de temps ai-je quitté Paris ? Dès que j'ai su que les troupes allemandes arrivaient, envahissaient le pays, comme les autres, pris de panique et de terreur, j'ai fui. J'ai abandonné mon travail et ma maison, j'ai fourré dans un baluchon le strict minimum et mis dans la poche le peu d'économies que j'avais. Une cohue innommable, des cris et des injures m'ont accueilli à la gare et m'ont empêché d'atteindre les quais. Je me suis alors jeté sur les routes de France. Le mot chaos a alors pris pour moi tout son sens. Comme la marche a été lente, difficile ! Combien ai-je vu, par la suite, de voitures laissées en chemin faute d'essence ?

La peur ne me quitte pas. Les bombardements se poursuivent, les morts s'accumulent derrière moi. Je me suis jeté dans les fossés au moindre bruit d'un avion, caché dans les bois pour éviter les soldats ennemis. Je remercie le Ciel à chaque instant d'être encore en vie.

Tous, nous ne sommes plus que l'ombre de nous-mêmes. Mais ce qui compte, c'est de poursuivre toujours plus loin, toujours plus au Sud. Quand cesserai-je de poser un pied devant l'autre ? Quand cesserai-je d'être obsédé par la soif et la faim ? J'ai traversé des villages remplis à craquer, aux vitrines saccagées, sans plus aucune nourriture à distribuer. Notre convoi semble n'avoir ni début ni fin.

J'arrive à Revel, en Haute-Garonne. Je supplie qu'on me donne à manger et à boire. Aucun lieu n'est déjà plus vacant. Mairie, école, hôtels, tout a été réquisitionné pour pouvoir nous loger. Partout où mon regard se pose, je ne vois que des gens, encore des gens, tous inquiets comme moi, perdus comme moi. Les habitants courent dans tous les sens, dans une confusion générale, ne sachant où donner de la tête. Je perçois aussi des attitudes hostiles. Certains d'entre eux, sur le pas de leur porte, les bras croisés, nous regardent d'un œil mauvais. D'autres encore, derrière leurs paniers, vendent une fortune les produits de leurs fermes. Quelqu'un que je ne connais pas, dont je croise simplement le chemin, que je ne reverrai peut-être plus jamais, me tend un morceau de pain noir et du lait. Je me jette sur cette nourriture sans même avoir la force de dire merci. Il m'oriente vers une ferme à quelques kilomètres de là, car je ne trouverai aucun endroit où dormir dans le village. Je puise dans les forces qui me restent pour ramasser mon baluchon et me mettre en route.

Lorsque j'arrive, un vieil homme et une jeune femme, sans me poser la moindre question, me soutiennent pour m'accompagner dans une grange où un grand nombre de corps sont déjà allongés. Je m'écroule et ferme les yeux. Les jours suivants, je m'associe aux travaux des champs. Je me trouve bien maladroit, moi qui viens de la capitale. Je m'adapte difficilement à la vie à la campagne. Je fais du mieux que je peux pour payer ainsi un gîte et un couvert qui n'ont pas de prix. J'apprends à couper le blé, à traire une vache. Je ramasse les œufs. Les nouvelles qui nous parviennent ne sont pas bonnes. Combien de temps encore à vivre avec le statut de réfugié dans mon propre pays ?

Travail d'écriture – Sujet de réflexion → énoncé p. 223

Les clés pour réussir

L'introduction

- Introduisez le sujet : vous pouvez faire référence au texte étudié, où il est dit que la solidarité, face à cet afflux de population, est impossible.
- Présentez le sujet : reprenez les éléments importants de l'énoncé.
- Annoncez clairement le plan.

Le développement

La notion de solidarité est à définir. Non seulement l'aide à autrui peut se manifester financièrement, matériellement mais aussi sous forme de soutien moral, d'indignation collective.

Le sujet met en relation la solidarité et une situation difficile. Il vous invite donc à construire **deux parties** et à démontrer que :

– il est des cas où elle ne peut pas se manifester lorsque **l'ensemble de la population vit le même contexte** : guerres, conflits armés, famine...

– il est des **situations qui touchent l'opinion** et amènent les êtres humains à se montrer vraiment solidaires : catastrophes naturelles, privation de liberté, esclavagisme...

La conclusion

- Résumez en d'autres termes votre argumentation.
- Terminez avec une phrase d'ouverture.

Méthode

Pour vous aider, nous vous avons indiqué en couleur les parties de la rédaction qui répondent aux consignes.

Connecteurs logiques — Arguments — |...| Exemples

Le texte d'Antoine de Saint-Exupéry nous apprend que les habitants du sud de la France ne peuvent, même s'ils en ont l'envie, accueillir convenablement les réfugiés car les conditions de vie dues à la guerre sont déjà, pour eux, très précaires. L'assistance à d'autres êtres humains – qu'elle soit financière, matérielle ou morale – implique-t-elle nécessairement une situation difficile pour les uns et au contraire commode pour les autres ? Nous pouvons alors nous demander dans quels cas la notion de solidarité trouve ses limites et dans quels autres cas on peut se montrer véritablement solidaires.

Tout d'abord, il est des situations, comme celle évoquée dans l'extrait de *Pilote de guerre,* où la tragédie des uns rencontre la difficulté des autres. Les conditions imposées par la guerre, par toutes les guerres, influent sur la solidarité. Il en est de même pour l'exode de populations qui fuient des conflits et dont les pays frontaliers sont en proie à la misère. Ceux-là non plus n'ont pas la capacité matérielle de les accueillir, même s'ils le voulaient. C'est le cas des millions de réfugiés du Darfour, province soudanaise, arrivés au Tchad en 2003. Le manque cruel d'eau et de nourriture, l'absence d'infrastructures ont empêché les populations de participer à leur survie comme ils auraient peut-être aimé le faire.

Cependant, même si des contextes de danger extrême montrent les limites de la solidarité, il est des individus pour qui porter secours à autrui est une obligation morale qui va de soi. Ainsi, un jeune Tunisien sans-papiers, et donc en situation irrégulière, n'a-t-il pas hésité une seconde à sauver, au péril de sa vie, les habitants de son immeuble à Aubervilliers, en banlieue parisienne, en proie à un incendie.

Les victimes de catastrophes naturelles suscitent très souvent de grands mouvements de générosité qui se traduisent par des dons. La détresse humaine et l'impuissance face à laquelle nous nous trouvons nous conduisent à venir en aide à ceux qui ont tout perdu. Le tsunami de 2004 dans l'océan Indien a engendré une générosité sans précédent de la part des peuples du monde entier.

Par ailleurs, la solidarité ne se manifeste pas seulement par une aide matérielle. Elle peut prendre d'autres formes. Nous assistons à de grands élans de solidarité lorsque nous sommes informés de situations qui nous émeuvent par leur caractère inhumain ou violent. Les centaines de lycéennes enlevées au Nigeria pour être mariées de force et être réduites en esclavage ont provoqué des réactions de grande ampleur.

Enfin, le soutien moral, les manifestations de sympathie montrent que nombre de personnes se sentent concernées par le sort d'autres êtres humains dispersés dans le monde qui se trouvent privés de leur liberté ou de leurs droits. Beaucoup de prisonniers politiques ou d'opinion reçoivent régulièrement des lettres d'encouragement à supporter les conditions de vie en prison. Ces courriers leur montrent qu'ils ne sont pas seuls, oubliés de tous et cela peut les aider à résister et à espérer.

Dans un monde qui tend de plus en plus à l'individualisme, nous pouvons en conclure que la solidarité se manifeste encore. Bien sûr, des

FRANÇAIS

contextes particuliers empêchent celle-ci de se manifester. Il est difficile d'aider les autres quand on se trouve soi-même dans une situation pénible. Malgré tout, lorsque d'autres êtres humains sont confrontés à des périls qui menacent leur vie, beaucoup d'entre nous sacrifient leur intérêt personnel à celui de leurs semblables. Et quel plus beau geste peut-on accomplir que celui de soutenir l'autre dans le malheur ?

Sujet 11 — Robert Antelme, *L'Espèce humaine*

100 pts — 3 heures

Guyane, juin 2017

Travail sur le texte littéraire et sur l'image

1 h 10 — 50 pts

Document A Texte

Robert Antelme raconte un souvenir qu'il a vécu avec Gaston et ses amis, lorsqu'il était au camp allemand de Gandersheim.

Gaston dit à peu près ceci :

« Camarades, on a pensé qu'il était nécessaire de profiter d'un après-midi comme celui-ci pour se retrouver un peu ensemble. On se connaît mal, on a faim. Il faut sortir de là. Ils ont voulu faire de nous des bêtes en nous faisant vivre dans des conditions que personne, je dis personne, ne pourra jamais imaginer. Mais ils ne réussiront pas. Parce que nous savons d'où nous venons, nous savons pourquoi nous sommes ici. La France est libre mais la guerre continue, elle continue ici aussi. Si parfois il nous arrive de ne pas nous reconnaître nous-mêmes, c'est cela que coûte cette guerre et il faut tenir. Mais pour tenir, il faut que chacun de nous sorte de lui-même, il faut qu'il se sente responsable de tous. Ils ont pu nous déposséder de tout mais pas de ce que nous sommes. Nous existons encore. Et maintenant, ça vient, la fin[1] arrive, mais pour tenir jusqu'au bout, pour leur résister et résister à ce relâchement qui nous menace, je vous le redis, il faut que nous tenions et que nous soyons tous ensemble. » […]

Gaston qui était descendu du tréteau y remonta pour annoncer que des copains allaient chanter et dire des poésies. Il annonça d'abord Francis.

Francis monta sur les planches. Il était petit, beaucoup moins massif que Gaston. Il avait, lui aussi, enlevé son calot[2]. Son crâne était plus blanc que celui de Gaston, et sa figure plus maigre encore. Il tenait son calot dans sa main et paraissait intimidé. Il resta un instant ainsi, attendant que le silence se fasse, mais dans le fond du *block*[3] les conversations continuaient. Alors il s'est tout de même décidé à commencer.

Heureux qui comme Ulysse a fait un beau voyage…[4]

Il disait très lentement d'une voix monocorde et faible.

– Plus fort ! criaient des types au fond de la chambre.

… Et puis est retourné plein d'usage et raison…

Francis essayait de dire plus fort, mais il n'y parvenait pas. Sa figure était immobile, triste, ses yeux étaient fixes. L'hiver du *zaunkommando*[5] était imprégné dessus ; sur sa voix aussi qui était épuisée. Il mettait toute son application à bien détacher les mots et à garder le même rythme dans sa diction. Jusqu'au bout il se tint raide, angoissé comme s'il avait eu à dire l'une des choses les plus rares, les plus secrètes qui lui fût jamais arrivé d'exprimer ; comme s'il avait eu peur que, brusquement, le poème ne se brise dans sa bouche.

Quand il eut fini, il fut applaudi lui aussi par ceux qui n'étaient pas trop loin de lui. [...]

La lumière était venue dans le *block*. Le poêle avait été pour un moment abandonné. Il n'y avait pas d'épluchures dessus. Les copains s'étaient groupés autour du tréteau. Ceux qui d'abord étaient restés allongés sur leur paillasse s'étaient décidés à descendre. Si quelqu'un à ce moment-là était entré dans le *block*, il en aurait eu une vision étrange. Tous souriaient.

1. *La fin arrive* : Gaston évoque ici la fin de la guerre.
2. Couvre-chef, petit chapeau sans bord, béret.
3. *Block* : baraquement où les détenus sont entassés.
4. Premiers vers d'un sonnet très connu écrit par le poète Joachim du Bellay au XVIe siècle.
5. Expression allemande qui signifie « commando des planches », c'est-à-dire travaillant à l'extérieur.

Robert Antelme, *L'Espèce humaine*, Gallimard, 1957.

Document B **Image**

Photogramme du film de Roberto Benigni, *La Vie est belle*, 1998.

Les réponses aux questions doivent être entièrement rédigées.

Compréhension et compétences d'interprétation → corrigé p. 234

1 Donnez un titre à cet extrait et expliquez votre choix. **4 pts**

2 Quelles sont les conditions dans lesquelles vivent les déportés ? Relevez des éléments du texte qui le prouvent. **4 pts**

3 Résumez en une ou deux phrase(s) le message que Gaston souhaite faire passer à ses camarades dans son discours des lignes 6 à 15. **4 pts**

4 « Je vous le redis » ligne 14. Identifiez trois éléments répétés par Gaston et expliquez en quoi ils donnent de la force à son argumentation. **6 pts**

5 Selon vous, pourquoi Francis choisit-il de réciter ce poème de du Bellay ? **4 pts**

6 Que ressent Francis quand il récite le poème ? Justifiez votre réponse en citant le texte. **4 pts**

7 Quels effets le poème a-t-il sur l'auditoire ? Vous justifierez votre réponse en vous appuyant sur le texte. **4 pts**

8 « Si quelqu'un à ce moment-là était entré dans le block, il en aurait eu une vision étrange » lignes 41-43. En vous appuyant sur les points communs du texte et de l'image, vous direz en quoi les deux documents donnent une vision inhabituelle de la vie dans les camps. **6 pts**

Grammaire et compétences linguistiques → corrigé p. 236

1 Ligne 4 : « Ils ont voulu faire de nous des bêtes […] ».

a. Qui désigne le pronom « ils » ? **0,5 pt**

b. Qui désigne le pronom « nous » ? **0,5 pt**

c. Quelle figure de style est employée dans cette phrase ? **1 pt**

d. Que veut montrer l'auteur par l'utilisation de cette figure de style ? **2 pts**

2 Réécrivez ce passage en remplaçant le pronom « Il » par le pronom « Je » au féminin. Vous ferez toutes les transformations nécessaires.

« Il avait, lui aussi, enlevé son calot. Son crâne était plus blanc que celui de Gaston et sa figure plus maigre encore. Il tenait son calot dans sa main et paraissait intimidé. » **10 pts**

Dictée → corrigé p. 236

20 min **10 pts**

› Écoutez la dictée sur le site abcbrevet.com.

Consignes :

– On dictera le texte à haute voix à plusieurs reprises.

– On inscrira au tableau de manière lisible par l'ensemble des candidats le titre de l'œuvre, le nom de l'auteur et : **Boris ; Péguy ; *La Tapisserie de Notre-Dame*.**

Rédaction 1 h 30 **40 pts**

Vous traiterez au choix l'un des deux sujets suivants :

Sujet d'imagination → corrigé p. 237

› Quelques années après la libération des camps, un(e) rescapé(e) se rend dans une classe de 3e. Il (ou elle) raconte un épisode inattendu qui, comme dans les documents A et B, lui a permis de garder espoir pour résister à l'horreur.
Votre travail fera au moins deux pages (soit une cinquantaine de lignes).

Sujet de réflexion → corrigé p. 239

› Vous avez étudié des œuvres d'art, vous avez assisté à des spectacles, vous êtes allés au musée, vous écoutez de la musique, ou bien vous pratiquez vous-mêmes une discipline artistique.
En quoi l'art permet-il d'échapper au quotidien ?
Vous répondrez à cette question dans un développement argumenté et organisé en vous appuyant sur votre expérience, sur vos lectures, votre culture personnelle et les connaissances acquises dans l'ensemble des disciplines.
Votre travail fera au moins deux pages (soit une cinquantaine de lignes).

Sujet 11 Corrigé

Compréhension et compétences d'interprétation → énoncé p. 233

Les clés pour réussir

1 Cette question est très ouverte, de nombreuses réponses peuvent être acceptées à condition d'être bien justifiées. Privilégiez **un titre court**, par exemple avec une phrase non verbale.

4 On attend des candidats qu'ils repèrent **les différentes répétitions qui servent l'argumentation** dans le discours du déporté. Pour vous aider, surlignez les expressions qui se répètent. Une répétition produit toujours un effet d'insistance.

5 Pour bien répondre à cette question, il faut faire appel à vos connaissances littéraires et se souvenir du thème du poème de du Bellay : la **nostalgie envers son pays natal et sa famille.**

8 Cette question demande de faire le lien entre le texte et l'image, en orientant sur une phrase précise. Appuyez-vous sur la description précise de l'image (les deux personnages et le cadre).

1 « Guerre et poésie » pourrait être un titre pour cet extrait qui mêle l'univers de la guerre – avec le camp de concentration – et celui de la poésie –

avec le sonnet de du Bellay. Il rappelle le titre « Guerre et paix » avec la poésie qui incarnerait ici la paix.

2 Les déportés vivent, ou plutôt survivent, dans des conditions inimaginables, comme le souligne Gaston : « personne, ne pourra jamais imaginer » (l. 5). Ils souffrent de la faim : « on a faim » (l. 4), sont traités comme des animaux : « faire de nous des bêtes » (l. 4), sont épuisés par la fatigue : « sa voix aussi qui était épuisée » (l. 30) et dorment « sur leur paillasse » (l. 41).

3 Le message de Gaston envers ses camarades est à la fois un message d'espoir, de solidarité et de résistance. Il leur dit que « la fin arrive » (l. 13) et qu'il faut s'associer « tous ensemble » (l. 15) pour résister aux nazis : « leur résister » (l. 14).

4 Plusieurs expressions sont répétées dans le discours de Gaston : « personne, je dis personne » (l. 5), « nous savons » (l. 6), « la guerre continue, elle continue » (l. 8), « résister » (l. 14), « tenir » (l. 10). Ce procédé anaphorique (répétition d'expressions) est très souvent employé dans le discours argumentatif, il permet d'insister sur les idées que l'on veut faire passer à son auditoire en les répétant : elles s'inscrivent plus durablement dans l'esprit.

5 Le choix du poème de du Bellay est lié au thème du retour : dans le poème, l'auteur regrette son pays natal et sa famille, ce qui est le cas aussi des déportés qui sont éloignés de leur pays et de leur famille. L'évocation du pays d'origine et d'un futur retour peut leur redonner un peu d'espoir.

6 Francis ressent d'abord de la timidité : « paraissait intimidé » (l. 21), puis de la tristesse : « Sa figure était immobile, triste » (l. 28) puis il doit se concentrer avec « application » (l. 31) car il a peur de se tromper et de trahir le message du poème : « angoissé » (l. 32).

7 La récitation du poème attire les déportés qui se regroupent : « groupés autour du tréteau » (l. 40), suspendent leurs activités : « le poêle avait été pour un moment abandonné » (l. 38), quittent « leur paillasse » (l. 41) et applaudissent au spectacle en souriant : « il fut applaudi » (l. 36), « Tous souriaient » (l. 43).

8 Le photogramme du film de R. Benigni montre un déporté, que l'on reconnaît à son pyjama rayé, qui s'est déguisé en femme et précède un soldat nazi en souriant et en parodiant la démarche militaire. Comme dans le texte d'Antelme, le spectacle semble s'inviter dans le camp qui devient presque une scène théâtrale avec le lexique utilisé : « tréteau » ; « chanter et dire des poésies » ; « les planches » (l. 16-18). Dans les deux cas, l'art vient côtoyer et combattre l'horreur de la situation.

FRANÇAIS

Grammaire et compétences linguistiques → énoncé p. 233

Les clés pour réussir

2 • **On vous demande** de remplacer le pronom « il » par un pronom « je » qui désigne une femme.

• **Vous devez modifier :**
- les pronoms personnels sujet et complément ;
- la conjugaison des verbes ;
- un accord de participe passé ;
- les déterminants possessifs.

1 **a.** Le pronom « ils » désigne les nazis.

b. Le pronom « nous » désigne les déportés du camp de concentration.

c. La figure de style employée ici est une métaphore : les hommes sont comparés à des animaux sans outil de comparaison.

d. L'auteur veut ainsi insister sur la déshumanisation des déportés entreprise par les nazis : ils sont tatoués, mis à nus, réduits à des numéros... tout est fait pour leur faire perdre toute dignité humaine et les rabaisser à un statut d'animal, de bétail.

2 **J'avais, moi** aussi, enlevé **mon** calot. **Mon** crâne était plus blanc que celui de Gaston et ma figure plus maigre encore. **Je tenais mon** calot dans **ma** main et **paraissais intimidée**.

Dictée → énoncé p. 233

Les clés pour réussir

Bien conjuguer

• Le **passé simple** : les terminaisons des verbes du premier groupe : -ai/-as/-a/-âmes/-âtes/-èrent ou des autres groupes -s/-s/-t/-^mes/-^tes/-rent.

Bien accorder

• Les adjectifs qui sont parfois éloignés du nom.

Ne pas confondre

• **« encre »** et **« ancre »** → une « encre » est un liquide teinté, souvent de couleur sombre, qui permet d'écrire. Une « ancre » est un objet métallique que l'on jette au fond de l'eau pour retenir un bateau.

• **« m'est »** et **« mes »** → « m'est » est le verbe « être » précédé du pronom réfléchi « me » (= « m'étais »). « Mes » est un déterminant possessif (= « les mien(nes)s »).

Bien orthographier

• Devant « a » / « o » / « u », le « c » devient « ç » pour faire le son « ss ».

Les mots difficiles

- **Une vasque** : petit bassin de forme circulaire.

Un matin noir d'hiver, dans l'encre de l'aube, nous étions une trentaine d'hommes épuisés, grelottants, et nous nous bousculions autour de l'une des vasques rouges pour un peu d'eau glacée. C'était le silence, celui qui était de règle dans tous les actes accomplis en commun et obligatoires. Mais tout à coup un voisin chanta. Sa voix partit en avant et s'étendit sur nous d'une façon immédiatement magique. C'était celle de Boris, c'est-à-dire celle d'un homme si extraordinaire qu'il m'est impossible de parler de lui aussitôt. Voix souple comme une chevelure, riche comme le plumage d'un oiseau, cri d'oiseau, chant naturel, promesse. [...] Il récitait du Péguy : *La Tapisserie de Notre-Dame*, je crois.

Jacques Lusseyran, *Le monde commence aujourd'hui*, Silène, 1959.

Travail d'écriture – Sujet d'imagination → énoncé p. 234

Les clés pour réussir

Le lien avec l'Histoire

- Ce sujet impose de bien **respecter la chronologie** : votre texte se situera après la libération des camps, mais fera un retour en arrière pour raconter l'épisode vécu.
- Appuyez-vous sur **vos connaissances en Histoire** pour enrichir votre texte et ne pas faire de contresens.

Le récit d'un souvenir

- On attend un récit, de type narratif rédigé à la première ou à la troisième personne : vous pouvez choisir d'être le rescapé, ou de lui donner la parole dans un récit à la troisième personne.
- **La présentation du souvenir** : vous devez indiquer le récit des circonstances qui entraînent votre retour dans le passé.
- **Le développement vivant** : pour enrichir le récit, vous pouvez insérer des descriptions précises ou des portraits, des réflexions sur les émotions ressenties, des paroles rapportées au discours direct ou des dialogues (échanges avec les élèves).
- **L'épisode inattendu** doit mettre en avant la **solidarité** entre les déportés, ou éventuellement avec un garde.
- Pour **conclure** votre récit, il est toujours intéressant de montrer que le **recul** a permis d'**analyser l'expérience** et d'en tirer un enseignement.

Méthode

Pour vous aider, nous vous avons indiqué en couleur les parties de la rédaction qui répondent aux consignes.

Analyse de l'expérience | … | Épisode | Éléments historiques

La lumière revient, chacun baisse un peu le regard et essaie d'éviter celui des autres, la projection du film *Nuit et Brouillard* d'Alain Resnais vient de se terminer. Pour l'occasion, le réfectoire a été transformé en salle de projection, nous sommes une centaine d'élèves de 3e présents, énervés, bruyants, agités au début de la séance. Mais dès les premières minutes, le silence s'est fait, sans qu'aucun adulte n'intervienne. Trente minutes devant le froid spectacle de l'horreur absolue.

Simon, un monsieur sans âge, ressemble à nos pères : une calvitie naissante, un léger embonpoint et le visage serein. Il nous regarde attentivement, chacun est gêné et attend, aucun murmure ne sort, même de la bouche des plus dissipés d'entre nous. Il relève les manches de sa chemise et laisse apparaître un petit tatouage bleu sur son avant-bras gauche : « Matricule 157085 », lance-t-il pour briser le silence. « C'est ainsi que je me suis appelé pendant plus d'un an au camp d'Auschwitz. Je n'ai jamais effacé ce tatouage car il fait partie de mon histoire, de notre histoire à tous. Je pourrais vous raconter l'indicible : l'horreur de la survie dans les camps, la déshumanisation, les brimades, la faim, la fumée du crématoire, la maladie, les tortures, les cadavres des copains que je devais dépouiller avant de les envoyer au four. J'ai mis plus de dix ans à pouvoir commencer à en parler.

Mais aujourd'hui, je voudrais vous raconter ce qui m'a sauvé la vie dans ce camp. J'avais alors 16 ans, mais je parlais allemand, et c'est ce qui m'a évité la mort : j'avais une utilité malgré mon jeune âge. À la fin de la guerre, en janvier 1945, les Allemands ont décidé de nous faire évacuer le camp, pour aller vers l'Est. C'est le début de ce que les historiens ont appelé « les marches de la mort ». Nous étions environ dix mille à marcher, dans le froid de l'hiver polonais, il faisait à peu près – 15 °C. Le vent était glacial. On devait marcher sans jamais s'arrêter, ceux qui traînaient ou tombaient d'épuisement étaient immédiatement abattus par les SS. Nous entendions sans cesse des coups de feu : la mort des copains. En fin de journée, j'étais épuisé, mes pieds étaient gelés : je n'avais pas de vraies chaussures. Je résolus de m'arrêter pour mettre fin à toute cette souffrance. Un ami le remarqua, c'était un détenu un peu plus âgé que moi, un ancien Résistant. Dès qu'il me vit fléchir, il passa son bras sous le mien et trouva les mots pour me faire tenir : "Ne craque pas, c'est bientôt la fin, il faut tenir, tu as tenu jusque-là, tu dois encore tenir, tenir encore un peu. Tu auras toute la vie pour te reposer, on sera bientôt libres tu verras." Ses paroles, la chaleur de son bras, son soutien de quelques minutes suffirent à m'empêcher de m'écrouler dans la neige, et je survécus à cette marche de la mort en me répétant chaque jour, à chaque pas : "Il faut tenir".

Aujourd'hui, je n'ai pas de haine pour le peuple allemand, mais je conserve de la haine contre toutes les formes d'indifférence : c'est la solidarité qui m'a permis de tenir, et c'est la solidarité que vous devez appliquer chaque jour quand vous en avez l'occasion. »

Travail d'écriture – Sujet de réflexion → *énoncé p. 234*

Les clés pour réussir

L'introduction

- **Introduisez le sujet** : vous pouvez faire référence au texte et à l'image étudiés ou à la perception de l'art en général.
- **Présentez le sujet** : reprenez la question posée par le sujet.
- Annoncez clairement votre **plan**.

Le développement

- La question posée par le sujet invite à expliquer plusieurs situations où l'art permet d'échapper au quotidien. **Partez des exemples concrets** issus de votre expérience personnelle pour ensuite trouver les arguments plus abstraits.
- Le sujet vous invite à **varier les exemples** et à puiser dans vos expériences de spectateur ou d'acteur de la vie artistique.

La conclusion

- Résumez en d'autres termes votre argumentation en précisant votre avis.
- Terminez avec une phrase d'ouverture, pour élargir la question en restant sur le même thème.

Méthode

Pour vous aider, nous vous avons indiqué en couleur les parties de la rédaction qui répondent aux consignes.

Indicateurs logiques — Arguments — |…| Exemples

On dit souvent qu'un film ou un roman nous a permis de nous évader, de transformer notre regard sur la réalité qui nous entoure. On peut se demander effectivement en quoi l'art permet d'échapper au quotidien. À travers plusieurs exemples, nous essaierons de montrer que d'une part l'identification aux personnages ou aux situations permet parfois d'oublier son quotidien, puis nous verrons comment

FRANÇAIS

la pratique artistique favorise aussi l'évasion avant d'observer comment le regard que les artistes posent sur le monde transforme aussi notre regard.

Avant tout, l'art peut être vécu comme une distraction, une pause dans le quotidien qui permet d'entrer dans un autre univers, de faire voyager notre esprit. C'est ce que l'on recherche souvent dans la lecture d'un roman ou le visionnage d'un film. Par exemple, on ne lit pas simplement *Harry Potter*, mais on est Harry Potter : on partage, le temps du roman, ses aventures, ses peurs, ses joies, et on échappe ainsi au quotidien en laissant notre esprit s'intégrer à l'univers du roman.

De plus, l'art est souvent vécu comme une détente, essentiellement lorsque l'on pratique une discipline artistique. L'esprit et le corps sont alors tellement investis dans la pratique artistique que l'on oublie la réalité quotidienne. C'est le cas notamment lorsque l'on joue d'un instrument, le musicien est tellement concentré sur la pratique et sur l'émotion esthétique et sensorielle qu'il ressent, qu'il en oublie tout ce qui se passe autour. Ainsi, si on observe une vidéo du pianiste Glenn Gould, on le voit complètement « habité » par la musique qu'il interprète.

Enfin, l'art permet aussi d'échapper au quotidien car il nous propose une autre vision du monde qui nous entoure. La réalité est transformée par le regard des artistes. Par exemple, si l'on observe un tableau de Van Gogh présentant un ciel étoilé, on ne se place plus face à une copie de la réalité mais face à une interprétation, et cette nouvelle vision du monde peut nous toucher, nous émouvoir et même transformer notre regard au point que l'on ne verra plus ensuite un ciel étoilé de la même façon.

L'expérience artistique, qu'elle soit active ou passive ne nous laisse donc jamais vraiment indifférents et nous offre la possibilité de dépasser notre réalité. L'art est inscrit dans notre quotidien, et nous permet souvent de lui échapper, ce qui est l'une de ses raisons d'être lorsque l'on entend parfois des personnes se poser la question de son « utilité ».

Sujet 12 Jean-Marie Pelt, *Le Tour du monde d'un écologiste*

100 pts — 3 heures

Sujet inédit

Travail sur le texte littéraire et sur l'image

1 h 10 — 50 pts

Texte

L'émouvante et incroyable splendeur de la Terre est notre bien commun le plus précieux, que nul ne peut s'approprier ; car nous ne possédons ni la brise délicate du printemps qui enivre de ses caresses les fins matins d'avril, ni le rougeoiement du Soleil lorsqu'il baisse à l'horizon, ni la face hilare de l'astre des nuits qui tantôt offre sa joue droite, tantôt la gauche, et chichement son visage tout entier, ni la douceur d'un soir d'été rythmé par le crissement des cigales, embaumé de senteurs d'herbes et d'humus, ni l'odeur chaude des fenaisons après la pluie.

Ce qu'il y a de plus beau et de plus précieux en ce monde, qui pourtant est le plus commun et le moins rare, ne nous appartient pas ! Il nous appartient en revanche de le conserver jalousement comme un trésor, comme le patrimoine collectif inviolable de l'humanité. Telle est la mission qui nous est confiée. Nous l'avons héritée de nos pères et des pères de nos pères, et il nous revient de nous en acquitter afin de transmettre à nos fils et aux fils de nos fils notre maison commune, la Terre, en bon état : propre, bien soignée, correctement vêtue. Telle qu'on puisse dire avec le poète : *Ô Terre, mon pays bien-aimé !*

Mais, tandis que l'homme perfectionne ses techniques, une dangereuse partie de bras de fer s'est engagée entre la science et la vie. N'est-ce pas pourtant cette science qui nous a révélé le visage de la Terre, vu de l'espace ? N'est-ce pas à l'extrême pointe des technologies de pointe que les cosmonautes ont pu redécouvrir l'émotion et la poésie ? Ils voulaient scruter de loin le vrai visage de notre planète, sonder ses secrets, moins accessibles aux insectes rampants que nous sommes qu'à de lointains observateurs exilés sur la Lune. Or, les voici atteints du « mal de Terre ». Leur commune découverte, aux extrêmes avancées de la technique, est l'immensité du mystère de la vie. Éternelles questions posées à l'humanité depuis ses origines, et que la science reste bien incapable de résoudre ; questions posées désormais avec une

FRANÇAIS

acuité accrue[1] : « C'est en techniciens que nous sommes partis pour la Lune, et c'est en humanistes que nous en sommes revenus », dit Edgar Mitchell.

L'une de ces questions est d'une brûlante actualité : la Terre est malade. Elle est atteinte d'une étrange maladie qui a pour nom « développement », une idée pernicieuse qui meut la planète[2] depuis trois siècles. Fort d'un savoir tout frais, l'homme a chaussé ses gros sabots pour soumettre la nature et la vie à ses pouvoirs et à sa loi.

Jean-Marie Pelt, *Le Tour du monde d'un écologiste,*

1. Une précision de plus en plus grande.
2. Une pensée nuisible qui gouverne la planète.

Document

© Chappatte, *Cartooning for peace,* 2014.

Les réponses aux questions doivent être entièrement rédigées.

Compréhension et compétences d'interprétation → *corrigé p. 244*

1 Quels sens sont sollicités dans le premier paragraphe ? Justifiez votre réponse en citant précisément le texte. **4 pts**

2 Relevez deux personnifications dans le texte et expliquez pourquoi l'auteur fait le choix d'utiliser cette figure de style. **4 pts**

3 Quel était l'objectif de la science ? Relevez une expression qui souligne son échec. **4 pts**

4 Quels sont les éléments qui rapprochent l'image et le texte ? **4 pts**

5 Quelle figure de style le dessinateur utilise-t-il ? Reformulez le message qu'il veut faire passer. **4 pts**

Grammaire et compétences linguistiques → *corrigé p. 245*

1 « *Patrimoine collectif* » (l. 12). Donnez le sens du mot « *patrimoine* » et relevez dans le deuxième paragraphe deux verbes illustrant la même idée que vous expliquerez. **4 pts**

2 « Ne nous appartient pas / il nous appartient » : quels sont les deux sens du verbe appartenir ici ? **4 pts**

3 « *Mais* » (l. 18). Quel rapport logique ce connecteur établit-il entre les deux parties du texte ? Quel danger met-il en évidence ? **4 pts**

4 Qui est désigné par le pronom « *nous* » dans les premiers paragraphes ? Par quels groupes nominaux est-il repris dans la suite du texte ? À votre avis, pourquoi l'auteur procède-t-il ainsi ? **4 pts**

5 « *N'est-ce pas... et la poésie ?* » (l. 20-23). Identifiez le type et la forme de ces phrases. Quel rôle jouent-elles dans l'argumentation ? **4 pts**

6 Réécrivez le passage en remplaçant le pronom sujet « nous » par le pronom sujet « ils » et opérez toutes les modifications nécessaires.
« *Telle est la mission qui nous est confiée. Nous l'avons héritée de nos pères et des pères de nos pères, et il nous revient de nous en acquitter afin de transmettre à nos fils et aux fils de nos fils notre maison commune.* »
10 pts

Dictée → *corrigé p. 246*

20 min **10 pts**

› Écoutez la dictée sur le site abcbrevet.com.

Rédaction

1 h 30 **40 pts**

Vous traiterez, au choix, l'un des deux sujets suivants.

Sujet d'imagination → *corrigé p. 247*

› Vous rédigerez pour le journal du collège un article intitulé « La Terre est malade ». D'abord, vous sensibiliserez vos camarades en décrivant ses maladies, puis vous les inciterez à lutter contre elles.
Votre rédaction sera d'une longueur minimale d'une soixantaine de lignes (300 mots environ).

Sujet de réflexion → *corrigé p. 248*

› Les nouvelles technologies ne présentent-elles que des atouts pour l'humanité ?
Dans un développement argumenté, vous répondrez à cette question en exposant les avantages et les inconvénients des nouvelles technologies. Vous vous appuierez sur votre expérience, sur vos lectures et sur les connaissances acquises dans l'ensemble des disciplines.
Votre rédaction sera d'une longueur minimale d'une soixantaine de lignes (300 mots environ).

Sujet 12 Corrigé

Compréhension et compétences d'interprétation → *énoncé p. 242*

Les clés pour réussir

2 La **personnification** est une figure de style qui consiste à attribuer des caractéristiques humaines à quelque chose qui ne l'est pas.

4 et **5** Les sujets qui associent texte et image vous demandent de faire preuve d'un sens de l'observation très précis : il faut repérer dans l'image et dans le texte **tous les éléments qui peuvent se ressembler ou au contraire s'opposer**. Lisez attentivement les questions sur le texte pour repérer quels sont les éléments particuliers sur lesquels on attire votre attention, puis essayez de les retrouver sur l'image.

Attention au genre d'image dont il s'agit, le dessin de presse est particulièrement argumentatif et délivre un message qu'il faut souvent reformuler.

1 Les sens sollicités dans le premier paragraphe sont le toucher : « ses caresses » (l. 3), la vue : « le rougeoiement du Soleil » (l. 4), l'ouïe : « rythmée par le crissement des cigales » (l. 7), et l'odorat : « embaumé de senteurs d'herbes et d'humus » (l. 7-8).

2 Les deux personnifications désignent la Lune : « la face hilare de l'astre des nuits » (l. 5) et la Terre : « le visage de la Terre ; la Terre est malade » (l. 20-21 et 33-34). L'auteur utilise cette figure de style pour donner vie aux planètes et principalement à la Terre afin de sensibiliser son public à la protection de l'environnement.

3 L'objectif de la science était d'avoir une meilleure connaissance de la Terre et de percer ses secrets : « Ils voulaient scruter de loin le vrai visage de notre planète, sonder ses secrets » (l. 23-24). L'expression « la science reste bien incapable de résoudre » (l. 28-29) montre qu'elle n'a pas obtenu la réponse souhaitée.

4 L'image et le texte donnent la même lecture du rapport de l'homme à la Terre. Il tente de la dominer en l'exploitant avec ses « technologies de pointe » (l. 21-22) et l'un des hommes du dessin attire l'attention des autres sur le fait que l'on soit « sur la réserve » et qu'il va y avoir une nécessité de réagir pour la garder « en bon état ».

5 Cette caricature utilise la métaphore en représentant la Terre comme une voiture. Le dessinateur signifie ainsi que les ressources de la Terre sont presque épuisées, et que c'est l'activité humaine et notamment les voitures qui en sont la cause. La solution n'est pas simplement de « refaire le plein » avec la même énergie que d'habitude, sinon le problème sera sans fin.

Grammaire et compétences linguistiques → *énoncé p. 243*

Les clés pour réussir

3 Les **connecteurs logiques** permettent d'établir un rapport logique entre deux idées. Les liens logiques les plus fréquents sont la cause, la conséquence, l'opposition et le but.

5 On distingue **quatre grands types de phrase** auxquels correspondent des constructions grammaticales et des intonations différentes : **déclarative, interrogative, injonctive** et **exclamative**. Chaque phrase peut être à la **forme affirmative ou négative**.

6 • **On vous demande** de changer de pronom personnel sujet.

• **Vous devez modifier** :
- les pronoms personnels (sujets, compléments, réfléchis) ;
- les déterminants possessifs ;
- l'accord d'un verbe.

1 Le patrimoine est, au sens propre, ce qui nous est transmis par nos pères. Les verbes « héritée » (l. 13) et « transmettre » (l. 15) illustrent cette même idée d'un héritage commun à toute l'humanité, qu'il faut faire passer de génération en génération.

2 Le verbe « appartenir » dans la phrase négative désigne la possession : nous ne sommes pas propriétaires des richesses de la Terre. Dans la tournure impersonnelle « il nous appartient », le verbe désigne l'obligation qui est faite aux humains de s'occuper de la Terre.

3 La conjonction de coordination « mais » établit un rapport d'opposition entre les deux parties du texte. Elle souligne le conflit entre « la science et la vie », c'est-à-dire entre les avancées technologiques faites par les êtres humains et leurs conséquences pour la planète.

4 Le pronom « nous » désigne les êtres humains, il est repris dans le texte par « l'homme » (l. 18), « l'humanité » (l. 28). L'auteur cherche dès le début du texte à impliquer son lecteur avec le pronom personnel à la 1re personne du pluriel. Les groupes nominaux vont dans le même sens : il ne s'agit pas de désigner un petit groupe d'individus mais bien l'humanité toute entière.

5 Ces deux phrases sont deux interrogatives à la forme négative. Ce ne sont pas de vraies questions, mais des interrogations oratoires (ou fausses questions) qui sont utilisées pour faire réagir et s'interroger les lecteurs.

6 « Telle est la mission qui *leur* est confiée. Ils *l'ont* héritée de *leurs* pères et des pères de *leurs* pères, et il *leur* revient de *s'*en acquitter afin de transmettre à *leurs* fils et aux fils de *leurs* fils *leur* maison commune. »

Dictée → *énoncé p. 243*

Les clés pour réussir

Bien conjuguer

- **Les finales en -geait →** à l'imparfait, n'oubliez pas le « e » qui précède la terminaison verbale.
- L'impératif ne se conjugue qu'à trois personnes (2e p. du sing., 1re et 2e p. du pluriel) et ne fait pas apparaître de pronom personnel.

Ne pas confondre

- **« or » et « hors » →** or conjonction de coordination indique une légère opposition, hors préposition indique l'extérieur, l'exclusion...

Bien orthographier

- **Astuce ABC** : après une préposition (à, de, par, pour, sans...) le verbe se met toujours à l'infinitif (terminaison en -er pour les verbes du premier groupe).

Les mots difficiles

- **Conscienscieux** est du préfixe con- qui signifie avec, du radical science qui désigne le savoir et du suffixe -ieux qui permet de former l'adjectif.

L'homme avait, jusqu'ici, le sentiment qu'il logeait dans une nature immense, inépuisable, hors de mesure avec lui-même. L'idée ne pouvait lui venir qu'il aurait, un jour, à ménager, à épargner cette géante, qu'il lui faudrait apprendre à n'en pas gaspiller les ressources, à ne la pas souiller en y déposant les excréments de ses techniques.
Or, voilà que maintenant, lui, si chétif, et qui se croyait si anodin, il s'avise qu'on ne peut tout se permettre envers la nature [...]. Respectons cette petite boule qui nous supporte.

Locataires consciencieux, ne dégradons pas les lieux où nous respirons. L'humanité n'est pas une passante.

Jean Rostand, *Inquiétude d'un biologiste*, 1967.

Travail d'écriture – Sujet d'imagination → énoncé p. 243

Les clés pour réussir

La situation de communication

- Il faut définir à l'aide du sujet à qui s'adresse le journal (collégiens, presse locale, magazine spécialisé...)
- L'émetteur doit être clairement identifié : journaliste présent dans le texte initial ou vous-même.

La présentation de l'article

- Ce type d'écrit doit comporter :

– un titre bref qui invite à lire la suite ;
– des paragraphes courts qui contiennent chacun une idée principale ;
– éventuellement une présentation en colonnes, comme dans un vrai journal ;
– la signature avec des initiales (pas les vôtres !), le nom du journal et la date.

Méthode

Pour vous aider, nous vous avons indiqué en couleur les parties de la rédaction qui répondent aux consignes.

Présentation de l'article   Argumentation   Description de la maladie

La Terre est malade !

« Un petit billet d'absence, et on est guéri ! », comme dirait notre CPE. C'est vrai que c'est bien pratique et que l'usage est connu : un petit rhume, une petite nausée, un petit contrôle = une petite absence et l'on revient le lendemain plus vif que jamais ! Mais imaginez que la Terre tienne le même raisonnement... qu'adviendrait-il de nous ?

Pourtant, des congés maladies, elle y aurait bien droit. Observons un instant son bulletin de santé :

– température élevée : réchauffement climatique ;
– mal de mer : pollution des océans ;
– carences énergétiques : épuisement de ses ressources énergétiques ;
– digestion difficile : accumulation des déchets de nos technologies ;
– respiration difficile : déforestation intensive.

Ce n'est qu'un extrait, mais nous en sommes tous responsables, nous agissons avec indifférence et désinvolture devant cette maladie

FRANÇAIS

qui ronge la Terre. Pourtant, nous sommes capables individuellement et collectivement de panser ces plaies et de stopper ces hémorragies. Agissons en médecins de notre planète.

De même que des gestes simples comme le lavage des mains empêchent les maladies de se propager, il faut multiplier les gestes simples pour soigner la Terre. Pour commencer, trions nos déchets et privilégions les matériaux recyclables et recyclés. Ensuite, ne favorisons pas la surconsommation : mon portable fonctionne, pourquoi en racheter un ? Encourageons nos proches à limiter leurs déplacements : le vélo et les baskets soignent la planète et nous-mêmes, double bénéfice ! Ne gaspillons pas des ressources simples mais précieuses comme l'eau potable : préférons la douche au bain, coupons le robinet pendant le brossage de dents, n'arrosons pas la pelouse en plein été... Enfin, les petits gestes que l'on fait à la maison doivent être les mêmes au collège. Pour commencer, adoptons ce principe dès cet hiver : « Porte fermée, chaleur conservée ! »

Ces solutions peuvent sembler naïves et insignifiantes mais comme le dit le slogan « Il n'y a pas de petits gestes quand on est 60 millions à les faire » ; c'est à ce prix que nous sauverons la Terre et qu'elle ne nous présentera pas un jour prochain son billet d'absence !

J.-M. P., *Les News du Bahut*, septembre 2016.

Travail d'écriture – Sujet de réflexion → énoncé p. 244

Les clés pour réussir

L'introduction

- Introduisez le sujet : vous pouvez vous référer au texte étudié qui évoque le « bras de fer entre la science et la vie ».
- Présentez le sujet : reprenez la question posée par le sujet.
- Annoncez clairement votre plan.

Le développement

- La question posée implique un plan en deux parties sur les avantages et les inconvénients des nouvelles technologies.
- Les raisons peuvent être :
  – les avantages : rapidité, abolir les distances, communiquer...
  – inconvénients : pollution, communication virtuelle, dépendance...
- Dans chaque partie vous sélectionnerez deux ou trois arguments pertinents illustrés d'exemples précis. Il est demandé de faire des liens avec les autres disciplines étudiées au collège et notamment ici les sciences et la technologie.

La conclusion

- Résumez en d'autres termes votre argumentation en précisant votre avis.
- Terminez avec une phrase d'ouverture.

Méthode

Pour vous aider, nous vous avons indiqué en couleur les parties de la rédaction qui répondent aux consignes.

Indicateurs logiques | Arguments | |...| Exemples

À l'instar de Jean-Marie Pelt qui évoque un « bras de fer entre la science et la vie », on peut se demander si les nouvelles technologies ne présentent que des atouts pour l'humanité. Nous proposerons des réponses à cette question en envisageant dans un premier temps les avantages que nous offrent les nouvelles technologies, puis dans un second temps nous en étudierons les limites.

Tout d'abord, la rapidité des nouvelles technologies permet une grande efficacité dans nos vies quotidiennes. Qu'il s'agisse de recherches d'informations, de formalités administratives, d'échanges de mails, les technologies connectées simplifient la vie. Par exemple, les GPS dans les voitures font gagner un temps précieux et nous guident immédiatement vers notre destination en prenant en compte les encombrements de circulation.

D'autre part, les nouvelles technologies sont si perfectionnées qu'elles permettent d'abolir les distances. En effet, grâce à nos téléphones portables, nous sommes toujours en mesure de contacter nos proches, où que nous soyons. Ainsi, les absences des gens que nous aimons ou l'éloignement de personnes avec lesquelles nous travaillons ne sont plus un obstacle.

Enfin, la diversité des nouveaux moyens de communication facilite notre relation aux autres. Les réseaux sociaux, les smartphones, les webcam permettent de partager à distance et de façon instantanée des photographies, des vidéos ou de la musique.

Cependant, cette apparente facilité de communication ne présente-t-elle pas aussi des aspects négatifs ?

Premièrement, il faut mesurer l'impact des nouvelles technologies sur notre environnement. Prenons l'exemple des télévisions, puisque régulièrement une nouvelle technologie audiovisuelle vient remplacer la précédente – qui pourtant fonctionnait très bien – et incite les consommateurs à changer leurs appareils. Il en résulte une augmentation considérable de déchets non recyclables.

De plus, la facilité à communiquer qui nous est offerte n'est souvent qu'une apparence : on se contente d'une communication virtuelle qui tend à remplacer les véritables échanges humains. Ainsi, dans les restaurants, on peut observer les couples qui déjeunent face à face en ayant chacun le regard fixé sur leur smartphone !

Enfin, les nouvelles technologies sont addictives et entraînent des troubles du sommeil ou de l'attention. Effectivement, de nombreuses études montrent que la lecture de tablettes ou la présence du téléphone portable à côté du lit perturbent considérablement le sommeil : on est toujours en attente d'un message, et la preuve en est que le matin le premier réflexe est de consulter les messages arrivés pendant la nuit.

Il est donc certain que les nouvelles technologies peuvent être un atout pour l'humanité mais à condition d'en faire un usage réfléchi et modéré. On pourrait d'ailleurs se poser la question de notre rapport au temps et de cette volonté de vouloir toujours en gagner... pourquoi faire ?

Sujet 13 René Barjavel, *Le Grand Secret*

100 pts — 3 heures

Sujet inédit

Travail sur le texte littéraire et sur l'image

1 h 10 — 50 pts

Texte

En 1955, un nouveau virus, le JL3, est découvert par le savant indien Bahanba, qui expérimente ses propriétés…

Scientifiquement, Bahanba n'aurait de certitude absolue en ce qui concernait l'action du JL3 sur le vieillissement humain que lorsqu'il aurait dépassé de façon déraisonnable la durée habituelle de la vie. Il ne pouvait pas attendre cent ans pour prendre une décision. Cette décision était déjà formulée dans son esprit.

Hindouiste[1] et croyant, il pensait que la mort est nécessaire. Elle n'est qu'une porte entre deux vies. C'est seulement après avoir passé une infinité de portes que l'âme humaine se trouve nettoyée, purifiée, libérée, et peut alors rejoindre Dieu. Supprimer la mort, c'était fermer ces portes, condamner les âmes incarnées à rester à tout jamais prisonnières de la matière, des illusions et des douleurs. C'était le bagne pour l'éternité.

En dehors de toutes croyances, que se passerait-il si les propriétés du JL3 étaient divulguées ? Ou bien les gens au pouvoir, arguant[2] du danger de donner l'immortalité à tout le monde, restreindraient ou interdiraient l'emploi du vaccin, c'est-à-dire se le réserveraient. Alors s'instituerait une effrayante inégalité, celle de la vie et de la mort, qui susciterait les plus sanglantes révolutions.

Ou bien, au nom de l'égalité et de la justice, l'humanité entière serait vaccinée en quelques années et, la non-mortalité des adultes s'ajoutant à la non-mortalité infantile, la densité de la population deviendrait telle que la mort prendrait abominablement sa revanche par la famine, l'assassinat des vieillards et des enfants, l'empoisonnement général par les déchets, et l'asphyxie.

Bahanba était indien. Il connaissait de ses yeux et dans son cœur les effets de la surpopulation et du manque d'aliments. Il avait vu à Calcutta les camions ramasser chaque matin dans les rues les cadavres

FRANÇAIS

d'enfants morts de faim. Contre cette agonie-là, le JL3 ne pouvait rien. Il ne pouvait que la rendre universelle. Tous les stocks de bombes H[3] du monde feraient moins de ravages que l'immortalité.

C'est pourquoi, dès qu'il fut certain que le JL3 avait été partout détruit comme il l'avait demandé, son soulagement fut immense.

Or voici que son assistant Acharya, qui n'avait pas reçu d'inoculation du vaccin, présentait tout à coup, après avoir travaillé auprès de lui pendant trois semaines, le premier symptôme de l'infection par le virus. Ou bien il avait été infecté, avant son départ, par les souris, ou, depuis son retour, par Bahanba lui-même. Conclusion identique : l'immortalité était contagieuse… […]

Bahanba eut la vision d'une terre submergée par un fantastique déchaînement de vie animale et végétale, hommes, plantes et bêtes se chevauchant et s'entretuant pour la place et la nourriture, jusqu'à l'inanition[4], l'asphyxie et l'écroulement. Il fallait immédiatement opérer l'ablation[5] de ces foyers d'infection. On ne pouvait prendre aucun risque. Toute personne ayant subi ou ayant pu subir la contagion devait être retirée de la circulation avec ou sans son consentement, et transportée dans un endroit du monde où elle pourrait être isolée de façon totale. Cela ne pouvait être fait, dans chaque pays concerné, qu'avec l'appui de la plus haute autorité et dans un secret absolu.

René Barjavel, *Le Grand Secret*, Éditions Presse de la Cité, 1973.

---

1. *Hindouiste* : pratiquant de la religion hindoue.
2. *Arguant* : prétextant.
3. *Bombe H* : bombe nucléaire.
4. *Inanition* : faiblesse due au manque de nourriture.
5. *Ablation* : suppression.

Les réponses aux questions doivent être entièrement rédigées.

Grammaire et compétences linguistiques → corrigé p. 254

1 Quel mode est principalement utilisé dans les paragraphes 3 et 4 ? Comment comprenez-vous ce choix de l'auteur ? **4 pts**

2 Relevez dans le deuxième paragraphe une expression au présent qui montre quelle décision prend Bahanba. En quoi le choix de ce temps renforce-t-il la décision ? **4 pts**

3 De « *C'est pourquoi* » (l. 30) à « *contagieuse* » (l. 37), relevez les indicateurs logiques et précisez quels liens logiques ils expriment. À quel genre de texte s'apparente donc ce passage ? **4 pts**

4 Réécrivez le passage suivant en mettant les verbes au passé composé et en remplaçant « il » par « ils ». Vous ferez toutes les modifications nécessaires.
« Il connaissait de ses yeux et dans son cœur les effets de la surpopulation et du manque d'aliments. Il avait vu à Calcutta les camions ramasser chaque matin dans les rues les cadavres d'enfants morts de faim. » **10 pts**

Compréhension et compétences d'interprétation → corrigé p. 254

1 Quelle est la propriété du virus JL3 ? Citez le texte. **4 pts**

2 Pourquoi représente-t-il un rêve pour les êtres humains ? **2 pts**

3 Quels dangers risquent les hommes si ce virus se propage ? Citez le texte. **4 pts**

4 À quel choix Bahanba est-il confronté ? Est-il certain de sa découverte ? Citez le texte. **4 pts**

5 Quelle figure du savant incarne-t-il ? **4 pts**

6 *« Tous les stocks de bombes H du monde feraient moins de ravages que l'immortalité »* (l. 28-29). Quelle image est donnée de la science ? **6 pts**

7 Comment comprenez-vous le titre du roman : *Le Grand Secret* ? **4 pts**

Dictée → corrigé p. 255

20 min **10 pts**

› Écoutez la dictée sur le site abcbrevet.com.

Rédaction

1 h 30 **40 pts**

Vous traiterez, au choix, l'un des deux sujets suivants.

Sujet d'imagination → corrigé p. 256

› Vous avez été contaminé(e) par le virus JL3. Dans une page de votre journal de bord datée de l'an 2275, vous racontez votre quotidien en exprimant ce que vous ressentez et décrivez le monde dans lequel vous vivez désormais.
Votre rédaction sera d'une longueur minimale d'une soixantaine de lignes (300 mots environ).

Sujet de réflexion → corrigé p. 258

› Pensez-vous que les progrès scientifiques représentent toujours une avancée pour l'être humain ? Vous vous appuierez sur votre expérience, sur vos lectures et sur les connaissances acquises dans l'ensemble des disciplines.
Votre rédaction sera d'une longueur minimale d'une soixantaine de lignes (300 mots environ).

FRANÇAIS

Sujet 13 Corrigé

Grammaire et compétences linguistiques → *énoncé p. 252*

Les clés pour réussir

1 **Le conditionnel** possède les valeurs suivantes : atténuation d'un ordre, hypothèse, souhait, regret, incertitude, fait imaginaire.

3 **Les indicateurs logiques** permettent de signaler les différentes étapes d'un raisonnement et marquent un lien logique qui peut être de cause, du but, de conséquence, d'alternative, d'opposition, d'hypothèse.

4 • **Le passage de la troisième personne du singulier à la troisième personne du pluriel entraîne le changement :**
– de deux déterminants possessifs ;
– de deux terminaisons verbales.

• **Le passage de l'imparfait au passé composé demande d'être attentif :**
– à l'accord des participes passés ;
– à l'ajout de l'auxiliaire être ou avoir.

1 Dans les paragraphes 3 et 4, l'auteur utilise principalement le conditionnel présent : *« interdiraient ; s'instituerait ; deviendrait... »*. Ce mode permet ici d'exprimer l'hypothèse : l'auteur se projette en faisant des suppositions sur l'avenir.

2 Bahanba prend la décision de ne pas diffuser sa découverte ; le présent de vérité générale dans l'expression *« la mort est nécessaire »* (l. 6) renforce son idée en la présentant comme une vérité absolue et indiscutable de tout temps.

3 *« C'est pourquoi »* et *« conclusion »* indiquent la conséquence ; *« or »* marque une légère opposition ; *« ou bien »* et *« ou »* soulignent une alternative, un choix. Ces indicateurs donnent l'impression de suivre un raisonnement scientifique, le texte suit les pensées du savant qui analyse les éléments avant de prendre une décision.

4 Ils ont connu de leurs yeux et dans leur cœur les effets de la surpopulation et du manque d'aliments. Ils ont vu à Calcutta les camions ramasser chaque matin dans les rues les cadavres d'enfants morts de faim.

Compréhension et compétences d'interprétation → *énoncé p. 253*

Les clés pour réussir

5 Les savants en littérature peuvent être des personnages inquiétants : les savants-fous, ou au contraire des personnages scientifiques qui raisonnent et travaillent pour le bien de l'humanité.

1 Le virus JL3 transmet l'immortalité aux être humains : *« supprimer la mort », « donner l'immortalité à tout le monde », « la non-mortalité », « l'immortalité était contagieuse ».*

2 Les êtres humains sont angoissés par l'idée de la mort et ce qu'elle apporte : perte des gens proches, ignorance de l'avenir... L'immortalité semble donner un pouvoir absolu d'invincibilité.

3 Si le virus JL3 se propage, les dangers sont multiples : inégalité et rivalité entre ceux qui sont infectés et les autres (*« effrayante inégalité,* [...] *les plus sanglantes révolutions »* (l. 16-17)), surpopulation mondiale qui entraînerait la famine et un désastre écologique : *« la famine,* [...] *l'empoisonnement général par les déchets ».*

4 Le personnage de Bahanba est confronté au dilemme de diffuser ou non sa découverte alors qu'il n'a pour l'instant aucune certitude sur ses effets : *« Bahanba n'aurait de certitude absolue en ce qui concernait l'action du JL3* [...] » (l. 1-2)

5 Bahanba incarne l'image d'un savant humaniste, préoccupé par le bien-être des êtres humains. Ses recherches sont destinées à lutter contre les fléaux qu'il a pu observer : *« il avait vu à Calcutta les camions ramasser chaque matin dans les rues les cadavres d'enfants morts de faim »* (l. 25-27). Sa découverte allant à l'encontre de ces principes, il veut la faire disparaître : *« le JL3 avait été partout détruit comme il l'avait demandé »* (l. 30-31).

6 Cette comparaison avec les désastres causés par les bombes nucléaires donnent une image négative et inquiétante de la science : ce virus, comme le nucléaire, est destiné au départ à améliorer le sort des populations, mais son utilisation peut s'avérer bien plus dangereuse et elle risque d'échapper au contrôle humain.

7 Le titre du roman *Le Grand Secret* s'explique par la décision que prend Bahanba de retirer *« de la circulation »* toutes les personnes porteuses du virus JL3 *« dans un secret absolu »* (l. 47).

Dictée → énoncé p. 253

Les clés pour réussir

Bien conjuguer

- Le temps dominant est le **présent de l'indicatif**. Le passé composé de l'indicatif est également utilisé.
- Le participe passé du verbe **« devoir »** prend un accent circonflexe sur le u : **« dû »**.

Bien orthographier

- Derrière la préposition **« à »**, les verbes sont à **l'infinitif**.
- Pour **les participes passés avec le son « i »**, pensez à mettre au féminin pour trouver la dernière lettre : prise → pris.

- La plupart des verbes en app- prennent deux p sauf : apercevoir, apaiser, aplatir, apitoyer, apostropher.

Bien accorder

- **« Cent »** s'accorde uniquement s'il n'est suivi d'aucun chiffre.
- **« Émerveillés »** est un participe passé employé comme adjectif ; il s'accorde avec « des yeux », masculin pluriel.

Les mots difficiles

- ***« Atmosphère »*** et ***« technique »*** viennent de racines grecques comme de nombreux mots scientifiques, on retrouve donc la graphie « ph » pour le son [f] et « ch » pour le son [k].

Nous sommes dans l'atmosphère. Les rétrofusées entrent en action. Nova me regarde en souriant. Elle a appris à sourire et aussi à pleurer. Mon fils tend les bras et ouvre des yeux émerveillés. Au-dessous de nous, c'est Paris. La tour Eiffel est toujours là.

J'ai pris les commandes et me dirige d'une manière très précise. Miracle de la technique ! Après sept cents ans d'absence, je parviens à me poser à Orly, qui n'a pas beaucoup changé, au bout du terrain, assez loin des bâtiments. On a dû m'apercevoir ; je n'ai qu'à attendre. Il ne semble pas y avoir de trafic aérien ; l'aéroport serait-il désaffecté ? Non, voici un appareil. Il ressemble en tout point aux avions de mon époque !

Pierre Boulle, *La Planète des singes*, Julliard, 1963.

Travail d'écriture – Sujet d'imagination → énoncé p. 253

Les clés pour réussir

Les caractéristiques d'un journal de bord (ou journal intime)

- Le lieu et la date sont inscrits en haut, à gauche.
- L'expression se fait à la première personne du singulier.
- Il faut utiliser le **système du présent** et les **indicateurs spatio-temporels correspondants** (ici, aujourd'hui, hier, maintenant...).

La narration

Il faut tenir compte du texte de Barjavel pour raconter votre quotidien : les craintes qu'avaient Bahanba se sont-elles avérées fondées ? Avez-vous réussi à garder le « secret » ? Comment s'organise la vie avec les autres ?... Vous pouvez évoquer rapidement ce qui vous est arrivé ces dernières années et surtout insister sur ce que vous ressentez.

La description

Le monde peut avoir évolué selon trois schémas, à vous de choisir celui qui vous inspire le plus : peu de choses ont changé, le secret a été bien gardé ; la Terre a été dévastée ; la technologie règne sur le monde.

Méthode

Pour vous aider, nous vous avons indiqué en couleur les parties de la rédaction qui répondent aux consignes.

Caractéristiques du journal

|...| Passages descriptifs

|...| Passages narratifs

Journal de bord : 1er mai 2275

Aujourd'hui, c'est la fête du travail ! Un jour férié donc... mais j'ai bien du mal à m'en réjouir : une journée de plus à occuper, ça peut sembler long quand on a 272 ans ! J'ai bien réfléchi et je crois que je suis la dernière immortelle, c'est pour cette raison que je me décide enfin à tenir ce journal.

Les choses se sont précipitées quelques années après notre isolement sur l'île du docteur Bahanba : il a trouvé un antidote contre le JL3 ! Belle trouvaille en vérité, mais tout le monde n'a pas été d'accord pour suivre son exemple et se faire vacciner : la tentation était trop grande. Moi-même, j'avais juste 16 ans... et toute la vie devant moi, je n'allais pas la raccourcir pour satisfaire quelques vieux scientifiques ! Je me suis donc enfuie. Juste à temps. Enfin, sur le moment, j'ai cru que c'était une bonne idée, aujourd'hui je ne sais plus trop...

Quelques années plus tard, vers 35 ans, j'ai constaté que je ne vieillissais plus, j'ai voulu retourner sur l'île pour voir si d'autres étaient comme moi, mais l'île était déserte : les bâtiments eux-mêmes avaient disparu ! J'ai donc décidé d'organiser ma vie comme une personne « normale »... mais mes rapports avec les autres étaient faussés : après quelques années d'amitié ou d'amour, les personnes se demandaient comment j'arrivais à garder une telle fraîcheur... Ne sachant que répondre et ne pouvant trahir mon secret, j'ai été contrainte à vivre en marge de la société, en changeant de lieu régulièrement.

C'est ainsi que je suis devenue une observatrice discrète de notre monde. Avec le recul, je trouve que les choses n'évoluent pas si vite. En fait, depuis la disparition des voitures et l'avènement de la téléportation, il n'y a pas eu beaucoup de bouleversements technologiques. Les fléaux du XXIe siècle sont restés les mêmes au XXIIe siècle : les guerres, famines, inégalités... rien n'a changé si ce n'est la prise de conscience que la planète Terre n'est pas éternelle (elle !) et qu'il faut la préserver.

FRANÇAIS

La suppression des énergies fossiles a été un grand soulagement pour moi, c'est peut-être égoïste, mais à terme, je me demandais bien où j'allais pouvoir aller si la Terre disparaissait ! C'est sûrement que j'ai pris goût à ne plus attendre la fin des choses, même si parfois je trouve que l'éternité est un peu longue... comme le disait un écrivain il y a plus de deux siècles : « surtout vers la fin » !

Travail d'écriture – Sujet de réflexion → *énoncé p. 253*

Les clés pour réussir

Ce sujet nécessite une **réponse organisée en deux parties** : les atouts et les dangers des progrès scientifiques. Elles seront encadrées par une introduction et une conclusion.

L'introduction

- **Introduisez le sujet** : vous pouvez faire référence au texte étudié ou à l'histoire.
- **Énoncez le sujet.**
- Annoncez le **plan**.

La première partie

- Pensez aux **améliorations de la vie quotidienne** apportées par les progrès scientifiques :
→ médecine, moyens de communication, recherche, droits sociaux...

La seconde partie

- Cherchez vos exemples dans les **problèmes éthiques et écologiques** liés aux progrès scientifiques :
→ pollution, clonage, course au profit, dépendance à la technologie, déshumanisation du travail...

La conclusion

- Résumez en d'autres termes votre argumentation.
- Terminez avec une phrase d'ouverture.

Méthode

Pour vous aider, nous vous avons indiqué en couleur les parties de la rédaction qui répondent aux consignes.

Indicateurs logiques — Arguments — |...| Exemples

Depuis la deuxième moitié du XIXe siècle et la révolution industrielle, l'humanité s'est lancée dans une course au progrès. Les sciences et techniques tendent à nous conduire vers la modernité et le bien-être. Cependant on peut se demander si les progrès scientifiques représentent toujours une avancée pour l'être humain. Nous étudierons d'abord les atouts des progrès scientifiques avant d'en aborder les dangers.

Dans un premier temps, rappelons que les progrès scientifiques et techniques ont toujours eu pour but de faciliter la vie des êtres humains, de la rendre moins pénible en substituant la technique à la force physique, que ce soit pour le travail ou pour les loisirs. Prenons l'exemple du chemin de fer : son développement considérable au XIXe siècle a non seulement été un atout pour l'industrie mais il a aussi permis de réduire les distances en donnant accès à la mobilité au plus grand nombre, comme on peut le voir dans le roman de Zola *La Bête humaine,* où il décrit ainsi les voies ferrées : *« C'était comme un grand corps, un être géant couché en travers de la terre »,* montrant par cette personnification la fascination qu'exerce déjà la technique au XIXe siècle.

Ensuite, les progrès scientifiques ont permis de se débarrasser de fléaux qui s'abattaient sur l'humanité : de nombreuses maladies ont été et sont toujours éradiquées grâces aux recherches constantes des scientifiques qui œuvrent pour le bien de l'humanité. Ainsi, Louis Pasteur, après avoir découvert le vaccin contre la rage, a également défendu et expliqué le principe de la vaccination pour que ce procédé devienne commun et permette de vaincre d'autres maladies comme le tétanos ou la tuberculose.

Cependant toute médaille a son revers, et l'on peut aussi s'inquiéter de certaines pratiques liées aux progrès scientifiques. Ainsi, le développement technique et scientifique ne va pas sans bouleverser l'ordre de la nature, et les impacts de nos progrès sur notre environnement sont visibles tous les jours. Par exemple, le plastique trouve des usages dans notre quotidien qui semblent nous simplifier la vie, mais son traitement après usage n'a pas été anticipé au point que les déchets plastiques forment actuellement un « continent » au milieu de l'océan Pacifique.

Enfin, les progrès scientifiques doivent toujours être accompagnés d'une réflexion morale pour éviter les dérives qui iraient à l'encontre de l'humanité. C'est ce que l'on peut observer dans de nombreux ouvrages de science-fiction, tels que *Le Meilleur des mondes* de Aldous Huxley, où les êtres humains sont tous créés en laboratoire pour former des « castes » : chaque embryon est cultivé pour correspondre à son rang dans la hiérarchie sociale. Les problèmes du clonage et du pouvoir sont donc traités d'une façon originale qui pousse le lecteur à la réflexion.

Nous voyons que dans la majorité des cas, les progrès scientifiques sont motivés par l'amélioration des conditions de vie des êtres humains, mais qu'ils nécessitent toujours d'être encadrés voire modérés pour que les ambitions économiques ou de pouvoir n'altèrent pas leur vocation première. Dans cette optique, il pourrait être intéressant d'élargir cette réflexion au développement des nouvelles technologies qui soulèvent les mêmes inquiétudes.

Sujet 14

100 pts 3 heures

Maylis de Kerangal, *Naissance d'un pont*

Sujet zéro, 2017

Travail sur le texte littéraire et sur l'image

1 h 10 50 pts

Texte

John Johnson, dit le Boa, a été élu maire de Coca, ville imaginaire des États-Unis. Il a de grands projets pour sa ville. Quelques semaines après son élection, il fait un séjour à Dubaï. C'est son premier voyage hors du continent américain.

Ce qu'il voit entre l'aéroport et la ville provoque chez lui une sensation ambivalente d'euphorie[1] et d'écrasement.

Les grues d'abord lui éberluent[2] la tête : agglutinées par centaines, elles surpeuplent le ciel, leurs bras comme des sabres laser plus fluorescents que ceux des guerriers du Jedi, leur halo blafard auréolant la ville chantier d'une coupole de nuit blanche. Le Boa se tord le cou à les compter toutes, et l'homme en *dishdash*[3] blanche qui le coudoie sur la banquette, le voyant faire, lui signale qu'un tiers des grues existant à la surface du globe est réquisitionné en ces lieux : une sur trois répète-t-il, une sur trois est ici, chez nous. Sa toute petite bouche soulignée d'un trait de moustache articule très doucement nous construisons la cité du futur, une entreprise pharaonique. Le Boa ne dit plus rien. Il salive, émerveillé. La prolifération des tours le sidère, si nombreuses qu'on les croit multipliées par un œil malade, si hautes qu'on se frotte les paupières, craignant d'halluciner, leurs fenêtres blanches comme des milliers de petits parallélogrammes aveuglants, comme des milliers de pastilles Vichy effervescentes dans la nuit délavée ; ici on travaille vingt-quatre heures sur vingt-quatre, les ouvriers sont logés à l'extérieur de la ville, les rotations se font par navette – l'homme susurre chaque information, escortant l'étonnement de Boa avec délicatesse. Plus loin, il pointe d'un index cireux un édifice en construction, déjà haut d'une centaine d'étages, et précise : celle-ci sera haute de sept cents mètres. Le Boa hoche la tête, s'enquiert soudain des hauteurs de l'Empire State Building de New York, ou du Hancok Center de Chicago, questionne

FRANÇAIS

sur les tours de Shanghai, de Cape Town, de Moscou, il est euphorique et médusé[4]. À Dubaï donc, le ciel est solide, massif : de la terre à bâtir. Le trajet est long dans la longue voiture, la mer tarde à venir, le Boa l'attend plate, inaffectée, lourde nappe noire comme le pétrole dont le pourtour s'effacerait dans la nuit, et il sursaute à la découvrir construite elle aussi, rendue solide, croûteuse, et apte à faire socle pour un archipel artificiel qui reproduirait un planisphère – la Grande-Bretagne y est à vendre trois millions de dollars – ou un complexe d'habitations de luxe en forme de palmier : elle aussi, donc, de la terre à bâtir.

Le Boa arrive à l'hôtel bouleversé, les joues rouges et les yeux exorbités, il peine à s'endormir, la nuit est trop claire, comme filtrée par une gaze[5] chaude, lui-même trop excité – le Burj Al-Arab est l'hôtel le plus haut du monde, une immense voile de verre et de Teflon gonflée face au golf Persique qui est absolument noir à cette heure, et clos comme un coffre [...]. Au réveil, le Boa est convaincu d'avoir trouvé l'inspiration qui manquait à son mandat. C'est un espace maîtrisé qui s'offre à ses yeux, un espace, pense-t-il, où la maîtrise se combine à l'audace, et là est la marque de la puissance.

Maylis de Kerangal, *Naissance d'un pont,* Éditions Verticales, 2010, réédition folio Gallimard, p. 52-53.

1. *Euphorie* : sensation intense de bien-être, de joie, d'optimisme.
2. *Éberluer* : étonner vivement, stupéfier.
3. *Dishdash* : longue robe blanche, vêtement traditionnel.
4. *Médusé* : qui manifeste un grand étonnement, de la stupeur.
5. *Gaze* : tissu léger, utilisé en couture (gaze de soie ou de coton) ou en compresses et pansements (gaze de coton).

Document **Ouvriers sur le chantier du Burj Dubaï, 2006.**

Les réponses aux questions doivent être entièrement rédigées.

Compréhension et compétences d'interprétation → corrigé p. 265

1 Quelles sont les caractéristiques principales de la ville décrite dans le texte ? **4 pts**

2 Étudiez précisément la progression des émotions et sensations ressenties par le personnage principal au fil de l'extrait. **6 pts**

3 « Un espace, pense-t-il, où la maîtrise se combine à l'audace, et là est la marque de la puissance » :

a. Expliquez le sens de cette phrase en vous aidant de ce qui la précède. **4 pts**

b. À votre avis, l'auteur partage-t-il ici la pensée du personnage ? **2 pts**

4 Proposez un titre pour ce texte, puis expliquez vos intentions et ce qui justifie votre proposition. **4 pts**

5 Quels sont les éléments qui rapprochent l'image et le texte ? **4 pts**

6 Quelles impressions suscite en vous cette photographie ? Sont-elles comparables à celles produites par le texte ? Pourquoi ? **4 pts**

Grammaire et compétences linguistiques → corrigé p. 266

1 À quel temps les verbes sont-ils majoritairement conjugués dans le texte ? Comment comprenez-vous ce choix de l'auteur ? **4 pts**

FRANÇAIS

2 « Sa toute petite bouche soulignée d'un trait de moustache articule très doucement nous construisons la cité du futur, une entreprise pharaonique » : comment, dans cette phrase, les propos tenus par le personnage sont-ils rapportés ? Est-ce une manière de faire habituelle ? À votre avis, pourquoi l'auteur procède-t-il ainsi ? **5 pts**

3 « une entreprise pharaonique » : **3 pts**
– Comment le mot souligné est-il construit ?
– Que signifie-t-il généralement ?
– Le contexte lui donne-t-il une valeur particulière ?

4 Réécrivez cette phrase en remplaçant « Le Boa » par « Ils » et en procédant à toutes les transformations nécessaires.
« Le Boa arrive à l'hôtel bouleversé, les joues rouges et les yeux exorbités, il peine à s'endormir, la nuit est trop claire, comme filtrée par une gaze chaude, lui-même trop excité. » **10 pts**

Dictée → *corrigé p. 267* 20 min **10 pts**

› Écoutez la dictée sur le site abcbrevet.com.

Consignes :
– On dictera le texte à haute voix à plusieurs reprises.
– On inscrira au tableau de manière lisible par l'ensemble des candidats : **au-delà** et **Aragon**, ***Aurélien***, **1944**.

Rédaction 1 h 30 **40 pts**

Vous traiterez au choix le sujet A ou B.

Sujet d'imagination → *corrigé p. 268*

› Vous êtes un architecte et vous proposez au pays imaginaire d'Utopia la fondation d'une ville idéale. Écrivez la lettre que vous adressez aux dirigeants d'Utopia pour expliquer votre vision de la ville, justifier vos choix et les inviter à retenir votre projet.
Votre rédaction sera d'une longueur minimale d'une soixantaine de lignes (300 mots environ).

Sujet de réflexion → *corrigé p. 269*

› Selon vous, la vie au sein d'une ville moderne est-elle source de bonheur et d'épanouissement ?
Vous répondrez à cette question dans un développement argumenté en vous appuyant sur votre expérience, sur vos lectures, votre culture personnelle et les connaissances acquises dans l'ensemble des disciplines.

Votre rédaction sera d'une longueur minimale d'une soixantaine de lignes (300 mots environ).

Sujet 14 Corrigé

Compréhension et compétences d'interprétation → énoncé p. 263

Les clés pour réussir

2 **Une émotion** est un état affectif qui se traduit par des troubles divers, et **une sensation** est le résultat de notre perception du monde par l'un de nos cinq sens : **la vue, l'odorat, l'ouïe, le goût et le toucher**. Vous devez donc chercher des extraits qui font appel à ces cinq sens.

5 et **6** Les sujets qui associent texte et image vous demandent de faire preuve d'un sens de l'observation très précis : il faut repérer dans l'image et dans le texte tous les éléments qui peuvent se ressembler ou au contraire s'opposer. Lisez attentivement les questions sur le texte pour repérer quels sont les éléments particuliers sur lesquels on attire votre attention, puis essayez de les retrouver sur l'image.

1 Les caractéristiques principales de la ville décrite dans le texte sont le gigantisme et la démesure « La prolifération de tours [...] si nombreuses qu'on les croit multipliées » (l. 13-14). C'est aussi l'image d'une ville « en construction » (l. 21) où l'activité humaine ne s'arrête jamais : « ici on travaille vingt-quatre heures sur vingt-quatre » (l. 17-18).

2 Le personnage principal éprouve des sentiments divers au fur et à mesure qu'il découvre la ville. Il est d'abord partagé entre l'« euphorie et l'écrasement » (l. 2) face à la démesure de la ville ; puis c'est la surprise qui l'emporte devant le nombre de grues : « les grues lui éberluent la tête », « l'étonnement de Boa » (l. 3 et 20). Il est ensuite transporté comme dans un rêve en traversant la ville comme le montre le champ lexical de l'émerveillement « émerveillé, sidère, halluciner, médusé ». Enfin, ses sens sont troublés par toutes les émotions ressenties lors de la traversée de la ville « bouleversé, les joues rouges et les yeux exorbités [...] trop excité » (l. 34-36).

3 **a.** La phrase met en valeur les deux qualités que recherche le personnage : la maîtrise et l'audace. Selon lui, à Dubaï, l'homme a su maîtriser la nature, la soumettre à ses ambitions de constructeur : la mer et le ciel sont devenus de « la terre à bâtir » (l. 33). Il est persuadé que c'est un signe de la puissance de l'homme.

b. L'auteur ne semble pas partager la pensée du personnage, l'insertion de l'expression « pense-t-il » à l'intérieur de son propos émet un doute sur ce qu'il dit. L'ensemble du texte montre d'ailleurs que l'homme n'est pas maître de cette ville car il n'y a plus sa place : il est écrasé et ses sens sont bouleversés.

4 Le titre « Dubaï, un monstre délicieux » pourrait illustrer l'ambivalence de ce texte qui montre la fascination presque malsaine du personnage pour cette ville qui prend des allures de guerrier issu d'un univers fantastique : « guerriers du Jedi » (l. 5). La ville devient inquiétante, elle envahit le ciel et la mer et réduit l'homme à une dimension d'insecte.

5 On retrouve dans le texte et dans l'image les mêmes formes géométriques : « des milliers de petits parallélogrammes », l'abondance de grues qui s'élèvent dans le ciel : « elles surpeuplent le ciel », la tour qui s'élève vers le ciel et sort du cadre : « celle-ci sera haute de sept cents mètres » et tout un décor de sable et de béton qui semble absorber les ouvriers « logés à l'extérieur de la ville ».

6 Cette photographie renvoie des impressions comparables à celles produites par le texte, on y retrouve le même regard sur l'homme capable de faire surgir une ville du sable, mais qui se trouve dominé par elle. Les ouvriers semblent en effet « écrasés » par toutes les lignes verticales et horizontales tracées par les grues et les constructions. Le photographe comme l'écrivain semble envoyer le même message implicite d'un homme dépassé par ses tentatives pour maîtriser la nature.

Grammaire et compétences linguistiques → énoncé p. 263

Les clés pour réussir

1 **Justifier l'emploi d'un temps**, c'est donner sa valeur d'emploi. Ainsi, le présent de l'indicatif possède trois valeurs principales : le présent d'énonciation, qui sert à évoquer un fait au moment où l'on parle, le présent de vérité générale, employé dans les proverbes, les définitions, etc., et le présent de narration qui, dans un récit au passé, remplace le passé simple pour rendre l'événement plus vivant pour le lecteur.

2 **Les paroles d'un personnage peuvent être rapportées de trois manières** : au style direct, telles qu'elles ont été dites avec des guillemets ; au style indirect, transformées avec une proposition subordonnée ; au style indirect libre, en intégrant les paroles au récit sans subordination.

3 Un mot peut être construit à l'aide d'un **préfixe**, d'un **radical** et d'un **suffixe**.

4 • **On vous demande** de passer du singulier au pluriel.

• **Vous devez modifier** :
- les terminaisons des verbes ;
- les pronoms personnels ;
- l'accord de deux participes passés.

1 La majorité des verbes du texte sont conjugués au présent de l'indicatif : « elles surpeuplent ; Le Boa se tord ; il sursaute ». C'est un présent d'énonciation qui donne l'impression au lecteur de découvrir la ville en même temps que le personnage.

2 Les propos du personnage sont rapportés au style indirect libre. C'est-à-dire qu'ils sont intégrés au récit sans proposition subordonnée. C'est une manière inhabituelle qui permet de varier l'écriture, d'alléger le texte (sans mettre de subordonnée comme dans le discours indirect) et de ne pas interrompre le récit ni les pensées du personnage principal par du discours direct.

3 Le mot « pharaonique » est formé du radical « pharaon » et du suffixe « -ique ». Il désigne généralement, au sens figuré, une entreprise colossale. Dans ce contexte, il prend le double sens d'une entreprise démesurée et le sens propre d'une construction consacrée au suzerain antique par analogie avec les cités construites dans le désert égyptien.

4 « **Ils arrivent** à l'hôtel **bouleversés**, les joues rouges et les yeux exorbités, **ils peinent** à s'endormir, la nuit est trop claire, comme filtrée par une gaze chaude, **eux-mêmes** trop **excités** ».

FRANÇAIS

Dictée → *énoncé p. 264*

Les clés pour réussir

Bien conjuguer

- **Les sujets inversés** → Pensez à toujours vérifier quel est le sujet du verbe en posant la question « qui est-ce qui ? + verbe », quelquefois le sujet peut se trouver après le verbe.

Bien accorder

- **Leur et leurs** → Leur devant un verbe est invariable, c'est un pronom personnel (Je leur parle) ; leur devant un nom est un déterminant possessif, il s'accorde avec le nom suivant le sens, on écrira par exemple : leurs lèvres et leur langue.
- **Finale en -er/-é** → Remplacez systématiquement par un verbe du 3e groupe (prendre → -er / pris(e) → é(e)

Ne pas confondre

- **« ou »** et **« où »** → Ou, conjonction de coordination, peut être remplacé par ou bien. Où, pronom relatif, fait référence à un lieu ou un moment.

Les Parisiens n'ont jamais de leur ville le plaisir qu'en prennent les provinciaux. D'abord, pour eux, Paris se limite à la taille de leurs habitudes et de leurs curiosités. Un Parisien réduit sa ville à quelques quartiers, il ignore tout ce qui est au-delà, qui cesse d'être Paris pour lui. Puis il n'y a pas ce sentiment presque continu de se perdre et qui est un grand charme. Cette sécurité de ne connaître personne, de ne pouvoir être rencontré par hasard. Il lui arrive d'avoir cette sensation bizarre au contraire dans de toutes petites villes où il est de passage, et le seul à ne pas connaître tous les autres.

Louis Aragon, *Aurélien*, 1944.

Travail d'écriture – Sujet d'imagination → énoncé p. 264

Les clés pour réussir

La présentation de la lettre

- **La structure d'une lettre officielle** est toujours la même. Veillez à bien indiquer :
– le lieu et la date d'envoi, en haut à droite ;
– l'objet de la lettre, c'est-à-dire son motif ;
– une formule d'appel adaptée au destinataire ;
– une formule de clôture qui doit rester sobre ;
– la signature avec le nom lisible : ne signez surtout pas avec votre propre nom, la copie doit rester anonyme.

Le corps de la lettre

- Ce sujet vous demande de rédiger des passages descriptifs pour montrer votre vision d'une ville idéale, et des passages argumentatifs pour justifier vos choix et convaincre vos interlocuteurs.

Méthode

Pour vous aider, nous vous avons indiqué en couleur les parties de la rédaction qui répondent aux consignes.

Présentation de la lettre — Argumentation — Description

Utopia, le 31 mars 2017,

Objet : projet ville-nature

Madame, Monsieur,

Architecte formé dans les villes tentaculaires du Sud, je viens de découvrir votre pays d'Utopia si riche en innovations technologiques qui visent à rendre notre quotidien plus simple. Cependant, à discuter avec plusieurs habitants, il me semble que l'environnement citadin que vous proposez n'est pas encore à la hauteur de la civilisation que vous représentez. J'ai donc conçu le projet d'une « ville-nature » dans laquelle je suis persuadé que tous vos administrés pourraient s'épanouir.

La ville idéale que j'ai imaginée est résolument tournée vers la technologie et vers la nature pour tenter de réconcilier l'homme avec son environnement sans le priver des bienfaits du progrès. Vous trouverez en annexe de ce courrier le plan d'une maison type. Je pense qu'il faut associer des matériaux naturels et les procédés les plus modernes pour que chacun puisse avoir le plaisir du confort et la sensation de vivre en harmonie avec l'environnement.

C'est pourquoi les maisons doivent tirer parti de la nature : vous possédez à Utopia des forêts luxuriantes, plutôt que d'envisager une déforestation pour construire de hauts immeubles qui cacheraient la lumière du soleil, je vous invite à utiliser les arbres les plus solides comme fondations des maisons. Les murs seront faits de bois, un matériau très isolant, et les apports énergétiques nécessaires au fonctionnement du logement viendront des capteurs solaires B23 que j'ai pu observer sur vos bâtiments administratifs.

La liaison entre les habitations serait double : des passerelles de bois suspendues qui permettront une circulation fluide pour les piétons et des couloirs aériens au-dessus de la canopée pour vos véhicules à air pulsé. Les commerces, quant à eux, se construiraient au sol dans les zones rocheuses qui jouxtent la forêt, les nuisances sonores de l'agitation commerciale ou de la vie nocturne seraient ainsi largement estompées par le rempart naturel que constitue la roche utopienne.

En réalisant cela, vous réussiriez le pari d'allier le plaisir d'une vie en pleine nature et l'agrément de la vie au sein d'une ville moderne.

Dans l'attente de votre réponse et en espérant que mon projet aura su vous intéresser, je me tiens à votre disposition si vous souhaitez me rencontrer.

Bien cordialement,

C. Orbusier

FRANÇAIS

Travail d'écriture – Sujet de réflexion → *énoncé p. 264*

Les clés pour réussir

L'introduction

- **Introduisez le sujet** : vous pouvez vous référer au texte étudié qui aborde l'ambivalence des sensations devant la ville.
- **Présentez le sujet** : reprenez la question posée par le sujet.
- Annoncez clairement votre **plan**.

Le développement

- La question posée implique un **plan en deux parties** sur les avantages et les inconvénients de la vie dans une ville moderne.
- Les raisons peuvent être :

– **les avantages** : lien social, proximité des lieux culturels, variété des offres de consommation et de services, facilité des déplacements...

– **les inconvénients** : pollution, société de consommation, anonymat, agitation permanente, absence de nature...

- Dans chaque partie, vous sélectionnerez **deux ou trois arguments pertinents illustrés d'exemples précis.** Il est demandé de faire des liens avec les autres disciplines étudiées au collège et notamment ici la géographie.

La conclusion

- Résumez en d'autres termes votre argumentation en précisant votre avis.
- Terminez avec une phrase d'ouverture.

Méthode

Pour vous aider, nous vous avons indiqué en couleur les parties de la rédaction qui répondent aux consignes.

Indicateurs logiques — Arguments — |...| Exemples

« La ville provoque chez lui une sensation ambivalente d'euphorie et d'écrasement » : comme on le constate dans le texte de M. de Kerangal, les villes fascinent et attirent autant qu'elles peuvent inquiéter. On peut en effet se demander si la vie au sein d'une ville moderne est réellement une source de bonheur et d'épanouissement. Nous répondrons à cette question en étudiant les avantages puis les inconvénients de ce mode de vie.

En premier lieu, la vie dans une ville moderne offre bien des avantages en termes d'accès aux services (poste, hôpitaux, médecins...). Cette facilité permet effectivement aux personnes résidant en ville de s'affranchir des contraintes d'éloignement qui surgissent dès lors que l'on s'éloigne des milieux urbains. Ainsi les études de l'Insee sur les principales aires urbaines de France métropolitaine montrent que l'agglomération de Lyon présente une forte croissance démographique. Cette augmentation constante depuis 2005 du nombre de naissances est bien le signe d'un épanouissement des personnes qui y résident.

Ensuite, à cette proximité de services s'ajoute la variété de l'offre culturelle et de loisirs. Les villes modernes sont en effet plus animées et proposent aux citadins une large palette de sorties culturelles, comme les représentations théâtrales, les cinémas, les expositions... La lecture de l'*Officiel des spectacles* qui paraît chaque semaine à Paris en témoigne : y sont répertoriés toutes les expositions et loisirs disponibles chaque semaine. Cette offre permet à chacun, au gré de ses envies, de satisfaire sa soif de découverte culturelle.

Cependant, ces attraits de la ville ne vont pas sans quelques désagréments. Tout d'abord, la vie dans une ville moderne implique d'en subir les nuisances qui sont liées à son agitation permanente. Qu'il s'agisse du bruit, des lumières, de la qualité de l'air, le citadin sera en proie à une pollution urbaine omniprésente. La preuve en est que chaque week-end les grandes villes se vident de leurs habitants qui aspirent à retrouver une nature plus accueillante et nécessaire à leur bonheur.

Enfin, les villes modernes semblent parfois prendre le dessus sur les humains qui les peuplent. Les infrastructures, qui cherchent toujours à être plus hautes, plus grandes, à offrir plus de possibilités de consommation, finissent par « écraser » les habitants qui deviennent anonymes. C'est ce que dénonçait déjà Nicolas Boileau au XVIIe siècle dans sa satire sur les embarras de Paris dénonçant les incivilités « d'un peuple d'importuns qui fourmillent sans cesse ». L'individualité qui règne dans les villes modernes n'est certainement pas un facteur d'épanouissement personnel.

Les villes modernes présentent donc bien un double visage et séduisent par les attraits et les possibilités qu'elles offrent, mais elles peuvent également perdre les individus au sein d'infrastructures démesurées toujours orientées vers plus de consommation. À trop vouloir maîtriser la nature pour construire de grandes villes, l'homme et la femme doivent aussi se poser la question du respect de leur environnement.

SOMMAIRE

EPI – SCIENCES, TECHNOLOGIE ET SOCIÉTÉ

EPI – CULTURE ET CRÉATION ARTISTIQUE

PARCOURS AVENIR

PARCOURS CITOYEN

PARCOURS D'ÉDUCATION ARTISTIQUE ET CULTURELLE

Sujet 1 L'accès à l'eau potable

15-25 min

Sujet inédit

Exposé

Seul : 5 min En groupe : 10 min

Projet

Parmi les parcours et les EPI que nous avons étudiés tout au long du cycle 4, nous avons choisi de vous expliquer pourquoi l'accès à l'eau potable est une nécessité pour les êtres humains. Puis nous avons étudié ce qui pourrait être fait pour améliorer l'accès à l'eau potable dans les camps pour réfugiés ou migrants.

EPI Sciences, technologie et société
Discipline Physique-Chimie et SVT
Titre du projet L'accès à l'eau potable
Objectif du projet Rechercher et exploiter des documents scientifiques liés à une problématique sociétale

Doc. 1 Les camps pour réfugiés ou migrants dans le monde

Traquées par la guerre, la misère ou les tragédies humanitaires, douze millions de personnes vivent regroupées dans des camps pour réfugiés ou migrants partout dans le monde […] « De la bâche plastique à l'ingénierie urbaine, en passant par les villages consolidés ou les quartiers pérennisés, les camps sont l'enjeu d'une architecture spécifique et variée », estime l'anthropologue Michel Agier. Contre toute attente, l'urgence humanitaire ne rime pas nécessairement avec anarchie et désordre. Ainsi, agissant en véritable maître d'œuvre, le Haut-Commissariat des Nations Unies pour les réfugiés (HCR) requiert désormais l'intervention de spécialistes dès la fondation d'un camp, afin de rationaliser au mieux les installations.

D'après « Recherches : Camps et réfugiés : un monde de transformations, décembre 2014- janvier 2015 », *Sciences au Sud*, n° 77.

Doc. 2 Les actions des associations humanitaires

En Somalie comme dans d'autres pays, l'eau potable manque dans les camps pour réfugiés ou migrants. Des actions sont alors mises en œuvre par des associations humanitaires :

– travaux et actions permettant aux populations d'avoir accès à de l'eau potable (construction et réhabilitation de puits, distribution de filtres en céramique, distribution d'eau par camion, création et maintenance d'un stock de plaquettes de chlore distribuées en cas d'urgence) ;

– travaux assurant aux populations une meilleure situation sanitaire (construction de latrines[1], organisation de séances de promotion à l'hygiène, distribution de kits de première nécessité non alimentaires).

1. Latrines : W.-C.

D'après www.solidarites.org/missions/Somalie/action-humanitaires.html

Doc. 3 Les maladies liées à l'eau

Dans la nature, l'eau n'est pas toujours source de vie, loin s'en faut. Elle véhicule en particulier nombre de micro-organismes, bactéries et virus en tout genre, qui y vivent et s'y développent, ainsi que nombre de parasites qui ont besoin d'eau pour vivre ou se reproduire. Or de tels organismes peuvent engendrer des maladies parfois graves lorsqu'ils pénètrent dans le corps humain. L'eau est ainsi le vecteur de transmission privilégié de ces maladies que l'on dit hydriques.

Les micro-organismes abondent dans les eaux souillées par les déjections animales et humaines, et leur transmission à l'Homme se fait par simple ingestion d'eau infectée. Ils se propagent donc rapidement dans les pays qui ne disposent pas de bonnes conditions d'hygiène. Certaines bactéries

déclenchent de fortes diarrhées. Aujourd'hui, ces épidémies sont surtout le drame des pays chauds qui ne disposent pas de latrines septiques, ni de traitements des eaux. Dans ces conditions en effet, les matières fécales des personnes malades contaminent rapidement les eaux de boisson consommées par les personnes saines [...].
Ces maladies hydriques sont à l'origine de la mortalité très élevée des populations des pays en voie de développement. Dans le monde, environ 6 millions d'enfants meurent chaque année des suites de gastro-entérites et 100 millions de personnes souffrent en permanence de gastro-entérites hydriques. La raison principale de cette situation catastrophique est la pauvreté. Nombre de populations ne disposent pas d'eau potable, les aménagements indispensables aux traitements des eaux usées et à la fabrication d'eau potable étant trop coûteux, ni même des soins que ces affections nécessitent, les infrastructures médicales n'étant pas suffisantes.

D'après http://www.cnrs.fr, CNRS : Centre national de recherches scientifiques

Doc. 4 Dispositifs de traitement de l'eau

Les filtres céramiques pour le traitement des eaux sont en usage depuis plusieurs siècles [...] Ils ont souvent la forme d'un pot de fleur ou d'un bol et sont imprégnés de fines particules colloïdales[1] en argent servant de désinfectant et empêchant la prolifération des bactéries dans le filtre. [...] Les tests en laboratoire ont montré que ces dispositifs, s'ils sont bien conçus et bien fabriqués, peuvent éliminer ou désactiver presque toutes les bactéries et parasites protozoaires. Leur efficacité contre les virus est inconnue.
Le nettoyage et la maintenance du filtre sont critiques : [...] il est recommandé d'y joindre un programme éducatif sur un stockage salubre, le nettoyage du filtre et d'autres actions recommandées.
Les avantages des filtres céramiques sont leur facilité d'emploi, leur longue durée de vie (s'ils ne se cassent pas) et leur coût relativement bas. Les inconvénients comprennent une possible recontamination de l'eau conservée sans chlore résiduel et un débit faible, en général un à deux litres par heure.

1. Colloïdale : solution liquide contenant un corps dispersé sous forme de particules minuscules en suspension.

D'après http://drinking-water.org, site Internet de l'Académie nationale des sciences, Washington, USA

Doc. 5 Quelques paramètres de potabilité d'une eau

Pour être consommée, l'eau doit répondre à des critères de qualité très stricts :

Paramètres	Critères de qualité	Normes
Micro-biologiques	– Parasites – Virus – Bactéries	Présence non tolérée
Chimiques	– Sels minéraux – Substances chimiques toxiques	– Présence possible – Normes très sévères (quantités très limitées)
Physiques et gustatifs	– Aspects – Saveur, odeur	– Limpide – Non désagréables

D'après http://www.lesagencesdeleau.fr

Entretien avec les examinateurs

Voici des questions que pourrait vous poser le jury :

1 Où y a-t-il des camps pour réfugiés ou migrants ?

2 Pourquoi ne doit-il pas y avoir de parasites dans une eau potable ?

3 Pourquoi les filtres céramiques ne permettent-ils pas d'éliminer les virus ?

Sujet 1 Corrigé

Les clés pour réussir

L'essentiel à savoir

- Les **critères de potabilité** d'une eau portent sur les **paramètres micro-biologiques, chimiques, physiques et gustatifs** de cette eau.
- Les **micro-organismes** sont des organismes microscopiques, généralement unicellulaires, tels que les bactéries et les levures.
- Certains micro-organismes sont **pathogènes** et peuvent provoquer des maladies.
- Les **virus** sont de taille beaucoup plus petite que les micro-organismes.
- Un **parasite** vit aux dépens d'un individu chez lequel il provoque des troubles plus ou moins importants en consommant ses tissus et ses molécules.
- La **contamination** est l'envahissement d'un organisme vivant ou d'un milieu par des micro-organismes.

- Des **filtres céramiques** peuvent être employés pour traiter l'eau dans les pays en voie de développement. Ils permettent d'éliminer la plupart des parasites et des bactéries, mais leur efficacité sur la destruction des virus présents dans l'eau n'est pas démontrée.
- Des **pastilles de chlore** permettent d'éviter une **contamination** trop rapide de l'eau traitée.

Exploiter les documents

Doc. 1 : sa lecture permet de se rendre compte du nombre de réfugiés ou de migrants en 2015. Ce nombre a malheureusement augmenté aujourd'hui.

Doc. 2 : il précise quelques actions menées par des associations humanitaires dans des camps pour réfugiés ou migrants.

Doc. 3 : il décrit les maladies dues à l'eau polluée et donne des informations sur les modes de contamination de cette eau.

Doc. 4 : plusieurs dispositifs de traitement de l'eau adaptés aux pays en voie de développement sont détaillés dans ce document.

Doc. 5 : plusieurs paramètres de potabilité d'une eau sont donnés dans ce document.

Préparer un exposé

Exposer la problématique et la méthodologie suivie

Expliquez pourquoi vous avez choisi d'étudier l'accès à l'eau potable dans les camps pour réfugiés ou migrants, puis comment vous avez travaillé pour rechercher et analyser les documents présentés précédemment.

Répondre à la problématique

Le jury attend un exposé en deux parties :

I. Pourquoi l'accès à l'eau potable est-il une nécessité pour les êtres humains ?

II. Comment améliorer l'accès à l'eau potable dans les camps pour réfugiés ou migrants ?

Exposé

Comme vous le savez, **plus de douze millions de personnes**, traquées par la guerre, la misère ou les tragédies humanitaires, **doivent vivre dans des camps pour réfugiés ou migrants**. La **situation** de ces populations est **souvent préoccupante en matière d'accès à l'eau potable**. Nous avons donc décidé d'étudier l'importance de l'accès à l'eau potable pour les

L'astuce du prof

Prenez le temps de bien expliquer pourquoi vous avez choisi de présenter cet EPI.

ORAL

êtres humains avant de nous intéresser à son acheminement dans les camps pour réfugiés ou migrants de certains pays du Sud notamment. Pour cela, nous avons recherché des documents portant sur ce sujet avant de les analyser et d'en faire une synthèse que nous vous présentons aujourd'hui.

La consommation d'eau non potable entraîne de très **nombreuses maladies graves** comme des gastro-entérites et des diarrhées qui **tuent** énormément de **personnes**, déjà affaiblies par la dénutrition. D'après un document du CNRS traitant des maladies liées à l'eau, environ **6 millions d'enfants meurent chaque année dans le monde suite à ces maladies hydriques.** En effet, les habitants de certains pays disposent de très peu de latrines septiques et ne sont pas en mesure de traiter l'eau, ce qui explique les micro-organismes, les parasites et les virus retrouvés dans l'eau consommée, en raison notamment de la présence dans l'eau de matières fécales de personnes malades.

> **Gagnez des points !**
> Reprenez dès que possible les données chiffrées des documents.

Malheureusement, dans les pays du Sud, comme la Somalie, l'eau potable manque souvent dans les camps pour réfugiés et migrants, et l'eau utilisée par les populations pour boire ou se laver peut être souillée. Les normes de potabilité ne sont pas respectées et des parasites, des virus et des bactéries sont présents dans l'eau. Il est donc indispensable de traiter cette eau souillée qui est un vecteur très important de maladies. Pour cela, **des filtres céramiques** peu coûteux et relativement simples d'utilisation permettent d'éliminer la plupart des parasites et des bactéries dans l'eau. Leur efficacité sur la destruction des virus présents dans l'eau n'est toutefois pas démontrée, et des intervenants doivent être formés pour éduquer la population à l'utilisation correcte de ce matériel. De plus, l'envoi de ce matériel doit être accompagné de **plaquettes de chlore** qui permettent de **mieux conserver l'eau déjà filtrée** et qui peuvent peut-être mieux traiter l'eau en éliminant éventuellement les virus (des tests devront être mis en place pour le vérifier). Cependant, si l'envoi de ce matériel pour traiter les eaux polluées est indispensable pour pallier les situations d'urgence, ce traitement des eaux avec des filtres à céramiques et du chlore n'est pas satisfaisant à long terme. En effet, l'eau traitée contient encore des virus et peut-être d'autres substances chimiques toxiques. Pour améliorer cette situation à plus long terme et pour éviter au maximum la pollution des eaux, il est alors nécessaire :

– de **construire des latrines** afin d'éviter que les déjections polluent l'eau et de limiter la propagation de germes d'origine fécale ;

– de **construire** ou de **réhabiliter des puits** pour augmenter le nombre d'accès directs à l'eau potable. Cela permettrait aussi de

> **L'astuce du prof**
> Ne mélangez pas les différentes parties de votre argumentation : parlez d'abord des mesures d'urgence avant de développer les solutions plus pérennes.

mieux irriguer les cultures afin d'améliorer le rendement des surfaces agricoles ;
– de **distribuer des notices d'éducation** à l'hygiène pour que les habitants comprennent mieux le lien entre les déjections dans l'environnement, la pollution des eaux et les maladies hydriques ;
– d'**augmenter le nombre de personnels** soignants et non soignants dans les camps pour réfugiés et migrants afin d'accompagner, de soigner et de former les populations.

En espérant vous avoir convaincu de l'urgence de la situation, nous vous remercions pour votre écoute attentive.

Entretien avec les examinateurs

Les réponses aux questions posées par les examinateurs peuvent être les suivantes :

1 Il y a malheureusement des camps de réfugiés ou migrants **partout dans le monde** : en Afrique, en Europe, en Asie, en Amérique...

2 Il ne doit pas y avoir de parasites dans une eau potable, car ils occasionnent des **troubles plus ou moins importants** dans les organismes des êtres vivants en consommant leurs tissus et leurs molécules.

3 Les filtres céramiques ne permettent pas d'éliminer les virus, car ces derniers sont **beaucoup plus petits** que les micro-organismes.

Sujet 2 Eras, *Rappeur entouré de crânes*

15-25 min

Sujet inédit

Exposé

Seul : 5 min En groupe : 10 min

Projet

Parmi les choix de parcours et les EPI que nous avons étudiés tout au long du cycle 4, nous avons choisi de vous présenter l'œuvre d'art *Rappeur entouré de crânes* d'Eras.

EPI Culture et création artistique
Discipline Français – Histoire des arts
Titre du projet Eras, *Rappeur entouré de crânes*
Objectif du projet Analyser une peinture murale éphémère

Document Eras, *Rappeur entouré de crânes*, 2008. Peinture murale éphémère, rue Ordener, Paris, XVIIIe arrondissement

Entretien avec les examinateurs

Voici des questions que pourrait vous poser le jury :

1 Pourquoi avez-vous choisi de nous présenter cette œuvre ?

2 Dans quelle tradition de l'histoire de l'art peut-on inscrire cette œuvre ?

Sujet 2 Corrigé

Les clés pour réussir

Replacer l'œuvre dans son contexte

- **Le lieu d'exposition de l'œuvre** est important ici car il est indissociable de l'œuvre. Cette peinture murale a été réalisée sur dans le XVIIIe arrondissement de Paris sur un mur de la rue Ordener.
- Depuis 2003, c'est un mur d'expression libre qui accueille des fresques monumentales et éphémères, les œuvres étant vite recouvertes par de nouveaux graffitis.

Décrire la scène

- Demandez-vous ce que l'artiste a voulu représenter à travers sa peinture. Commencez par identifier qui est le personnage au centre de l'œuvre.
- Il peut également être utile de vous interroger sur **la mise en scène des relations entre les personnages** : ici, le pantin et la main du marionnettiste.
- Dans cette œuvre, **le décor fait partie intégrante de la scène**. Observez attentivement les crânes et décrivez les différents éléments qui les caractérisent.

Expliquer la signification de l'œuvre

- Pour expliquer une œuvre, il vous faut **identifier les symboles** présents dans l'œuvre et les interpréter. Par exemple ici, les crânes, les billets, la fumée ou encore le bijou autour du cou du pantin.
- Pensez à faire des liens entre les thèmes traités dans l'œuvre présentée et d'autres œuvres que vous connaissez.

Exposé

Cette œuvre intitulée ***Rappeur entouré de crânes*** est une **peinture murale réalisé par le graffeur Eras en 2008**. Elle se trouve sur le mur de la rue Ordener, dans le XVIIIe arrondissement de Paris.

L'auteur est un « graffeur » qui signe « Eras » et participe au street art ou art urbain, mouvement artistique contemporain qui existe depuis les années 1960. Le street art regroupe toutes les formes d'art réalisées dans la rue ou dans des endroits publics, et comprend diverses techniques telles que le graffiti, le pochoir ou les stickers. C'est un art éphémère vu par un très large public.

Sur la peinture, la main d'un **marionnettiste** aux doigts violets fait danser un **rappeur-pantin** de bois à la tête baissée, coiffé d'une casquette et tenant dans une main un micro et dans l'autre des **billets** de 500 euros. Son cou est orné d'un **lourd collier en or** et d'une médaille en forme d'euro.

À gauche, des **crânes** sont entassés et portent les marques de morts violentes : l'un est poignardé, l'autre présente un impact de balle en plein front, un troisième est transpercé par un os, et du dernier, ouvert en son sommet, sortent des billets de 500 euros. À droite, on voit d'autres crânes aux **allures menaçantes**, tous sont brisés et laissent s'échapper une fumée blanchâtre.

Pièges à éviter

La partie « décrire » ne doit pas être trop longue : ne faites pas une liste sans fin de chaque détail de l'œuvre, mais relevez les éléments les plus importants et que vous pourrez ensuite expliquer.

Le rappeur est manipulé par un marionnettiste dont les doigts ont tellement touché l'argent qu'ils ont la couleur des billets de 500 euros. Le chanteur en récupère quelques-uns pour se donner une **illusion de réussite** : celle-ci est symbolisée par un bijou *bling-bling,* signe extérieur de richesse ostentatoire et éloigné des véritables valeurs artistiques. On peut donc voir dans ce graff une **œuvre de contestation**, dénonçant les dérives du show-business qui oublie trop souvent le spectacle au profit du « business ».

Cependant, le rappeur devient vite **esclave de cette richesse qui l'enchaîne** et l'attire inexorablement vers le sol… et vers **la mort qui sera la véritable gagnante**, puisque c'est finalement dans le crâne que s'entassent les billets violets.

Cette peinture murale reprend ainsi tous les thèmes des tableaux baroques appelés **vanités**, qui suggèrent par de nombreux symboles que l'existence humaine est « vaine », c'est-à-dire vide, fragile et soumise aux apparences. Selon la devise latine *memento mori* (« souviens-toi que tu vas mourir »), l'homme ne doit pas oublier qu'il est mortel pour ne pas perdre son temps à de vaines activités. Les symboles usuels des vanités sont bien présents ici :

– l'argent et les bijoux : **vanité des richesses**,
– les crânes, la fumée, les armes : **fragilité de la vie humaine**,
– le micro (la musique) : **vanité des plaisirs**.
– enfin, le street art, par essence éphémère, puisque destiné à être bientôt recouvert, est une sorte de **mise en abyme du caractère transitoire de la vie humaine**, thème majeur des vanités.

Entretien avec les examinateurs

1 J'ai choisi cette œuvre parce que je suis sensible à toutes les formes d'art urbain (graffitis, slam, rap...) qui s'adressent de façon explicite à tout le monde. Ce sont des œuvres éphémères, mais qui auront un très large écho. J'aime aussi l'idée que l'art vienne à notre rencontre sans que l'on ait soi-même décidé du moment (à la différence de la visite d'un musée par exemple).

2 Cette œuvre s'inscrit dans un parcours culturel qui montre la permanence de certaines grandes questions humaines que l'on retrouve à travers différentes formes d'expression artistique. La tradition des vanités questionne sur le rapport de l'homme au temps et sur la meilleure façon d'en profiter. Cette œuvre invite à se recentrer sur l'essentiel, qui doit primer sur une certaine « tyrannie » des apparences. On retrouve d'ailleurs ce thème dans la poésie dès l'antiquité avec le *Carpe Diem* d'Horace, plus tard avec les sonnets de Ronsard et au XXe siècle sous la plume de R. Queneau dans sa chanson « Si tu t'imagines ».

15-25 min

Sujet 3 Les métiers de l'informatique

Sujet inédit

Exposé

Seul : 5 min En groupe : 10 min

Projet

Parmi les parcours et les EPI que nous avons étudiés tout au long du cycle 4, nous avons choisi de reprendre le travail que nous avons effectué dans le cadre des parcours Avenir en vous présentant différents métiers dans le domaine de l'informatique, ainsi que les compétences à acquérir au collège pour les exercer.

Parcours Avenir

Titre du projet Les métiers de l'informatique

Contenu du projet Connaître les compétences à acquérir pour travailler dans l'informatique

Doc. 1 Technicien(ne) de maintenance en informatique

Une carte son à changer ? Un ordinateur à installer ? Un écran noir ? Polyvalent, le technicien de maintenance en informatique est capable de faire face à de nombreux problèmes. Et ce, avec le plus de rapidité et d'efficacité possible.

Pour devenir technicien de maintenance en informatique, un métier qui ne connaît pas la crise, les formations se situent à deux niveaux : bac professionnel et bac + 2. Actuellement, ce dernier a souvent la préférence des recruteurs. La maîtrise de l'anglais technique est requise.

Après la 3e : Bac pro SEN (systèmes électroniques numériques), spécialité télécommunications et réseaux.

Après le baccalauréat :
– BTS systèmes numériques ou services informatiques aux organisations ;
– DUT informatique, réseaux et télécommunications ou génie électrique et informatique industrielle ;
– DEUST maintenance et installation de réseaux ;
– Licence professionnelle, mention métiers de l'informatique.

D'après http://www.onisep.fr/Ressources/Univers-Metier/Metiers/technicien-technicienne-de-maintenance-en-informatique

Doc. 2 Entretien avec un ingénieur informatique dans le domaine du traitement d'images

Dans le domaine du traitement d'images, Pierre, ingénieur informatique en recherche et développement, est amené à développer des algorithmes, des applications et à concevoir des systèmes d'acquisition (éclairage, caméra). Les applications sont variées : réalité augmentée, robotique, biométrie, imagerie médicale, etc.

Quelles sont les compétences requises pour exercer le métier d'ingénieur informatique ?

L'informaticien résout des problèmes techniques et scientifiques tout en utilisant le travail réalisé par des millions d'autres informaticiens à travers le monde. L'évolution constante et l'émergence de nouvelles technologies imposent de se former en continu et d'acquérir de nouvelles compétences : nouveau langage informatique, nouveau système d'exploitation, etc.

Dans ce métier, il est également très important de savoir chercher de l'information sur Internet et de maîtriser l'anglais scientifique, qui est la langue d'échange dans ce milieu.

Quelle formation avez-vous suivie ?

Après un baccalauréat scientifique, j'ai continué mes études à l'université. J'y ai obtenu un Master en « Systèmes Intelligents et Communicants » recouvrant des domaines tels que l'informatique embarquée et le traitement du signal et de l'image.

En quoi vos connaissances scientifiques sont-elles utiles dans votre pratique quotidienne ?

Je travaille dans le secteur de la biométrie et plus particulièrement dans celui de la reconnaissance d'iris de l'œil. Le système d'acquisition utilisé pour la reconnaissance d'iris est constitué d'une caméra et d'un éclairage spécifique, ce qui permet de distinguer la texture de l'iris, même pour les gens ayant les yeux sombres. S'en suit une étape de détection de l'iris dans l'image, basée sur des algorithmes de traitement d'images. D'autres algorithmes permettent de comparer cet iris à un ou plusieurs millions d'autres iris sur un *smartphone*, un ordinateur ou un supercalculateur.

Qu'aimez-vous dans votre métier ?

La diversité : je peux travailler sur des sujets très variés, dans différents domaines d'application et pour différents supports (téléphones, robots, caméras, etc.). Au quotidien, je développe de nouvelles applications qui seront utilisées par des centaines de personnes.

Entretien avec les examinateurs

Voici des questions que pourrait vous poser le jury :

1 Faut-il forcément suivre des études scientifiques pour travailler dans l'informatique ?

2 Les métiers de l'informatique sont-ils réservés aux garçons ?

3 Qu'est-ce que la biométrie ?

Sujet 3 Corrigé

Les clés pour réussir

L'essentiel à savoir

- Une **carte son** est une carte d'extension d'un ordinateur. La principale fonction de cette carte est de gérer tous les sons reçus ou émis par l'ordinateur, pour les envoyer vers les haut-parleurs. Cette carte se présente sous la forme d'un périphérique que l'on peut connecter à l'ordinateur.
- Un **algorithme** est une suite d'opérations ou d'instructions qui permettent de résoudre un problème.
- Un **système d'exploitation** est un ensemble de programmes qui dirige l'utilisation des capacités d'un ordinateur. C'est l'intermédiaire entre le système informatique et les logiciels utilisés par les êtres humains.
- Un **œil** est constitué notamment d'un **iris**, qui limite la lumière pénétrant dans l'œil par la pupille.

Exploiter les documents

Doc. 1 : ce document de l'Onisep précise les différentes formations que l'on peut suivre pour devenir technicien(ne) de maintenance informatique.

Doc. 2 : l'entretien avec Pierre, ingénieur informatique, permet de mieux comprendre la réalité de son métier.

Préparer un exposé

Exposer la problématique et la méthodologie suivie

Expliquez pourquoi vous avez choisi d'étudier les métiers de l'informatique, puis comment vous avez travaillé dans votre parcours Avenir pour rechercher des documents et pour réaliser l'entretien avec Pierre, ingénieur informatique.

Répondre à la problématique

Pour cet exposé, le jury attend un exposé en deux parties :

I. Les différents métiers de l'informatique

II. Les compétences à acquérir au collège pour pouvoir travailler plus tard dans l'informatique

Exposé

L'informatique recrute ! Nous nous sommes donc intéressé(e)s à ce **secteur porté par des innovations constantes** : robots programmés en médecine, logiciels de commande d'avion, système de commerce électronique... Pour cela, nous avons recherché des documents au CDI avec le professeur documentaliste sur les métiers de l'informatique et nous avons également rencontré Pierre, un ingénieur informatique dans le domaine du traitement d'images.

> **Gagnez des points !**
> N'hésitez pas à insister sur les initiatives que vous avez prises en dehors du collège, par exemple la rencontre avec un ingénieur informatique.

Présent dans tous les domaines et porté par les innovations technologiques, le secteur informatique **génère de nombreux débouchés. Du niveau baccalauréat au niveau bac + 5**, les informaticiens sont recherchés pour leurs connaissances pointues dans un domaine en **perpétuelle évolution**. En effet, des bureaux d'étude aux services administratifs, en passant par les usines et les hôpitaux, les entreprises ne fonctionneraient plus sans l'informatique. Les logiciels interviennent pendant la conception et la fabrication des produits et gèrent également des flux d'information à travers le monde (achats de matières, stocks, ventes, congés, paies, etc.). Internet a également permis le développement du commerce électronique, du multimédia et des jeux vidéo. Ainsi, de nombreuses embauches sont attendues dans les années à venir, notamment dans le Web et le e-commerce. Aujourd'hui, près de la moitié des informaticiens travaillent pour des éditeurs de logiciels ou des sociétés de services. Les autres exercent pour des entreprises qui mettent l'informatique au service de leurs métiers, notamment le secteur public avec l'e-administration (déclaration sur Internet, dossier médical informatisé dans les hôpitaux...), la bancassurance, les transports, l'énergie... **Derrière le terme « informaticien » se cache donc aujourd'hui une multitude de métiers, au niveau technicien ou ingénieur**.

> **L'astuce du prof**
> Ne cherchez pas à être exhaustif. Le but n'est pas de faire la liste de tous les métiers existants liés à l'informatique.

Si l'on souhaite s'orienter vers les métiers de l'informatique, il faut **acquérir dès le collège de nombreuses compétences**. Par exemple, **en mathématiques et en technologie**, il est indispensable de comprendre toutes les parties du programme sur la **programmation informatique**. Il est nécessaire de **savoir écrire, mettre au point et exécuter un programme**, mais aussi de **comprendre le fonctionnement d'un réseau informatique**, c'est-à-dire d'être capable :

– d'analyser les composants et l'architecture d'un réseau ;

– d'**étudier les notions de protocole, d'organisation de protocoles en couche, d'algorithme de routage ;**

– de comprendre le fonctionnement d'Internet...

De plus, si l'acquisition de ces compétences scientifiques est indispensable, cela n'est pas suffisant. Il faut absolument **travailler le français mais aussi l'anglais** pour être **capable de communiquer** convenablement avec l'ensemble de ses interlocuteurs. Enfin, de façon générale, il est important de travailler l'ensemble des disciplines enseignées au collège, car il est nécessaire aujourd'hui d'avoir au minimum le baccalauréat ou un bac + 2 pour travailler dans le secteur informatique.

En conclusion, ce travail sur les métiers de l'informatique a conforté notre idée de travailler dans ce secteur plus tard, ce qui nous a motivé(e)s encore davantage pour obtenir de bons résultats au collège !

Entretien avec les examinateurs

Les réponses aux questions posées par les examinateurs peuvent être les suivantes :

1 Pour travailler dans l'informatique, il faut **suivre des études scientifiques** pour être ingénieur, technicien ou développeur informatique. Cependant, il existe des **exceptions** : une personne ayant fait des études artistiques peut travailler dans le domaine informatique pour rédiger un scénario ou pour créer les personnages d'un jeu vidéo par exemple.

2 Comme quasiment tous les métiers aujourd'hui, l'informatique n'est **pas réservée aux garçons**. Les filles peuvent réussir aussi bien que les garçons dans ce milieu.

3 La biométrie signifie « **mesure du vivant** » ; elle désigne dans un sens très large l'étude quantitative des êtres vivants. L'usage de ce terme se rapporte aujourd'hui de plus en plus à l'usage de techniques informatisées à des fins de **reconnaissance, d'authentification et d'identification**, comme par exemple la reconnaissance de l'iris d'un œil, tel que cela est expliqué par Pierre, l'ingénieur informatique.

Sujet 4 Aménagement des territoires français et engagement citoyen

15-25 min

Sujet inédit

Exposé

Seul : 5 min En groupe : 10 min

Projet

Dans le cadre du « Parcours citoyen » que nous avons suivi au collège, nous avons choisi de nous intéresser à la place et au rôle des citoyens dans la mise en œuvre des mesures prises en matière d'aménagement des territoires français.

Parcours Citoyen

Titre du projet Aménagement des territoires français et engagement citoyen

Contenu du projet Comprendre le rôle des citoyens dans l'aménagement des territoires

Document Manifestation contre le projet d'aéroport de Notre-Dame des Landes à Nantes en janvier 2016

Entretien avec les examinateurs

Voici des questions que pourrait vous poser le jury :

1 Quel est le principal mode d'expression de la citoyenneté dans la démocratie ?

2 À quelle liberté fondamentale peut-on associer le droit de manifester ?

Sujet 32 Corrigé

Les clés pour réussir

Présenter le sujet

- Le parcours Citoyen a pour double objectif de vous faire connaître les valeurs de la République et de vous conduire à devenir des citoyens responsables et libres : il faut donc montrer d'emblée aux examinateurs que votre sujet répond à ces deux exigences.
- Compte tenu de l'ampleur du sujet et du temps imparti, il convient de préciser au jury que vous ne pourrez pas multiplier les exemples dans le cadre de l'exposé (en prévoyant d'en citer d'autres au moment de l'entretien…).

Croiser les différentes approches disciplinaires

- La dimension géographique du sujet est essentielle. Elle relève principalement du Thème 2 du programme « Pourquoi et comment aménager le territoire ? ».
- Pour autant, n'oubliez pas que l'exposé et l'entretien doivent également mobiliser les connaissances et les compétences que vous avez construites dans d'autres champs disciplinaires (en histoire et en EMC notamment) tout au long de votre scolarité dans le cycle 4. Il s'agit donc d'employer certaines expressions-clés telles que « modèle social républicain », « liberté », « démocratie », « conquête des droits politiques »…

Exposé

Les inégalités sociales et économiques s'observent à toutes les échelles du territoire français. Ces disparités ont tendance à s'accentuer depuis quelques décennies sous l'effet de la métropolisation, de l'intégration européenne et de la mondialisation. Pour en atténuer la portée, l'État et les collectivités territoriales mettent en œuvre des **politiques d'aménagement du territoire**. Les mesures correspondantes ne sont pas toujours acceptées par les citoyens. Certains

Gagnez des points !

Inscrivez votre réflexion dans une perspective suffisamment large pour vous permettre d'apporter de nouvelles informations pendant l'entretien ; n'oubliez pas de « problématiser » l'exposé en terminant l'introduction par une question.

d'entre eux s'engagent alors dans une démarche de contestation parfois virulente... **Comment s'exerce la citoyenneté des Français en matière d'aménagement du territoire ?**

Envisageons l'exemple du projet de construction d'un nouvel aéroport international dans l'ouest de la France, à Notre-Dame-des-Landes. Le projet a été envisagé dès les années 1960 pour remplacer l'actuel aéroport de Nantes. Il a été relancé dans les années 2010 afin de répondre à la croissance attendue des flux aériens.

Depuis, ses détracteurs multiplient les initiatives pour que les autorités publiques renoncent à sa construction. Ils dénoncent en particulier les conséquences économiques et environnementales du projet. Privés de leurs terres et de leurs exploitations, les agriculteurs n'auraient en effet d'autre choix que de partir ; les paysages ruraux du territoire concerné en seraient profondément bouleversés.

Dans cette lutte, de simples citoyens unissent leurs efforts à ceux des militants de mouvements écologistes, de partis politiques ou d'organisations syndicales. Ils utilisent des moyens variés pour arriver à leurs fins : occupation de la ZAD (zone d'aménagement différé), pétitions, manifestations, blocages des voies de communication... En niant l'intérêt général et en refusant les nuisances subies par les riverains, les opposants sont accusés d'avoir un comportement de type « Nimby » ou « Banana ».

Gagnez des points !

Pour montrer l'étendue de vos connaissances et prendre appui sur l'actualité, vous pouvez établir des parallèles entre cette manifestation et d'autres mouvements d'opposition à des projets d'aménagement du territoire : installation de lignes à haute tension, construction du centre d'enfouissement des déchets nucléaires dans la Meuse...

Gagnez des points !

« Banana » (de l'anglais *build absolutely nothing anywhere near anyone*, soit « ne rien construire nulle part ni près de personne ») et « Nimby » (*not in my backyard*, soit « pas dans mon arrière-cour ») sont des acronymes qui désignent la résistance de la population locale face à des décisions d'aménagement de l'État.

L'expression de cette opposition est pourtant un signe de bonne santé de la démocratie en France : elle montre qu'un dialogue est possible entre citoyens et pouvoirs publics. L'exercice du débat contradictoire entre citoyens d'une part, et avec ceux qui les représentent d'autre part, garantit le respect des libertés fondamentales des Français.

Cette forme d'exercice de la citoyenneté se heurte à certaines limites comme en témoignent des actes de violence et de sabotage commis à l'occasion de manifestations récentes. C'est alors à la justice d'appliquer les règles de droit ; c'est également à elle de rendre un jugement quand les négociations entre l'État et ses opposants n'ont pas permis de trouver un compromis.

Entretien avec les examinateurs

1 Le vote au suffrage universel est un élément fondamental de la citoyenneté : c'est le fondement de la République française.

2 Manifester relève de la liberté d'expression, droit fondamental de tout citoyen français.

3 Cette question est l'occasion de démontrer que vous vous intéressez à la vie de votre commune, de votre département ou de votre région et que vous en serez bientôt un citoyen actif et éclairé. Vous pouvez en outre préciser de quelle manière les médias locaux ont rendu compte des arguments en présence pour aborder le rôle joué par la presse dans la vie sociale et politique du territoire concerné.

Sujet 5 Otto Dix, *Les Joueurs de skat*

15-25 min

Sujet inédit

Exposé

Seul : 5 min En groupe : 10 min

Projet

Parmi les œuvres étudiées lors du Parcours d'Éducation Artistique et Culturelle, nous avons choisi de vous présenter *Les Joueurs de skat* d'Otto Dix.

Parcours PEAC

Objectif du projet Montrer l'engagement d'un artiste contre la guerre

Document Otto Dix, Les joueurs de skat, 1920, huile sur toile et collage, Galerie nationale, Berlin.

Entretien avec les examinateurs

Voici des questions que pourrait vous poser le jury :

1 Pourquoi avez-vous choisi cette œuvre ?

2 Dans quel contexte historique cette œuvre est-elle née ?

3 Pourriez-vous établir des liens avec d'autres œuvres sur le même thème ?

Sujet 5 Corrigé

Les clés pour réussir

Présentez l'artiste

- **Otto Dix** (1891-1969), peintre allemand, engagé dans l'artillerie en 1914. Il sort traumatisé de la guerre puis devient professeur d'art. Il participe au mouvement **expressionniste** dans lequel **les artistes expriment la réalité selon leurs sentiments** dans une peinture agressive et angoissante qui critique la société. Considéré comme un artiste « dégénéré » par les nazis, il est interdit et certaines de ses œuvres sont brûlées.

Replacez l'œuvre dans son contexte

- En 1920, l'Europe sort avec peine de la **Première Guerre mondiale**. Les sociétés sont encore traumatisées par celle-ci et les traces de cette guerre sont présentes dans la vie quotidienne (destructions, blessés, commémorations...). Cette guerre fait plus de 10 millions de morts et 6 millions de « **gueules cassées** » qui peinent à retrouver une vie normale.

Décrivez le tableau

- Observez attentivement le **décor** pour mettre en évidence certains détails significatifs : lampe, porte-manteau vide, journaux allemands...
- Décrivez précisément les trois **personnages** : chaque élément peut être significatif, que ce soit dans les mutilations, les attitudes, les vêtements... Demandez-vous toujours quelle a été l'**intention de l'artiste**.

Expliquez la signification de l'œuvre

- Appuyez-vous sur votre description pour **interpréter le tableau**. Chaque détail a été choisi par le peintre : pour quelles raisons ?
- Pensez à **faire des liens avec d'autres œuvres** que vous connaissez et à montrer pourquoi vous considérez Otto Dix comme un artiste « engagé ».

Exposé

Au second plan, un lampadaire où l'on voit une **tête de mort** éclaire la scène. Au-dessus des hommes sont affichés des **articles de journaux** allemands qui font référence à la guerre. Sur la droite se trouve un porte-manteau vide.

Au centre, les trois personnages assis autour d'une table jouent aux cartes.

Le personnage de gauche : Amputé du bras droit, il a une main articulée à gauche. Il tient ses cartes avec son pied. Une prothèse remplace sa jambe à partir du genou. De son oreille part un étrange dispositif auditif. Son visage est **mutilé** (œil, joue, cuir chevelu...).

Le personnage du centre : Ses jambes sont remplacées par deux prothèses. Sa face gauche est mutilée (œil de verre, absence d'oreille, joue...) La peau est absente de son cou et de sa tête où se dessine le corps d'une femme. Il n'a plus de bras et se sert de sa mâchoire pour tenir ses cartes.

Le personnage de droite : Il n'a plus de jambes, son bras droit est mécanique, sa mâchoire est une prothèse, son nez coupé est caché par un bandeau. Il porte une Croix de fer : distinction honorifique des soldats allemands.

Méthode

Pour présenter votre exposé vous pouvez réaliser un diaporama :

- **Ne rédigez surtout pas de phrases sur le diaporama** : vous seriez tenté de lire et vous perdriez des points sur votre évaluation de l'oral.
- **Montrez bien sur l'image les éléments que vous décrivez à l'oral** : vous connaissez l'œuvre, mais le jury pas toujours.

Les couleurs tournent autour du verdâtre, noir, et bleu foncé à l'exception des visages. **Les lignes du tableau sont très confuses** : elles sont cassées.

Les **mutilations** renvoient bien sûr à la violence subie pendant la guerre mais aussi à l'impuissance des médecins à réparer les corps. Les prothèses deviennent une sorte de camouflage pour tenter de rendre invisibles les destructions subies par ceux que l'on appelle les « **Gueules cassées** ». Les joueurs **montrent leurs jeux** car « les jeux sont faits » ! Ces derniers étaient **truqués** (cartes identiques). Les **cartes sont retournées** comme les enveloppes corporelles. L'absence des membres inférieurs, remplacés par des jambes de bois articulées, transforme ces trois personnages en caricatures proches de **marionnettes**. Ils sont difformes et ne maîtrisent pas leur destin : quelqu'un tire les ficelles pour eux... **la mort qui les regarde** ?

À l'heure de la mise à l'honneur des anciens combattants et de la valorisation de la guerre, **Otto Dix prend clairement position contre la guerre**, en dénonçant ses horreurs. Il reprend ici un thème très connu, *Les joueurs de cartes*, peints par **Cézanne** en 1890, en transformant une scène banale de la vie quotidienne en scène d'horreur de l'après-guerre. Le peintre **Fernand Léger**, soldat de la Première Guerre mondiale, traite le même thème en 1917 dans son tableau *La partie de cartes* qui montre une déshumanisation entraînée par cette guerre moderne. Enfin, ce tableau trouve des échos dans de nombreux textes sur les gueules cassées, notamment le roman *La chambre des officiers* de **Marc Dugain** (1998), qui retrace le parcours d'Adrien Fournier, jeune officier blessé au visage dès 1914, qui se réveille dans un hôpital parisien où il passera cinq ans avec d'autres « gueules cassées ».

Révisions

En flashant cette page, des exercices interactifs sur tous les thèmes du programme.

1 Nombres et calcul

Multiple et diviseur

	Exemples
• **Entier naturel** Un **nombre entier naturel** est un nombre entier positif ou nul.	0 ; 1 ; 2 ; 3 sont des entiers naturels.
• **Multiple** *a* est un **multiple** de *b* lorsqu'il existe un entier *q* tel que $a = b \times q$. On dit aussi que *b* est un **diviseur** de *a* ou que *a* est **divisible** par *b*.	$18 = 9 \times 2$. 18 est un multiple de 9. 9 est un diviseur de 18. 18 est divisible par 9.

Diviseur commun

	Exemple
• *d* est un diviseur commun de *a* et *b* lorsque *a* et *b* sont divisibles par *d*.	3 est un diviseur commun de 12 et 15.

Critères de divisibilité

• Un nombre est divisible par ...	Exemples
2 s'il se termine par 0, 2, 4, 6 ou 8.	218
3 si la somme des chiffres qui le composent est un multiple de 3.	72 (car $7 + 2 = 9$, multiple de 3)
5 s'il se termine par 0 ou 5.	495
9 si la somme des chiffres qui le composent est un multiple de 9.	153 (car $1 + 5 + 3 = 9$)
10 s'il se termine par un 0.	1 050

Nombres premiers et fractions irréductibles

Exemples

• Nombre premier

Un nombre entier naturel est premier s'il admet exactement deux diviseurs : 1 et lui-même.
Le nombre 1 n'est pas premier, car il n'a qu'un seul diviseur (lui-même).

2 ; 3 ; 5 ; 7 ; 11 ; 13 sont les premiers nombres premiers.

• Nombres premiers entre eux

Deux nombres sont premiers entre eux lorsque leur seul diviseur commun est 1.

Diviseurs de 15 : 1 ; 3 ; 5 et 15.
Diviseurs de 28 : 1 ; 2 ; 4 ; 7 ; 14 et 28.
Le seul diviseur commun est 1, donc 15 et 28 sont premiers entre eux.

• Décomposition en facteurs premiers

Tout entier naturel non premier se décompose en produit de facteurs premiers.

$$60 = \underbrace{2^2 \times 3 \times 5}_{\text{décomposition en facteurs premiers}}$$

• Fraction irréductible

Une fraction $\frac{a}{b}$ $(b \neq 0)$ est irréductible quand a et b sont premiers entre eux.

Autrement dit, $\frac{a}{b}$ est irréductible lorsque a et b n'ont pas de diviseur commun autre que 1.

$\frac{15}{28}$ est une fraction irréductible car 15 et 28 sont premiers entre eux.

Calculs avec des fractions

$b \neq 0$; $c \neq 0$ et $d \neq 0$.

• Addition et soustraction

◗ Lorsque les fractions ont le même dénominateur, on additionne les numérateurs :

$$\frac{a}{b}+\frac{c}{b}=\frac{a+c}{b}$$

◗ Lorsque les fractions n'ont pas le même dénominateur, on les réduit au même dénominateur :

$$\frac{a}{b}+\frac{c}{d}=\frac{ad}{bd}+\frac{cb}{bd}=\frac{ad+cb}{bd}$$

• Multiplication

On multiplie les numérateurs entre eux et les dénominateurs entre eux :

$$\frac{a}{b}\times\frac{c}{d}=\frac{a\times c}{b\times d}$$

• Division

Diviser par une fraction $\frac{c}{d}$ revient à multiplier par son inverse $\frac{d}{c}$:

$$\frac{a}{b}\div\frac{c}{d}=\frac{a}{b}\times\frac{d}{c}=\frac{a\times d}{b\times c}$$

(flèche vers $\frac{d}{c}$:) inverse de $\frac{c}{d}$

Exemples

$$\frac{3}{5}+\frac{6}{5}=\frac{3+6}{5}=\frac{9}{5}$$

$$\frac{4}{7}-\frac{2}{3}=\frac{4\times3}{7\times3}-\frac{2\times7}{3\times7}$$
$$=\frac{12}{21}-\frac{14}{21}=\frac{-2}{21}$$

$$\frac{5}{3}\times\frac{4}{7}=\frac{5\times4}{3\times7}=\frac{20}{21}$$

$$\frac{2}{9}\div\frac{3}{4}=\frac{2}{9}\times\frac{4}{3}$$
$$=\frac{2\times4}{9\times3}=\frac{8}{27}$$

Opérations sur les puissances

$a \neq 0$; $b \neq 0$; m et n sont des entiers relatifs.

	Exemples
• $a^n = \underbrace{a \times a \times \ldots \times a}_{n \text{ fois}}$	$5^3 = 5 \times 5 \times 5 = 125$
• $a^{-n} = \dfrac{1}{a^n}$	$3^{-2} = \dfrac{1}{3^2} = \dfrac{1}{9}$
• $a^1 = a$	$10^1 = 10$
• $a^0 = 1$	$3^0 = 1$
• $a^{-1} = \dfrac{1}{a}$	$4^{-1} = \dfrac{1}{4}$
• $a^n \times a^m = a^{n+m}$	$3^2 \times 3^4 = 3^{2+4} = 3^6$
• $\dfrac{a^n}{a^m} = a^{n-m}$	$\dfrac{10^5}{10^2} = 10^{5-2} = 10^3$
• $(a^n)^m = a^{n \times m}$	$(3^2)^5 = 3^{2\times5} = 3^{10}$
• $a^n \times b^n = (a \times b)^n$	$4^2 \times 3^2 = (4 \times 3)^2 = 12^2$

Puissances de 10 et écriture décimale

• $10^n = \underbrace{10 \times 10 \times \ldots \times 10}_{n \text{ facteurs } 10} = 1\underbrace{00\ldots.000}_{n \text{ zéros}}$

• $10^{-n} = \dfrac{1}{10^n} = \dfrac{1}{\underbrace{100\ldots0}_{n \text{ zéros}}} = \underbrace{0{,}0\ldots.}_{n \text{ zéros}}1 = 0{,}\underbrace{0\ldots.1}_{\substack{n \text{ chiffres} \\ \text{après la virgule}}}$

Exemples

$10^4 = \underbrace{10 \times 10 \times 10 \times 10}_{4 \text{ facteurs } 10}$

$= 1\underbrace{0000}_{4 \text{ zéros}}$

$10^{-3} = \dfrac{1}{10^3} = \dfrac{1}{1\underbrace{000}_{3 \text{ zéros}}}$

$= \underbrace{0{,}00}_{3 \text{ zéros}}1 = 0{,}\underbrace{001}_{\substack{3 \text{ chiffres} \\ \text{après} \\ \text{la virgule}}}$

Écriture scientifique

- L'écriture scientifique d'un nombre positif est de la forme :

$$a \times 10^n$$

avec $1 \leqslant a < 10$ (a) ; entier relatif (n)

Exemples

$4\,200\,000 = 4{,}2 \times 10^6$

un seul chiffre (non nul) avant la virgule

$0{,}001\,9 = 1{,}9 \times 10^{-3}$

Racines carrées

- **Racine carrée d'un nombre positif**

La racine carrée d'un nombre positif x (notée $\sqrt{x}$) est le nombre positif dont le carré vaut x.

- **Carrés parfaits**

a	0	1	2	3	4	5	6	7	8	9	10	11	12
a^2	0	1	4	9	16	25	36	49	64	81	100	121	144

Ainsi $\sqrt{25} = 5$; $\sqrt{49} = 7$...

Exemples

$\sqrt{3}$ est le nombre positif dont le carré vaut 3 : $(\sqrt{3})^2 = 3$.

$\sqrt{16}$ est le nombre positif dont le carré vaut 16 : $\sqrt{16} = 4$ car $4^2 = 16$.

Développement

- **Règles de distributivité**

▸ $a(b \pm c) = ab \pm ac$

▸ $(a + b)(c + d) = ac + ad + bc + bd$

- **Égalités remarquables**

▸ $(a + b)^2 = a^2 + 2ab + b^2$

▸ $(a - b)^2 = a^2 - 2ab + b^2$

▸ $(a + b)(a - b) = a^2 - b^2$

Exemples

$5(x - 3) = 5x - 15$

$(3 + x)(x - 2) = 3x - 6 + x^2 - 2x$
$= x^2 + x - 6$

$(x + 4)^2 = x^2 + 2 \times 4 \times x + 4^2$
$= x^2 + 8x + 16$

$(2x - 3)^2 = (2x)^2 - 2 \times 2x \times 3 + 3^2$
$= 4x^2 - 12x + 9$

$(x - 5)(x + 5) = x^2 - 5^2 = x^2 - 25$

Factorisation

• Avec un facteur commun

$\underline{a}b - \underline{a}c = \underline{a}(b - c)$

$\underline{a}b + \underline{a}c = \underline{a}(b + c)$

$\underline{a}$ est un facteur commun.

Exemples

$x^2 - 3x = \underline{x} \times x - \underline{x} \times 3$
$= \underline{x}(x - 3)$

$\underline{(x + 2)}(x - 5) + \underline{(x + 2)}(3x - 1)$
$= \underline{(x + 2)}[(x - 5) + (3x - 1)]$
$= \underline{(x + 2)}[x - 5 + 3x - 1]$
$= \underline{(x + 2)}(4x - 6)$

• Avec une égalité remarquable

- $a^2 + 2ab + b^2 = (a + b)^2$

$x^2 + 2x + 1 = x^2 + 2 \times x \times 1 + 1^2$
$= (x + 1)^2$

- $a^2 - 2ab + b^2 = (a - b)^2$

$x^2 - 6x + 9 = x^2 - 2 \times 3 \times x + 3^2$
$= (x - 3)^2$

- $a^2 - b^2 = (a - b)(a + b)$

$(x + 3)^2 - 16$
$= (x + 3)^2 - 4^2$
$= (x + 3 - 4)(x + 3 + 4)$
$= (x - 1)(x + 7)$

$(2x + 3)^2 - (x + 1)^2$
$= [(2x + 3) + (x + 1)] \times [(2x + 3) - (x + 1)]$
$= (2x + 3 + x + 1) \times (2x + 3 - x - 1)$
$= (3x + 4)(x + 2)$

Résolution d'équations

Exemples

• Solution d'une équation

Un nombre est solution d'une équation (E) quand il vérifie l'égalité correspondant à cette équation.

(E) : $3x^2 + 7x = -4$
Le nombre -1 est solution de (E). En effet,
$3 \times (-1)^2 + 7 \times (-1) = 3 \times 1 - 7$
$= 3 - 7 = -4$

$a \neq 0$; $c \neq 0$.

• Équation du 1er degré :
$ax + b = 0$

On isole les « x » :

$$x = -\frac{b}{a}$$

$3x + 4 = 0$
$3x = -4$ (on retranche 4 de chaque côté)
$x = -\frac{4}{3}$ (on divise par 3 de chaque côté)

$-\frac{4}{3}$ est la solution de l'équation.

• « Équation-produit nul » :
$(ax + b)(cx + d) = 0$

Un produit de deux facteurs est nul si, et seulement si, l'un au moins des deux facteurs est nul :

$ax + b = 0$ ou $cx + d = 0$

$x = -\frac{b}{a}$ ou $x = -\frac{d}{c}$

$(2x + 1)(x + 2) = 0$
$2x + 1 = 0$ ou $x + 2 = 0$
$2x = -1$ ou $x = -2$
$x = -\frac{1}{2}$ ou $x = -2$

$-\frac{1}{2}$ et -2 sont les solutions de l'équation.

Résolution d'inéquations

• Règles sur les inégalités

On résout une inéquation de la même façon qu'une équation, en isolant les « x ».

Le sens de l'inégalité est conservé SAUF quand on multiplie ou divise par un nombre strictement négatif.

• Représentation graphique

- Les nombres strictement supérieurs à a sont colorés en rose.

$x > a$

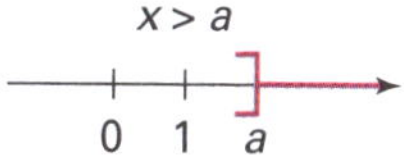

- Les nombres inférieurs ou égaux à a sont colorés en rose.

$x \leqslant a$

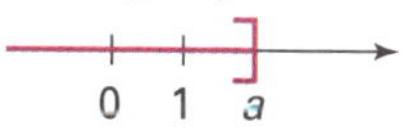

- Le crochet orienté vers l'intérieur de la zone rose indique que a est compris ; orienté vers l'extérieur, il indique que a n'est pas compris.

• Solution d'une inéquation

Un nombre est solution d'une inéquation (I) quand il vérifie l'inégalité correspondant à cette inéquation.

Exemples

$$6x - 5 > 2x + 7$$
$$6x - 2x > 7 + 5$$
$$4x > 12$$
$$x > \frac{12}{4}$$
$$x > 3$$

On ne change pas de sens, car on divise par 4.

$$3x - 2 < 5x + 6$$
$$3x - 5x < 6 + 2$$
$$-2x < 8$$
$$x > \frac{8}{-2}$$
$$x > -4$$

On change de sens, car on divise par −2.

$x > 3$

$x \leqslant 1$

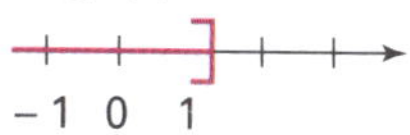

$x > 1$

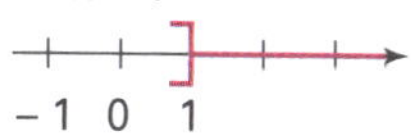

(I) : $-4x + 5 < 3x - 1$

Le nombre 2 est solution de (I).

En effet,

$$\left.\begin{array}{l} -4 \times 2 + 5 = -8 + 5 = -3 \\ 3 \times 2 - 1 = 6 - 1 = 5 \end{array}\right\} -3 < 5$$

2 Organisation et gestion de données, fonctions

Notion de fonction

Exemples

- **Définition**

Une fonction f est un procédé qui, à chaque valeur de x, associie un unique nombre noté $f(x)$.
On note $x \mapsto f(x)$.
On lit : f est la fonction qui à x associe $f(x)$.

fonction f
$x \longmapsto f(x)$
image de x par f

Il y a trois façons différentes de définir une fonction :

- **avec un graphique**

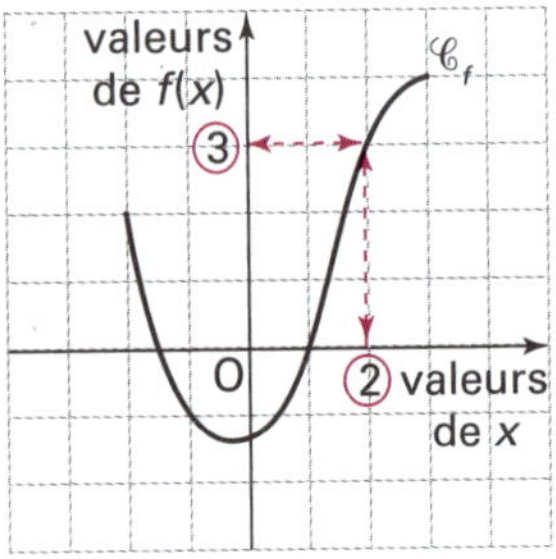

L'image de 2 par la fonction f est 3.

Un antécédent de 3 par la fonction f est 2.

- **avec un tableau de valeurs**

x	0	**1**	2	3	4
$g(x)$	–3	**0**	4	1	0

L'image de 1 par la fonction g est 0.

Un antécédent de 0 par la fonction g est 1.

- **avec une formule**

$$h(x) = 3x^2 + 1$$

$h(2) = 3 \times 2^2 + 1$
$= 3 \times 4 + 1$
$= 12 + 1$
$= 13$

L'image de 2 par la fonction h est 13.
Un antécédent de 13 par la fonction h est 2.

Fonctions linéaires

• Fonction linéaire

Une fonction linéaire est une fonction qui à un nombre x associe le nombre $a \times x$ (soit ax).
On écrit $x \mapsto ax$.
Toute fonction f qui s'écrit sous la forme $f(x) = ax$ est une fonction linéaire.

Exemples

La fonction $x \mapsto 3x$ est la fonction linéaire de coefficient 3.

• Proportionnalité

Un tableau est dit de proportionnalité lorsque l'on passe d'une ligne à l'autre en multipliant par le même nombre.

À toute situation de proportionnalité, on peut associer une fonction linéaire.

1	3	8
0,5	1,5	4

×0,5 coefficient de proportionnalité

• Représentation graphique

Dans tous les cas, une fonction linéaire se représente par une droite qui passe par l'origine du repère.

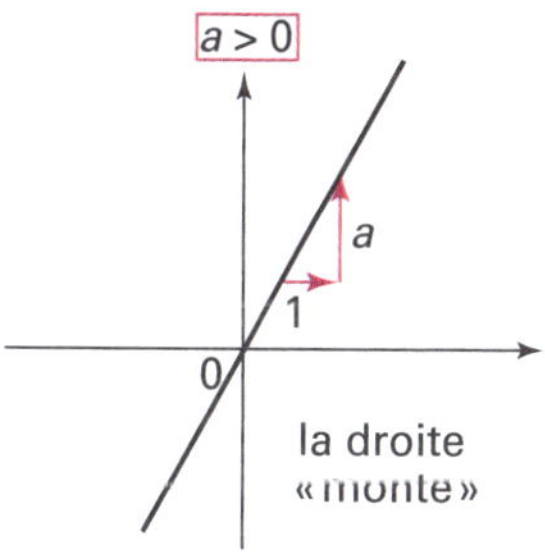

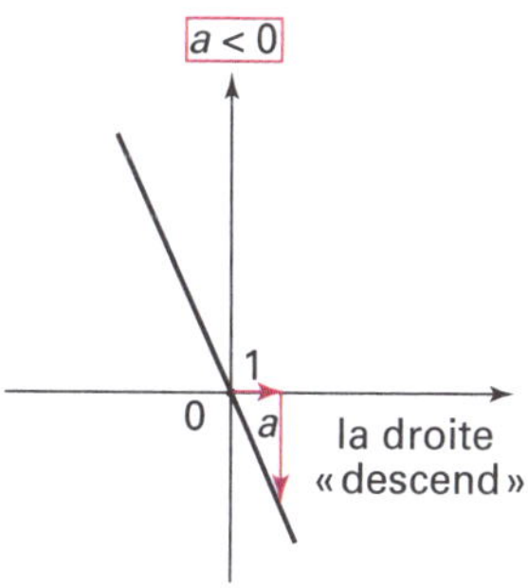

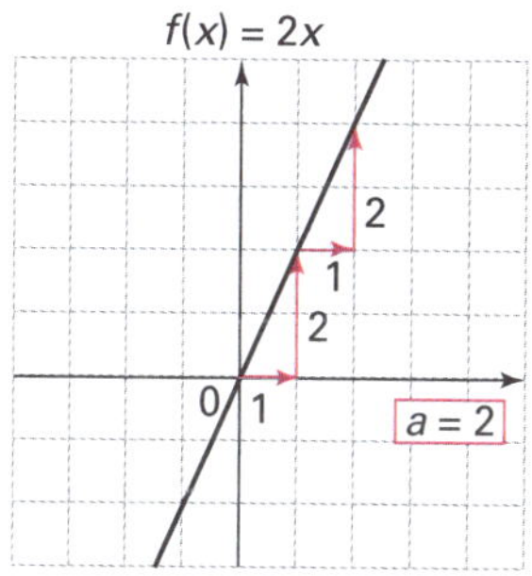

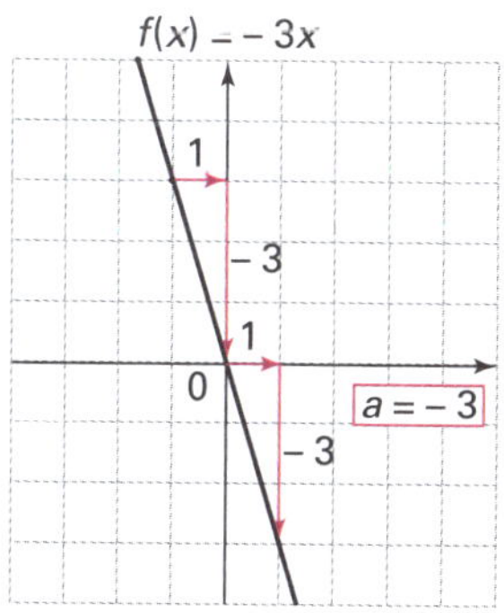

Fonctions affines

• Fonction affine

Une fonction affine est une fonction qui à un nombre x associe le nombre $ax + b$ avec a et b donnés.
On écrit $x \mapsto ax + b$.
Toute fonction f qui s'écrit sous la forme $f(x) = ax + b$ est une fonction affine.

Exemples

La fonction $x \mapsto -2x + 3$ est une fonction affine avec :

$$a = -2 \text{ et } b = 3$$

• Proportionnalité des accroissements

Les accroissements de x et de $f(x)$ sont proportionnels.
Cela signifie que :

$$f(x_2) - f(x_1) = a(x_2 - x_1)$$

$$\text{ou } a = \frac{f(x_2) - f(x_1)}{x_2 - x_1}$$

Soit f une fonction affine telle que $f(1) = 2$ et $f(3) = 5$.

$$a = \frac{f(3) - f(1)}{3 - 1}$$

$$a = \frac{5 - 2}{2}$$

$$a = \frac{3}{2}$$

• Représentation graphique

Dans tous les cas, une fonction affine se représente par une droite.

- Le nombre a « mesure » l'inclinaison de la droite par rapport à l'axe des abscisses (horizontal).
  On parle de coefficient directeur de la droite.

- Le nombre b est l'ordonnée à l'origine de la droite : c'est l'« endroit » où la droite coupe l'axe des ordonnées (vertical).

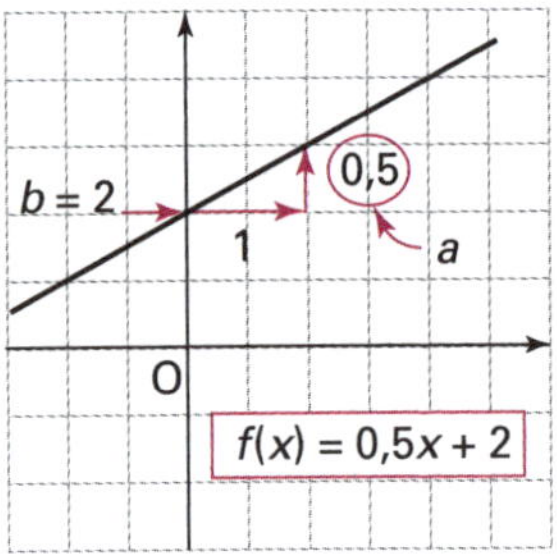

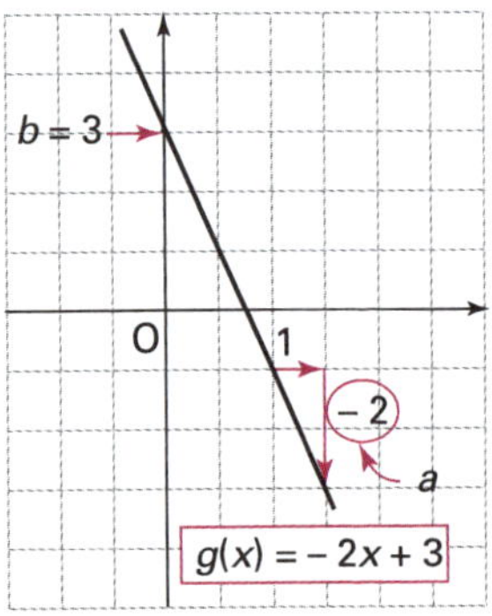

Pourcentages

Exemples

- **Appliquer un pourcentage**

Prendre $t\,\%$ d'une quantité revient à la multiplier par $\dfrac{t}{100}$.

Exemple : $5\,\%$ de $30 = \dfrac{5}{100} \times 30 = 1{,}5$

- **Calculer une part en pourcentage**

Une partie A d'un ensemble E représente $t\,\%$ de E lorsque :

$$\frac{\text{Nombre d'éléments de A}}{\text{Nombre d'éléments de E}} = \frac{t}{100}$$

Exemple : Dans une classe de 30 élèves, il y a 9 filles.

$$\frac{9}{30} = 0{,}3 = \frac{30}{100} = 30\,\%$$

Les filles représentent $30\,\%$ de l'effectif de la classe.

- **Augmenter en pourcentage**

Augmenter une quantité de $t\,\%$ revient à la multiplier par $\left(1 + \dfrac{t}{100}\right)$.

Exemple : Augmenter de 17 %, c'est multiplier par $1 + \dfrac{17}{100} = 1{,}17$.

- **Diminuer en pourcentage**

Diminuer une quantité de $t\,\%$ revient à la multiplier par $\left(1 - \dfrac{t}{100}\right)$.

Exemple : Diminuer de 15 %, c'est multiplier par $1 - \dfrac{15}{100} = 0{,}85$.

Représentations graphiques

Exemples

- **Diagramme circulaire ou « camembert »**

Chaque angle est proportionnel à l'effectif.

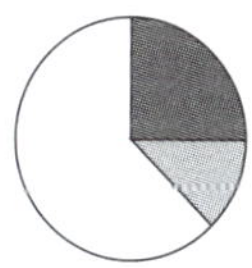

- **Diagramme en bâtons**

La hauteur des bâtons est proportionnelle à l'effectif.

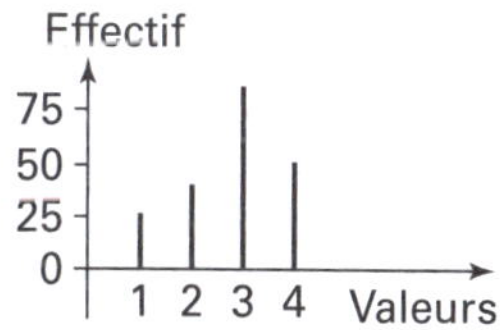

- **Histogramme**

L'aire des rectangles est proportionnelle à l'effectif.

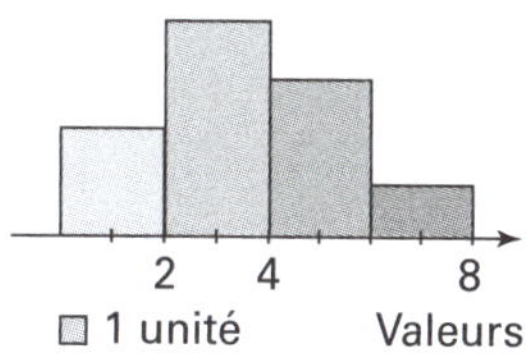

Indicateurs en statistiques

Exemples/Illustrations

• Fréquence

$$f = \frac{\text{Effectif}}{\text{Effectif total}} = \frac{n}{N}$$

Une fréquence est un nombre compris entre 0 et 1.

24 élèves sur un total de 32 pratiquent du sport.

La fréquence associée est $\frac{24}{32} = 0{,}75$.

• Moyenne

$$m = \frac{n_1x_1 + n_2x_2 + \ldots}{N}$$

x_1, x_2, ... : valeurs de la série
n_1, n_2, ... : effectifs associés
N : effectif total
($N = n_1 + n_2 + \ldots$).

x	0	1	2	3	4
Effectifs	4	5	8	7	3

$$m = \frac{4 \times 0 + 5 \times 1 + 8 \times 2 + 7 \times 3 + 3 \times 4}{4 + 5 + 8 + 7 + 3}$$

$m = 2$

Cas particulier : quand on travaille avec des intervalles (ou classes), on prend pour représentant le milieu de l'intervalle (centre de la classe).

Intervalle	[0 ; 5[	[5 ; 15[	[15 ; 25[
Effectifs	12	8	5

$$m = \frac{12 \times 2{,}5 + 8 \times 10 + 5 \times 20}{12 + 8 + 5}$$

$m = 8{,}4$

• Médiane

◗ Quand les termes de la série sont rangés par ordre croissant, c'est la valeur qui partage une série en deux groupes de même effectif.

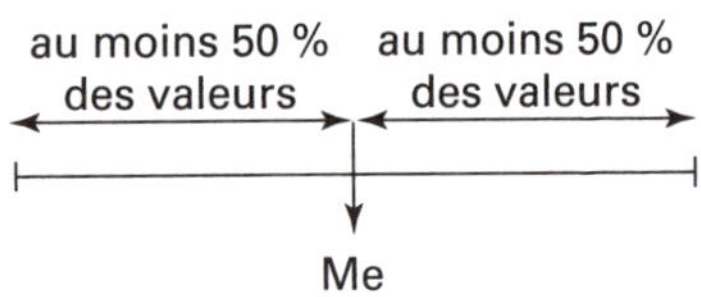

◗ Si la série compte un nombre pair de termes, Me est la demi-somme des deux termes « centraux ».

La série a un nombre pair de termes :

4 5 7 12

$$\text{Me} = \frac{5 + 7}{2} = 6$$

◗ Si la série compte un nombre impair de termes, Me est égale au terme « central ».

La série a un nombre impair de termes :

4 5 7 12 19

Me = 7

• Étendue

C'est la différence entre les valeurs extrêmes d'une série.

4 – 5 – 7 – 12 – 19

L'étendue vaut 19 – 4 = 15.

Probabilités

Exemples

• Issues – Événements

- Une expérience est dite aléatoire lorsque l'on ne peut pas prévoir de manière certaine quel résultat elle produira.

Lancer un dé à 6 faces est une expérience aléatoire.

- Les issues sont les résultats possibles de l'expérience.

Les issues sont : 1 ; 2 ; 3 ; 4 ; 5 ; 6.

- Un événement est constitué par des issues.

A : « obtenir un multiple de 3 » est un événement composé de deux issues, 3 et 6.

• Probabilité

- La probabilité d'une issue est un nombre compris entre 0 et 1.

Toutes les issues ont la même probabilité : $\frac{1}{6}$.

- La probabilité d'un événement est la somme des probabilités des issues qui le composent.

La probabilité de l'événement A est $p(\text{A}) = \frac{1}{6} + \frac{1}{6} = \frac{1}{3}$.

- Lorsque dans une expérience aléatoire, toutes les issues ont la même probabilité de se réaliser, on calcule la probabilité d'un événement par :

$$\frac{\text{nombre d'issues qui réalisent l'événement}}{\text{nombre total d'issues}}$$

ou

$$p(\text{A}) = \frac{\text{nombre d'issues qui réalisent A}}{\text{nombre total d'issues}}$$

$$p(\text{A}) = \frac{2}{6} = \frac{1}{3}.$$

• Événements incompatibles, événements contraires

- Deux événements sont incompatibles s'ils ne peuvent se réaliser en même temps.

Soit B l'événement « obtenir le chiffre 5 ».
Les événements A et B sont incompatibles.

- L'événement contraire de A est l'événement qui se réalise lorsque A ne se réalise pas.
On le note non A.
On a la relation :

$$p(\text{A}) + p(\text{non A}) = 1$$

L'événement contraire de A est l'événement constitué des quatre issues 1 ; 2 ; 4 ; 5.

$$p(\text{non A}) = 1 - p(\text{A}) = 1 - \frac{1}{3} = \frac{2}{3}$$

3 Grandeurs et mesures

Grandeurs composées

- **Vitesse**

$$\text{Vitesse} = \frac{\text{Distance}}{\text{Temps}} \quad \begin{array}{l}\to \text{en km}\\ \to \text{en h}\end{array}$$

Vitesse ↓ en km/h

Exemples

Un mobile évolue à la vitesse de 14 m/s (v en m/s) pendant 8 s (t en s).

De $v = \frac{d}{t}$, on déduit $d = v \times t$.

Il parcourt alors la distance d telle que : $d = 14 \times 8 = 112$ m.

- **Consommation d'électricité**

Consommation d'électricité = Puissance × Durée

Consommation d'électricité ↓ en kWh ; Puissance ↓ en kW ; Durée ↓ en h

Un aspirateur affiche une puissance P de 1 800 kW. On l'utilise 15 minutes ($t = 15 \text{ min} = \frac{15}{60}$ h $= 0{,}25$ h).

Il consomme la quantité d'énergie E telle que :

$E = P \times t = 1\,800 \times 0{,}25 = 450$ kWh.

- **Débit**

$$\text{Débit} = \frac{\text{Volume}}{\text{Durée}} \quad \begin{array}{l}\to \text{en m}^3\\ \to \text{en s}\end{array}$$

Débit ↓ m^3/s

Le débit D d'une fontaine est de 30 L/h. On veut remplir une bouteille de 2 L (vol en L).

De débit $= \frac{\text{vol}}{t}$, il vient $t = \frac{\text{vol}}{\text{débit}}$.

Le temps t de remplissage de la bouteille est :

$t = \frac{2}{30}$ h $= \frac{1}{15}$ h $= \frac{1}{15} \times 60$ min $= 4$ min.

- **Masse volumique**

$$\text{Masse volumique} = \frac{\text{Masse}}{\text{Volume}} \quad \begin{array}{l}\to \text{en kg}\\ \to \text{en m}^3\end{array}$$

Masse volumique ↓ kg/m^3

25 120 kg d'acier (m en kg) occupent un volume de 3,2 m^3 (V en m^3).

La masse volumique ρ de l'acier est :

$\rho = \frac{m}{V} = \frac{25\,120}{3{,}2} = 7\,850$ kg/m^3.

Tableaux d'unités

Exemples

- **Masse**

t tonne	q quintal		kg	hg	dag	g	dg	cg	mg

2570 kg = 2,5 t
39 g = 0,039 kg

- **Capacité**

	hL	daL	L	dL	cL	mL

15 cL = 0,15 L

- **Longueur**

km	hm	dam	m	dm	cm	mm

6,9 km = 6900 m
45 mm = 4,5 cm

- **Aire**

km^2	hm^2	dam^2	m^2	dm^2	cm^2	mm^2

5,7 km^2 = 5700000 m^2
0,89 m^2 = 8900 cm^2

- **Volume**

m^3	dm^3	cm^3	mm^3

1 m^3 = 1000000 cm^3
3700 cm^3 = 0,0037 m^3

- **Conversions L/m^3**

1 L = 1 dm^3
1000 L = 1 m^3

1,5 L = 1,5 dm^3 = 0,0015 m^3
18000 L = 18 × 1000 L = 18 m^3

- **Conversions de temps**

1 min = 60 s = $\frac{1}{60}$ h
1 h = 60 min = 3600 s

3 h 27 min 14 s = (3 × 60 + 27) min 14 s
= 207 min 14 s
= (207 × 60 + 14) s
= 12434 s

$$2 \text{ min } 7 \text{ s} = 2 \text{ min} + \frac{7}{60} \text{ min} = \frac{127}{60} \text{ min} = \left(\frac{127}{60}\right) \times \frac{1}{60} \text{ h} = \frac{127}{3600} \text{ h}$$

Périmètres et aires

Illustrations

• Disque

◗ Périmètre : $2\pi R$

◗ Aire : πR^2

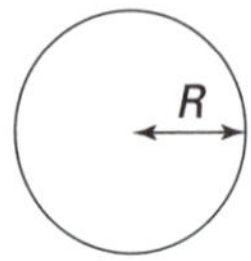

• Triangle

◗ Aire : $\dfrac{b \times h}{2}$

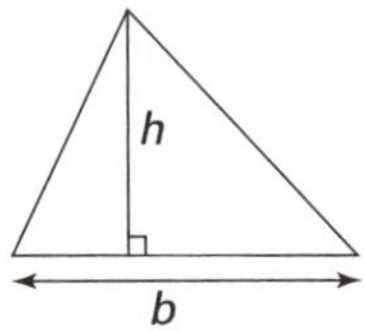

• Carré

◗ Périmètre : $4c$

◗ Aire : c^2

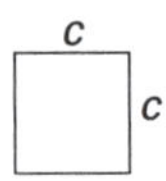

• Rectangle

◗ Périmètre : $2(L + \ell)$

◗ Aire : $L \times \ell$

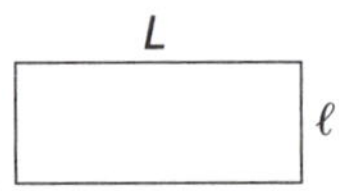

• Parallélogramme

◗ Aire : $b \times h$

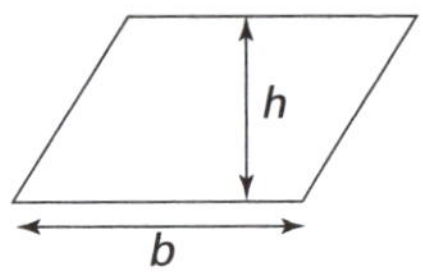

• Losange

◗ Aire : $\dfrac{D \times d}{2}$

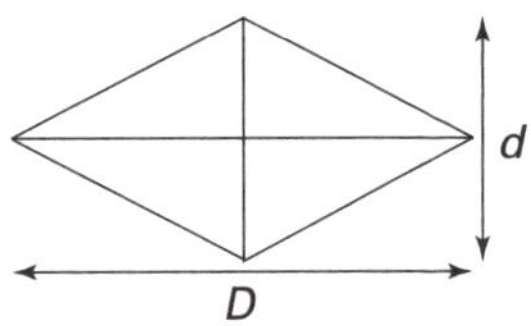

• Trapèze

◗ Aire : $\dfrac{(B + b) \times h}{2}$

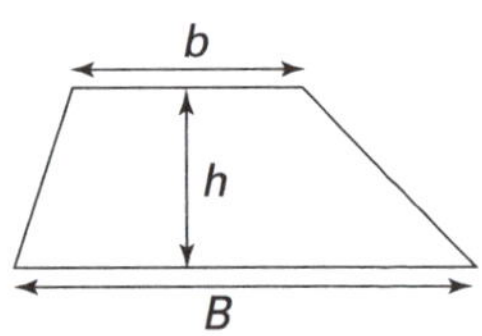

Volumes et aires latérales

Illustrations

• **Sphère boule**

▸ Aire : $4\pi R^2$

▸ Volume : $\frac{4}{3}\pi R^3$

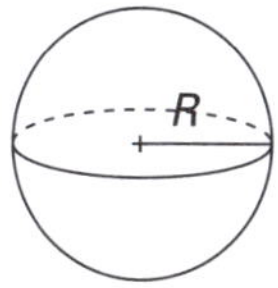

• **Cube**

▸ Aire : $6c^2$

▸ Volume : c^3

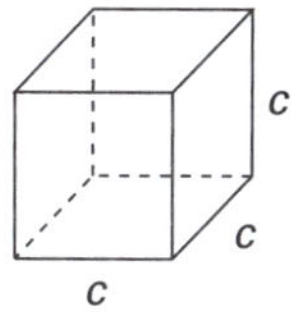

• **Pavé droit**

▸ Aire : $2(Lh + \ell h + L\ell)$

▸ Volume : $L \times \ell \times h$

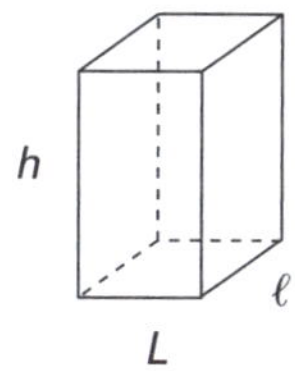

• **Pyramide**

▸ Volume : $\frac{1}{3}\mathcal{B} \times h$

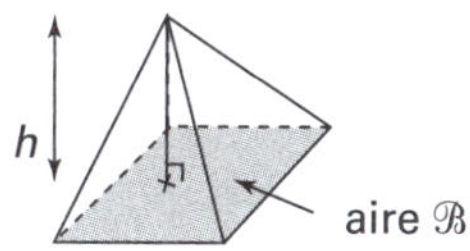

• **Cône de révolution**

▸ Volume : $\frac{1}{3}\pi R^2 h$

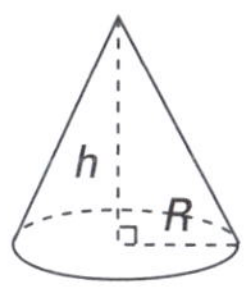

• **Cylindre de révolution**

▸ Aire : $2\pi Rh$

▸ Volume : $\pi R^2 h$

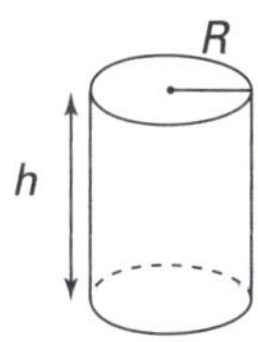

• **Prisme droit**

▸ Volume : $\mathcal{B} \times h$.

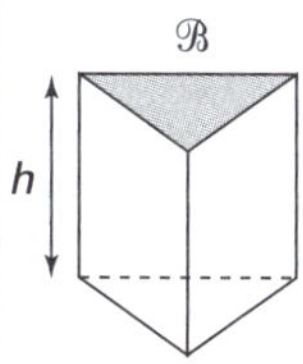

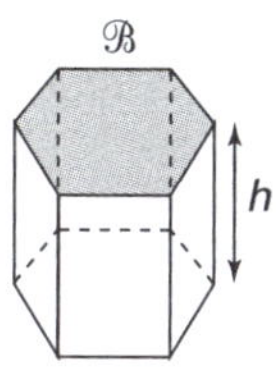

4 Espace et géométrie

Triangles particuliers

Illustrations

- **Triangle isocèle**
  - 2 côtés de même longueur.
  - 2 angles de même mesure.

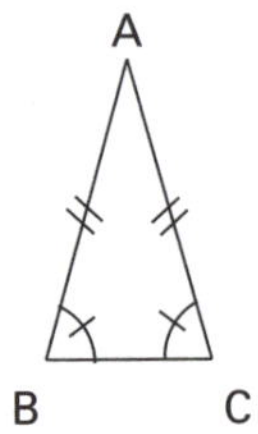

- **Triangle équilatéral**
  - 3 côtés de même longueur.
  - 3 angles de même mesure (60°).

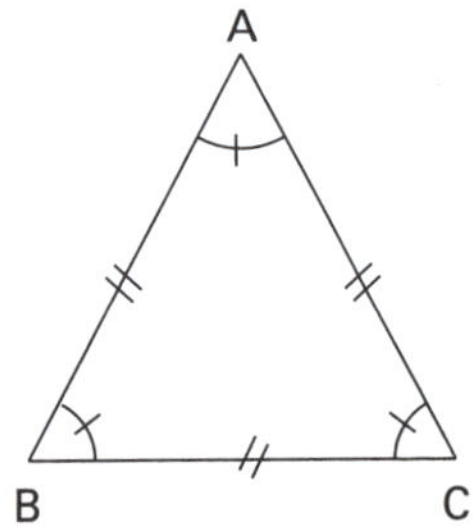

- **Triangle rectangle**
  - 1 angle droit.

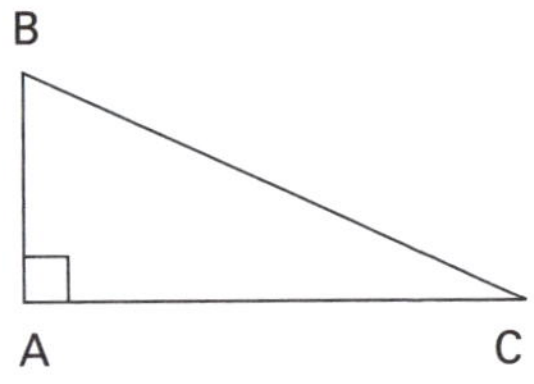

- **Triangle rectangle isocèle**
  - 1 angle droit.
  - 2 côtés de même longueur.
  - 2 angles de même mesure (45°).

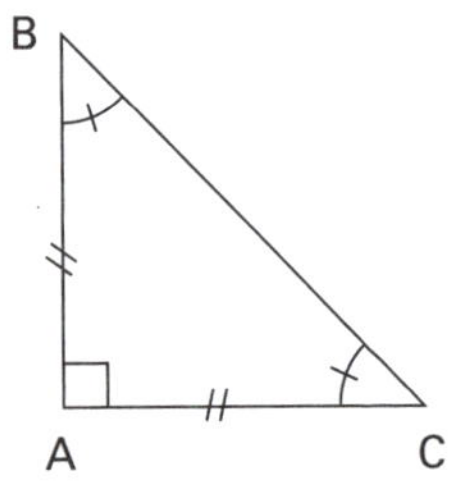

Quadrilatères particuliers

Illustrations

• Parallélogramme

- Les côtés opposés sont parallèles deux à deux.
- Les côtés opposés sont de même longueur deux à deux.
- Les diagonales se coupent en leur milieu.
- Les angles opposés sont de même mesure.
- Deux angles consécutifs sont supplémentaires.

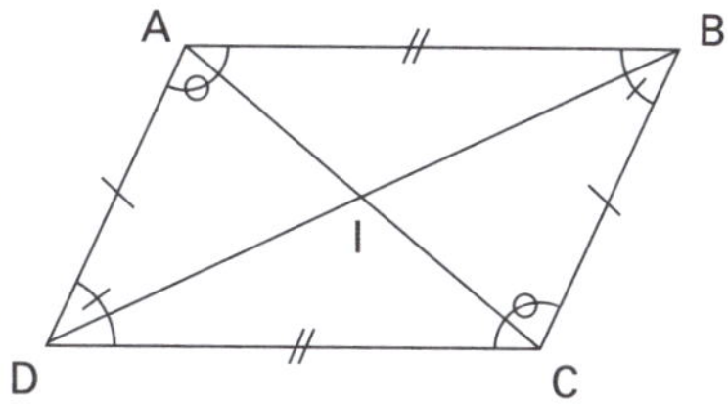

I milieu de [AC] et [BD]

• Rectangle

C'est un parallélogramme avec :

- 4 angles droits ;
- les diagonales de même longueur.

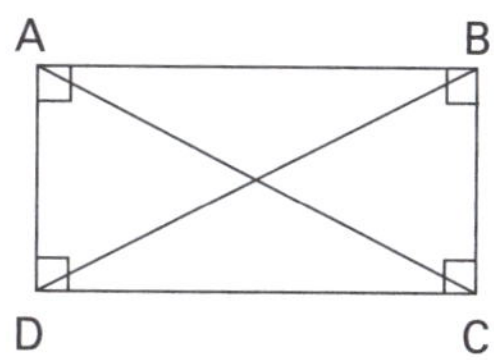

AC = BD

• Losange

C'est un parallélogramme avec :

- les diagonales perpendiculaires ;
- 4 côtés de même longueur.

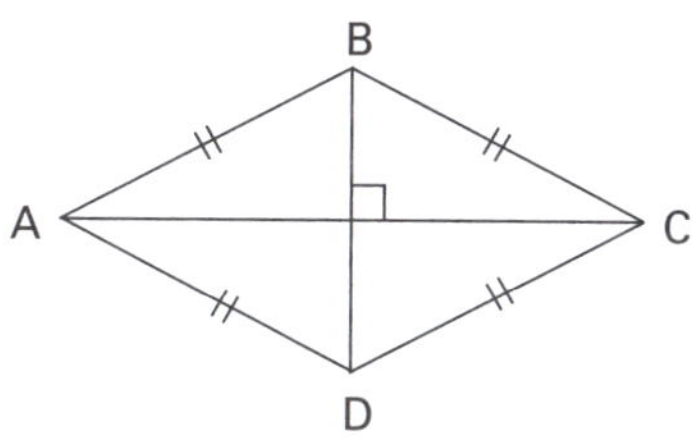

• Carré

C'est un losange et un rectangle.

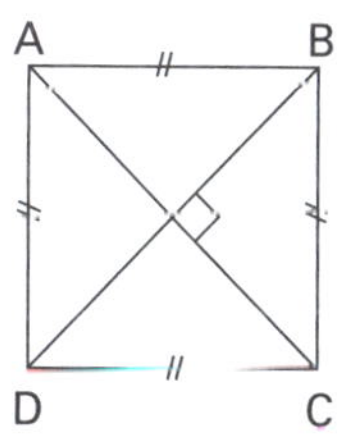

• Trapèze

2 côtés opposés parallèles.

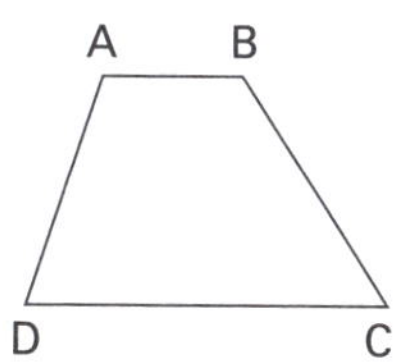

Angles : égalités caractéristiques

Illustrations

- **Angle aigu**
  Angle dont la mesure est comprise entre 0° et 90°.

- **Angle obtus**
  Angle dont la mesure est comprise entre 90° et 180°.

- **Angles opposés par le sommet**
  $\widehat{A} = \widehat{B}$

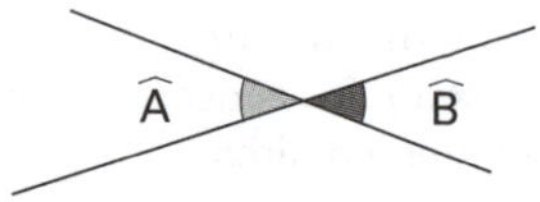

- **Angles supplémentaires**
  $\widehat{A} + \widehat{B} = 180°$

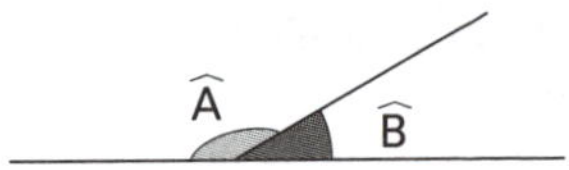

- **Angles complémentaires**
  $\widehat{A} + \widehat{B} = 90°$

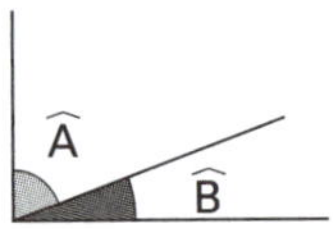

- **Angles alternes-internes**
  $\widehat{A} = \widehat{B}$
- **Angles alternes-externes**
  $\widehat{C} = \widehat{D}$

$\mathcal{D}$ et $\mathcal{D}'$ sont parallèles

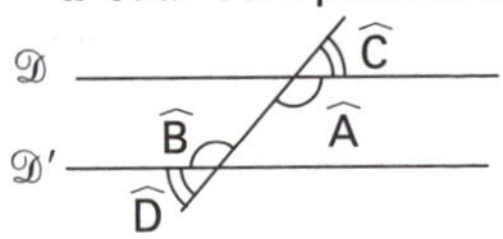

- **Angles correspondants**
  $\widehat{A} = \widehat{B}$

$\mathcal{D}$ et $\mathcal{D}'$ sont parallèles

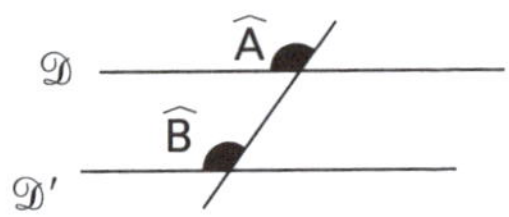

- **Angles dans un triangle**
  $\widehat{A} + \widehat{B} + \widehat{C} = 180°$

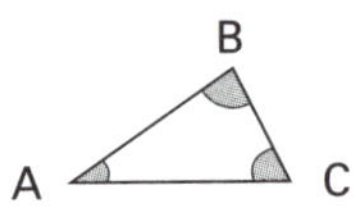

Théorèmes et propriétés

• Droites parallèles et perpendiculaires

▶ $\left.\begin{array}{l}\mathcal{D}_1 \,//\, \mathcal{D}\\ \mathcal{D}_2 \,//\, \mathcal{D}\end{array}\right\}$ alors $\mathcal{D}_1 \,//\, \mathcal{D}_2$

Deux droites parallèles à une même troisième droite sont parallèles entre elles.

▶ $\left.\begin{array}{l}\mathcal{D}_1 \perp \mathcal{D}\\ \mathcal{D}_2 \perp \mathcal{D}\end{array}\right\}$ alors $\mathcal{D}_1 \,//\, \mathcal{D}_2$

Deux droites perpendiculaires à une même droite sont parallèles entre elles.

▶ $\left.\begin{array}{l}\mathcal{D}_1 \,//\, \mathcal{D}_2\\ \mathcal{D} \perp \mathcal{D}_1\end{array}\right\}$ alors $\mathcal{D} \perp \mathcal{D}_2$

Lorsque deux droites sont parallèles, toute perpendiculaire à l'une est perpendiculaire à l'autre.

• Triangle et droite des milieux

▶ Si, dans un triangle, une droite passe par les milieux de deux côtés, alors elle est parallèle au troisième côté. De plus, le segment joignant les milieux des deux côtés mesure la moitié du troisième côté.

▶ Dans un triangle, si une droite passe par le milieu d'un côté et est parallèle à un deuxième côté, alors elle coupe le troisième côté en son milieu.

• Triangle et cercles

▶ Si un triangle est inscrit dans un cercle et a pour côté un diamètre, alors il est rectangle.

▶ Dans un triangle rectangle, le centre du cercle circonscrit est le milieu de l'hypoténuse.

Illustrations

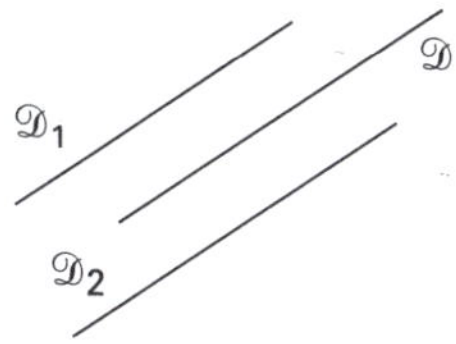

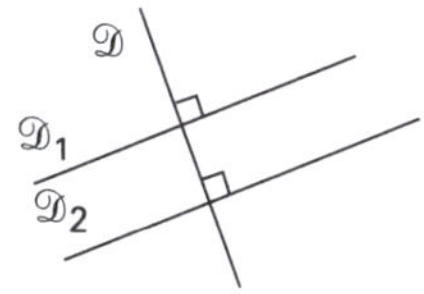

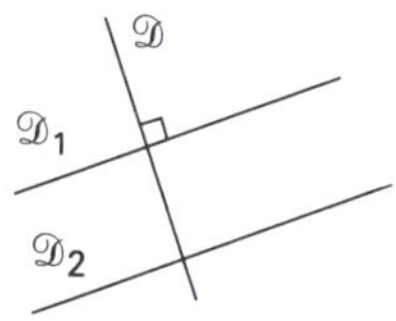

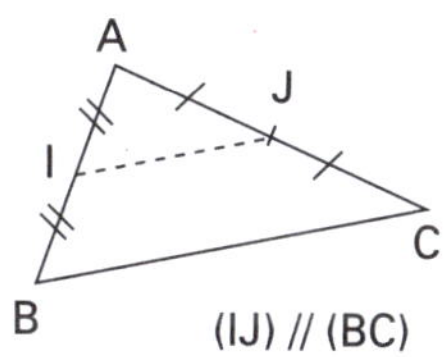

(IJ) // (BC)

$IJ = \frac{1}{2} BC$

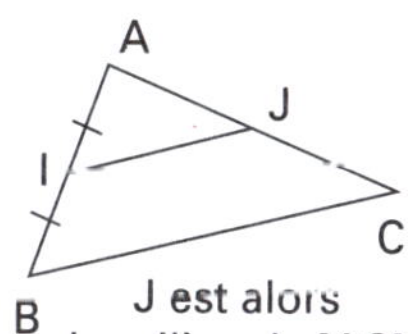

J est alors le milieu de [AC].

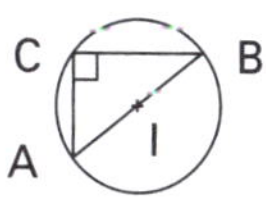

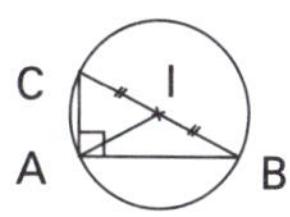

IA = IB = IC

Droites remarquables et triangles

Illustrations

• Médiatrice

Droite passant par le milieu d'un côté perpendiculairement à ce côté.

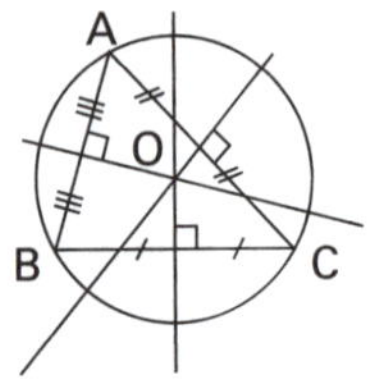

O : centre du cercle circonscrit au triangle ABC

Remarque : la médiatrice *d* du segment [AB] est l'ensemble des points équidistants de A et de B.

$M \in d$ si et seulement si $MA = MB$.

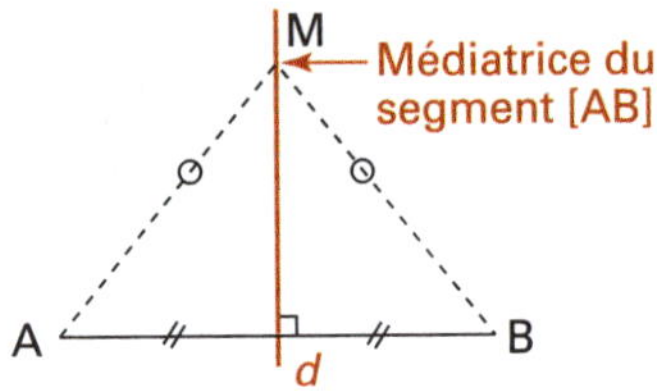

• Médiane

Droite passant par un sommet et par le milieu du côté opposé.

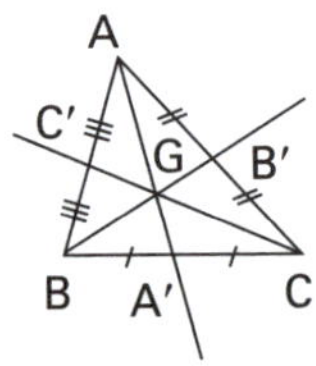

G : centre de gravité du triangle ABC

$$AG = \frac{2}{3} AA'$$

• Hauteur

Droite passant par un sommet perpendiculairement au côté opposé.

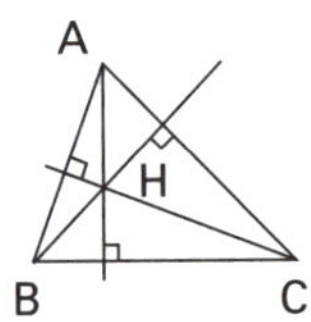

H : orthocentre du triangle ABC

• Bissectrice

Droite partageant un angle en deux angles de même mesure.

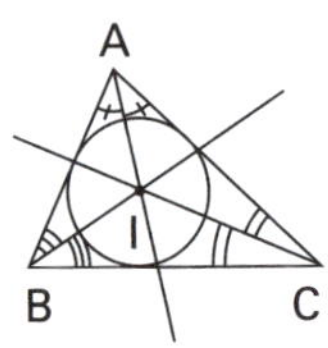

I : centre du cercle inscrit au triangle ABC

Les transformations du plan

Illustrations

• La symétrie axiale

Le symétrique d'un point A par rapport à une droite *d* est le point A′ tel que *d* soit la médiatrice du segment [AA′].

Sur la figure ci-contre, le triangle ABC a pour image le triangle A′B′C′ dans la symétrie d'axe *d*.

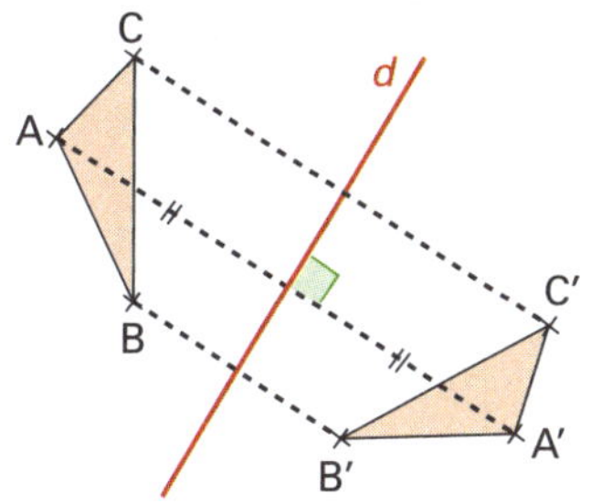

• La symétrie centrale

Le symétrique d'un point A par rapport à un point O est le point A′ tel que O soit le milieu du segment [AA′].

Sur la figure ci-contre, le triangle ABC a pour image le triangle A′B′C′ dans la symétrie de centre O.

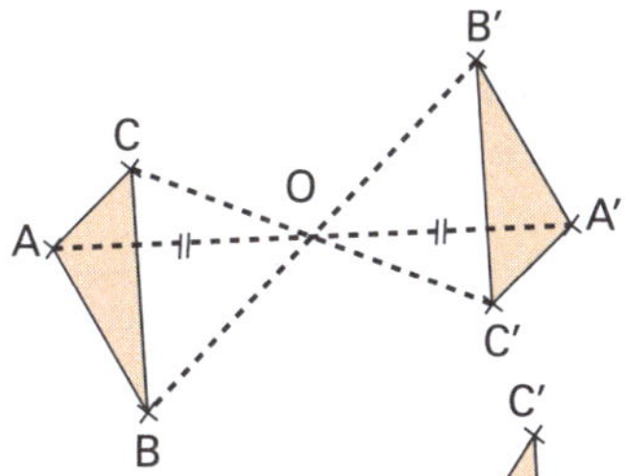

• La translation

L'image d'un point A par une translation est un point A′ obtenu par un déplacement (caractérisé par une direction, un sens et une longueur) du point A.

Sur la figure ci-contre, le triangle ABC a pour image A′B′C′ dans la translation qui transforme A en A′.

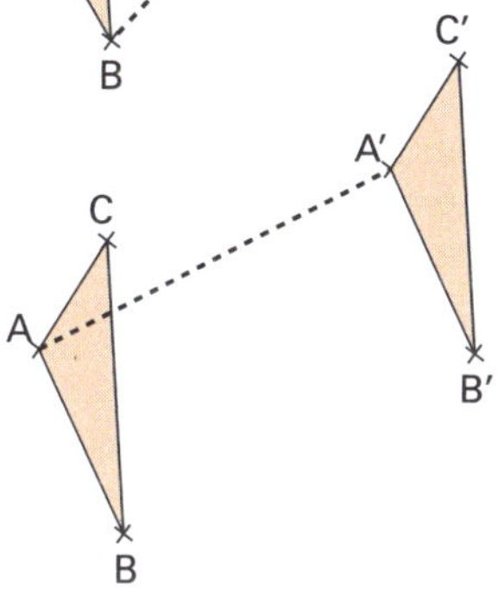

• La rotation

L'image d'un point A par la rotation de centre O et d'angle α est le point A′ tel que :

- OA = OA′.
- $\widehat{AOA'} = \alpha$.

Le sens de la rotation est le sens inverse des aiguilles d'une montre.

Sur la figure ci-contre, le triangle ABC a pour image le triangle A′B′C′ dans la rotation de centre O et d'angle $\alpha = 60°$.

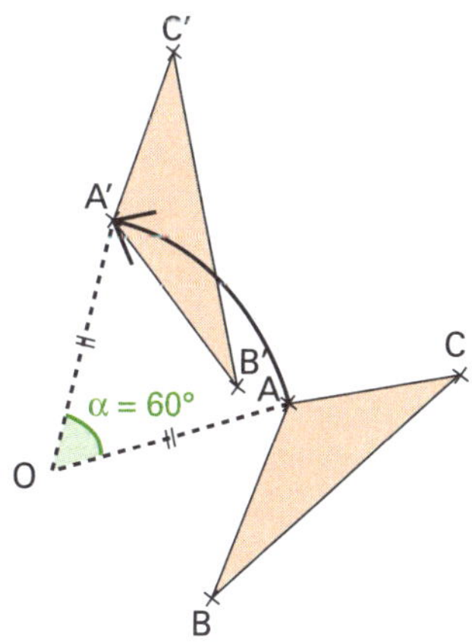

Les transformations du plan (suite)

• L'homothétie

L'image d'un point A par l'homothétie de centre O et de rapport $k \neq 0$ est le point A' tel que :

- $OA' = k \times OA$ si $k > 0$.
- $OA' = -k \times OA$ si $k < 0$.
- $A' \in [OA)$ si $k > 0$.
- $O \in [AA']$ si $k < 0$.

Sur les figures ci-contre, le triangle ABC a pour image le triangle A'B'C' dans l'homothétie de centre O et de rapport *k*.

- Si $k > 1$ ou $k < -1$, la figure image est un agrandissement de la figure de départ.
- Si $-1 < k < 0$ ou $0 < k < 1$, la figure image est une réduction de la figure de départ.

Illustrations

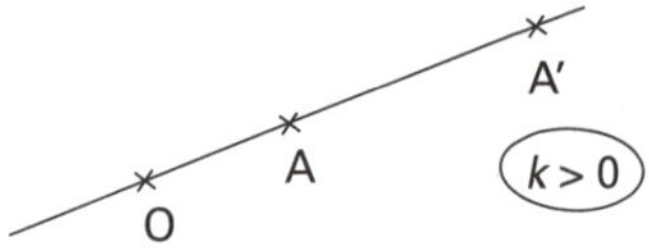

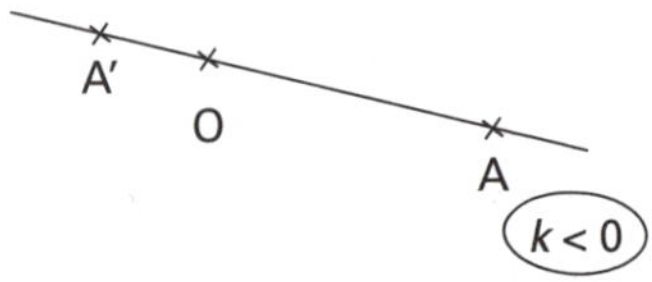

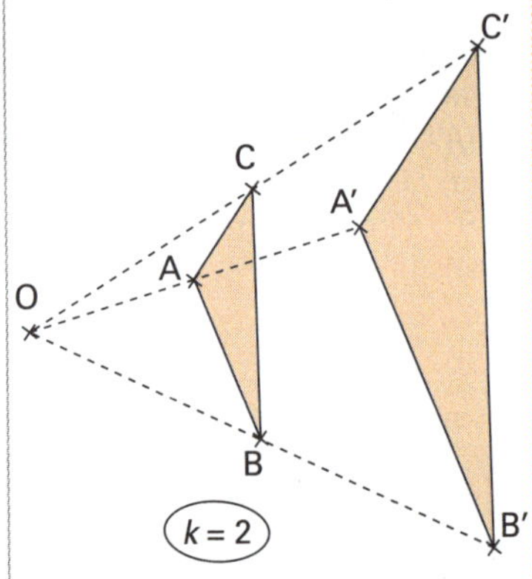

Le triangle A'B'C' est un agrandissement du triangle ABC de rapport 2.

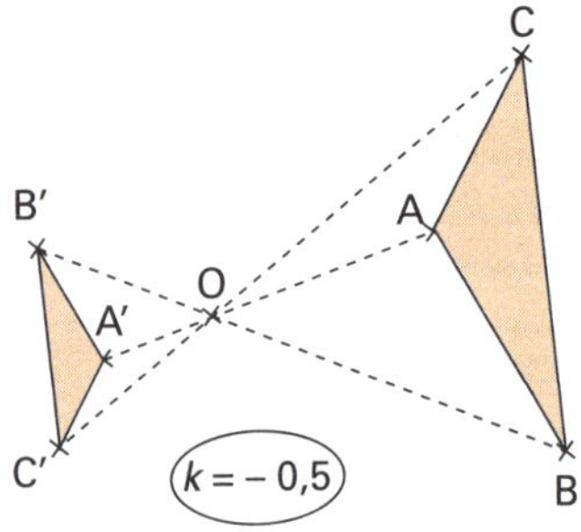

Le triangle A'B'C' est une réduction du triangle ABC de rapport 0,5.

Pythagore

• Théorème de Pythagore
Si le triangle ABC est rectangle en A, alors : $BC^2 = AB^2 + AC^2$.

Illustrations

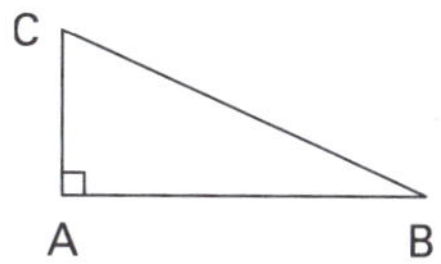

• Réciproque du théorème de Pythagore
Si dans un triangle (où [BC] est le plus grand côté), on a :

$$BC^2 = AB^2 + AC^2$$

alors le triangle ABC est rectangle en A.

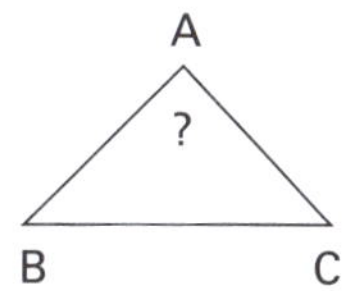

• Attention : si $BC^2 \neq AB^2 + AC^2$, alors le triangle ABC n'est pas rectangle (en A) d'après la contraposée du théorème de Pythagore.

Thalès

• Les configurations de Thalès

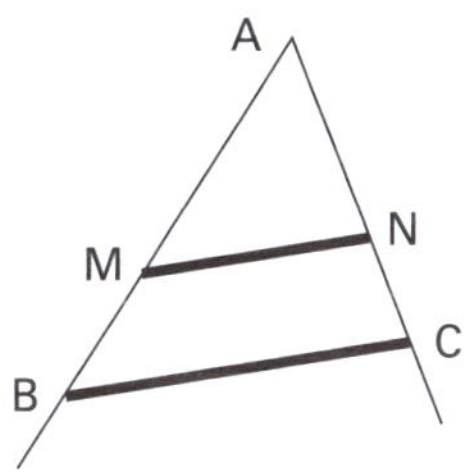

(MN) et (BC) sont parallèles

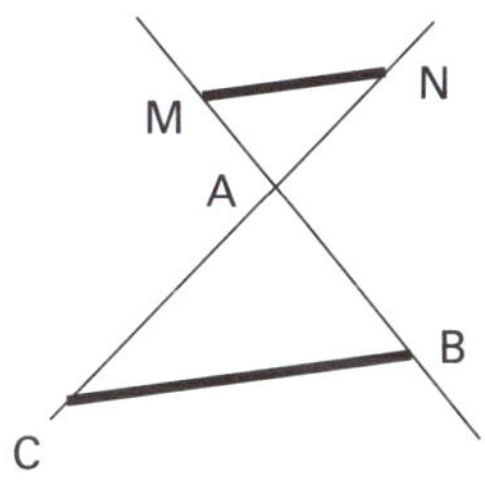

• Théorème de Thalès
Si (MN) et (BC) sont parallèles et si les triangles ABC et AMN sont en configuration de Thalès, alors $\frac{AM}{AB} = \frac{AN}{AC} = \frac{MN}{BC}$.

• Réciproque du théorème de Thalès
Si les points A, M et B d'une part, A, N et C d'autre part sont alignés dans le même ordre et si $\frac{AM}{AB} = \frac{AN}{AC}$, alors les droites (MN) et (BC) sont parallèles.

• Attention : si $\frac{AM}{AB} \neq \frac{AN}{AC}$, alors les droites (MN) et (BC) ne sont pas parallèles d'après la contraposée du théorème de Thalès.

Agrandissement – Réduction

• **Définition**

Dans un agrandissement ou une réduction de rapport k ($k > 0$), les longueurs sont multipliées par k.
k est le coefficient d'agrandissement ou de réduction.
Pour un agrandissement : $k > 1$.
Pour une réduction : $k < 1$.

• **Propriétés**

Dans un agrandissement ou une réduction de rapport k, les aires sont multipliées par k^2 et les volumes sont multipliés par k^3.

Illustration

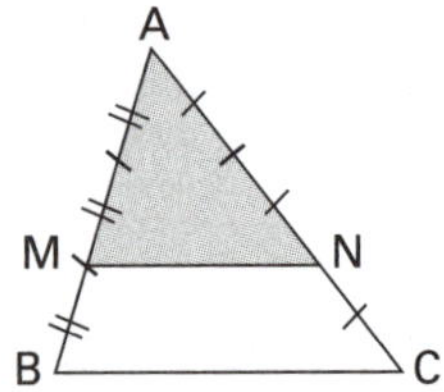

Le triangle AMN est une réduction du triangle ABC de rapport

$$k = \frac{AM}{AB} = \frac{2}{3}.$$

Le triangle ABC est un agrandissement du triangle AMN de rapport

$$k = \frac{AB}{AM} = \frac{3}{2} = 1{,}5.$$

$$\mathcal{A}_{AMN} = \left(\frac{2}{3}\right)^2 \times \mathcal{A}_{ABC}$$

Trigonométrie

• **Dans un triangle ABC rectangle en A**

$$\cos \widehat{B} = \frac{\text{Côté adjacent à } \widehat{B}}{\text{Hypoténuse}} = \frac{AB}{BC}$$

$$\sin \widehat{B} = \frac{\text{Côté opposé à } \widehat{B}}{\text{Hypoténuse}} = \frac{AC}{BC}$$

$$\tan \widehat{B} = \frac{\text{Côté opposé à } \widehat{B}}{\text{Côté adjacent à } \widehat{B}} = \frac{AC}{AB}$$

Illustration

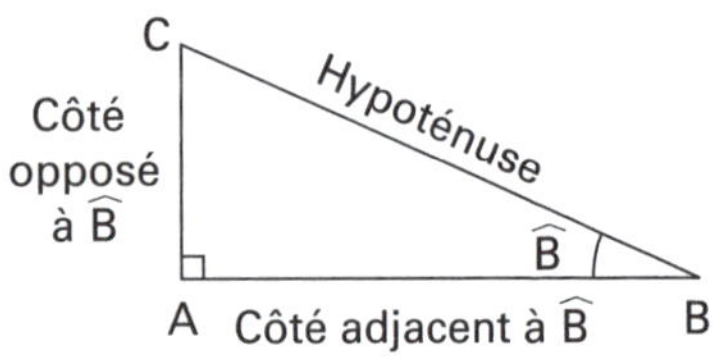

Sections planes

Illustrations

- **d'un parallélépipède rectangle**

◗ par un plan parallèle à une face est un rectangle de même dimension que la face.

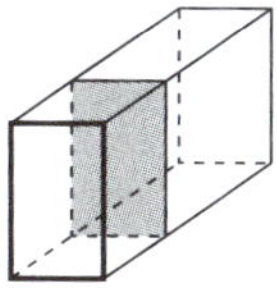

◗ par un plan parallèle à une arête est un rectangle dont l'un des côtés a la longueur de l'arête.

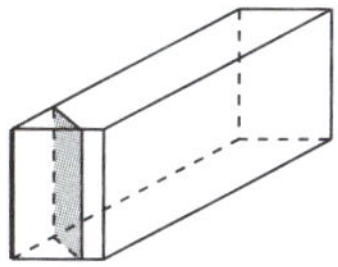

- **d'un cylindre de révolution**

◗ par un plan parallèle à sa base (et donc perpendiculaire à son axe) est un cercle de même rayon que le cercle de base.

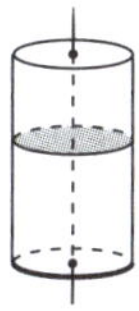

◗ par un plan parallèle à son axe est un rectangle dont l'un des côtés a pour longueur la hauteur du cylindre.

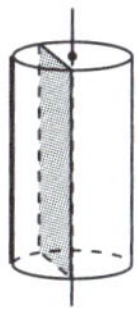

- **d'un cône de révolution**

par un plan parallèle à sa base (et donc perpendiculaire à son axe) est un cercle. Ce cercle est une réduction de celui de la base.

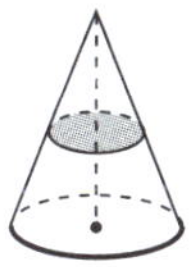

- **d'une pyramide**

par un plan parallèle à sa base est un polygone de même forme que le polygone de base (c'en est une réduction).

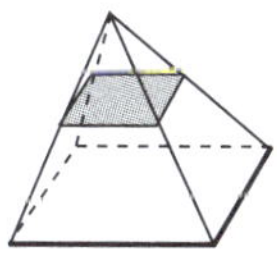

- **d'une sphère**

◗ Si OH < *R*,
la section de la sphère par le plan perpendiculaire à (OH) passant par H est un cercle.

◗ Si OH = *R*,
la plan et la sphère sont tangents. Ils ont un seul point commun, H.

◗ Si OH > *R*,
le plan et la sphère n'ont aucun point commun.

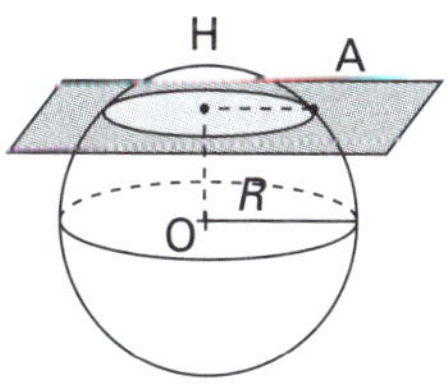

5 Algorithmes et programmation

	Illustrations
Algorithme Un algorithme est une suite finie d'instructions, à appliquer dans un ordre déterminé, qui permet d'obtenir un résultat.	Une recette de cuisine est un algorithme.
Variable Une variable est désignée par un nom. Elle peut prendre différentes valeurs (un nombre, une liste de nombres, un mot...) et évoluer au cours des instructions.	**Avec Scratch** On crée les variables à partir du menu Données
Boucles Une boucle permet de répéter un certain nombre de fois une même séquence d'instructions.	Boucle « répéter *n* fois ». 
Instructions conditionnelles Pour que des instructions ne soient effectuées que sous certaines conditions, on utilise les instructions conditionnelles.	Instruction « Si... Alors... » ou « Si... Alors... Sinon ». 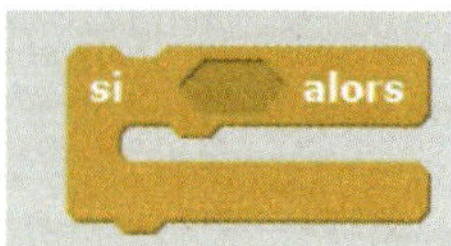 Instruction « Répéter jusqu'à... ». 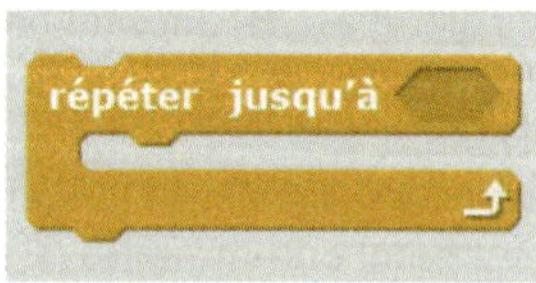

6 Les natures grammaticales des mots

Les natures	Exemples
Variables	
Les noms • communs • propres	 → *voyage, parfum, ciel…* → *Saint-Exupéry, Chili…*
Les adjectifs • qualificatifs • de couleur • participe passé employé comme adjectif • adjectif verbal	 → *une très **longue** promenade* → *un pantalon **jaune citron*** → *des enfants **endormis*** → *des épreuves **fatigantes***
Les verbes	→ *sourire, surgir, aimer…*
Les pronoms (variables) • personnels • possessifs • démonstratifs • interrogatifs • relatifs • indéfinis	 → *je, tu, il…, me, se…* → *le mien, le tien, le sien…* → *celui-ci, celle-là…* → *qui, quoi, que, lequel (et ses variantes)… ?* → *qui, que, quoi, dont, où, lequel (et ses variantes)…* → *plusieurs, quelqu'un, chacun…*
Les déterminants (variables) • définis • indéfinis • partitifs • possessifs • démonstratifs • interrogatifs • exclamatifs • numéraux	 → *le, la, les* → *un, une, des* → *du, de la, des* → *mon, ma, mes, nos, leur…* → *ce, cet, cette, ces* → *quel, quelle, quels, quelles… ?* → *quel, quelle, quels, quelles… !* → *un, deux, premier, deuxième…*
Invariables	
Les prépositions	→ *à, dans, par, pour, en, vers, avec, de, sans, sous, chez…*
Les adverbes • de manière • interrogatifs • exclamatifs	 → *mal, bien, gentiment, trop, peu…* → *où, comment, pourquoi, quand… ?* → *comme !*
Les interjections (invariables)	→ *ah ! beurk ! aïe !…*
Les conjonctions de coordination	→ *mais, ou, et, donc, or, ni, car*
Les conjonctions de subordination	→ *que, quand, puisque, parce que, alors que, tandis que, dès que, si…*

Fiches de Révisions

7 Les fonctions des mots

Fonctions	Exemples
Par rapport au verbe	
• Sujet	→ ***L'opéra*** *commence.*
• Attribut du sujet	→ *Carmen paraît* ***bouleversée****.* (sujet : Carmen)
• Attribut du COD	→ *Le public croit Carmen* ***heureuse****.* (COD : Carmen)
• Complément d'objet direct (COD)	→ *Carmen fredonne* ***un air gai****.*
• Complément d'objet indirect (COI)	→ *Carmen s'inspire* ***de son enfance****.*
• Complément d'objet second (COS)	→ *Carmen offre un collier* ***à son amie****.* (1er complément : un collier)
• Complément d'agent	→ *Le collier a été offert* ***par Carmen****.*
Par rapport au nom	
• Apposition	→ *Carmen,* ***chanteuse renommée****, entre en scène.*
• Épithète liée	→ *Rodolphe contemple sa robe* ***rouge****.*
• Épithète détachée	→ ***Content****, Rodolphe sourit.*
• Complément du nom	→ *Rodolphe répète la chanson* ***de*** ***Carmen****.* (nom : la chanson)
Autour de la phrase	
Complément circonstanciel	
• de temps	→ ***Demain****, il traversera les océans.*
• de lieu	→ *Elle le rejoindra* ***en Provence****.*
• de manière	→ *Ils s'embrasseront* ***avec tendresse****.*
• de moyen	→ *Il parcourront la région* ***à bicyclette****.*

8 L'accord du participe passé

Sans auxiliaire

Il s'accorde en genre et en nombre avec le mot auquel il se rapporte.
→ *La confiance établi**e**, nous pouvons poursuivre.*

Avec l'auxiliaire « avoir »

- **Il s'accorde en genre et en nombre avec le COD** seulement si le COD est placé avant le verbe conjugué. → *Les paroles que tu as prononc**ées** m'ont attendri**(e)**.*
- S'il est suivi d'un verbe à l'infinitif, **il ne s'accorde que si le COD, placé avant, accomplit l'action exprimée par le verbe à l'infinitif**. → *La petite fille que j'ai vu**e** pleurer s'était écorché le genou.* [C'est la fillette qui pleure.]
- Le participe passé des verbes « faire » et « laisser », suivi d'un verbe à l'infinitif, **ne s'accorde pas**. → *Les propos que j'ai laiss**é** dire étaient médisants. / Les pois que j'ai fai**t** écosser étaient savoureux.*

Avec l'auxiliaire « être »

- Le participe passé **s'accorde en genre et en nombre avec le sujet du verbe conjugué**. → *Ils sont parvenu**s** à un accord.*
- Le participe passé des **verbes essentiellement pronominaux** (→ *Elles se sont tues.*) et des **verbes pronominaux de sens passif** (→ *La maison s'est construite bien vite !* [la maison est construite par quelqu'un]) s'accorde aussi avec le sujet du verbe conjugué.
- En revanche, le participe passé des verbes **pronominaux de sens réfléchi** (le sujet agit sur lui-même) et **de sens réciproque** (plusieurs sujets interagissent les uns sur les autres) **s'accorde avec le COD quand ce dernier est placé avant le verbe conjugué**.

– Verbe pronominal de sens réfléchi → *Elle s'est longuement interrog**ée**.* [« s' », qui reprend « elle » est COD ; le participe passé s'accorde donc au féminin singulier.] / *Elle s'est foulé la cheville.* [le COD « la cheville » est placé après le verbe ; le participe passé ne s'accorde pas.]

– Verbe pronominal de sens réciproque → *Les outils qu'ils se sont prêté**s** traînent dehors.* [le participe passé s'accorde avec le COD « qu' » représentant « les outils », masculin pluriel] / *Nous nous sommes parlé.* [le participe passé ne s'accorde pas, car « nous » est COI, le verbe « parler » se construisant avec la préposition « à ».]

Les verbes impersonnels ou employés à la forme impersonnelle

Le participe passé **reste invariable** quel que soit l'auxiliaire employé. → *La chaleur qu'il a fait était agréable. / Il est pass**é** beaucoup de mésanges. / La persévérance qu'il a manqu**é** aux élèves leur a été néfaste.*

9 Les propositions

Une proposition = un sujet + un verbe + un (ou des) compléments s'ils sont exprimés

Il existe autant de propositions dans une phrase que de verbes conjugués.

→ *L'ombre des arbres protégeait le voyageur du soleil ardent.*
Sujet Verbe Compléments
La phrase est constituée d'une seule proposition.

→ *[Le voyageur s'avança], [retira son chapeau] et [s'assoupit sous l'ombre bienfaitrice.]*
La phrase est constituée de trois propositions.

Les propositions coordonnées

Elles sont indépendantes et sont **reliées entre elles par des conjonctions de coordination** (mais, ou, et, donc, or, ni, car) **ou des adverbes de liaison** (ensuite, en effet, cependant, etc.).
→ *Il faudra être patient,* ***car*** *la file d'attente est longue.*
1re prop. indépendante 2e prop. indépendante

Les propositions juxtaposées

Elles sont indépendantes et sont **séparées par un signe de ponctuation** (une virgule, deux points, un point-virgule).
→ *La panthère attendait patiemment ; sa proie ne tarderait pas à apparaître.*
1re prop. indépendante 2e prop. indépendante

Les propositions subordonnées

La proposition subordonnée dépend de la principale qui, elle, est indépendante.

Les propositions subordonnées relatives

- Elles sont introduites par « qui », « que », « quoi », « dont », « où », « lequel » et ses dérivés.

• Elles complètent un nom et leur fonction est **complément de l'antécédent.**
→ *J'admire les fleurs que tu m'as offertes.*
prop. principale — prop. subordonnée relative complément de l'antécédent « fleurs »

Les propositions subordonnées complétives

• Elles peuvent être des :
– **interrogatives indirectes,** introduites par « si », « comment », « combien », etc. → *Je me demande **si** tu y parviendras.*
– **infinitives,** dont le noyau est un verbe à l'infinitif qui possède son sujet propre → *Je regarde **les enfants** jouer.*
– **conjonctives,** introduites par « que » → *Je pense **que** la situation pourra s'améliorer.*
• **Elles sont le plus souvent COD** du verbe de la proposition principale.

Les propositions subordonnées circonstancielles

• Ce sont des **propositions conjonctives** qui sont introduites par des conjonctions de subordination (parce que, lorsque, pendant que, pour que, quand, si, etc.).
• **Toutes les propositions subordonnées circonstancielles ont pour fonction complément circonstanciel** (de cause, de but...) du verbe de la proposition principale.
• Les propositions subordonnées circonstancielles peuvent être de :
– **temps** → *Tu consultes Internet pendant que je lis.*
– **cause** → *Il conteste parce qu'il est en colère.*
– **conséquence** → *Il accentue ses efforts si bien qu'il finit premier.*
– **comparaison** → *Elle parvient à le convaincre ainsi qu'elle l'a toujours fait.*
– **but** → *Il lui écrit tous les jours pour qu'elle ne l'oublie pas.*
– **concession** → *Nous acceptons ces conditions bien qu'elles ne soient pas à notre avantage.*
– **opposition** → *Elle est téméraire tandis que son amie est timorée.*
– **condition** → *Si tu tardes à partir, tu risques de manquer ton train.*
• Les propositions subordonnées circonstancielles peuvent être aussi des **propositions participiales.** Dans ce cas, le noyau est un participe passé ou un participe présent. → *Ayant déjoué les plans de son adversaire, il a pu envisager la victoire.*

10 Les modes

Il existe **4 modes personnels** (lorsque les verbes se conjuguent) et **3 modes impersonnels** (lorsque les verbes ne se conjuguent pas).

Modes personnels

L'indicatif

L'indicatif permet d'**inscrire les faits dans la réalité** et de les situer dans le temps. Il exprime **la certitude**. *ex. : Ariane **chante**.*

L'impératif

Il permet de **formuler un ordre, une interdiction** (à la forme négative), **un conseil.** Il ne se conjugue qu'à la première personne du pluriel et à la deuxième personne du singulier et du pluriel, non exprimées. *ex. : **Range** ta chambre !*

Le subjonctif

Il exprime **l'incertitude**, la **volonté**, le **désir**, **l'ordre**, le **souhait**, la **supposition** ou la **crainte**. Il est toujours précédé de « que ». *ex. : Pourvu que le professeur **soit** absent !*

Le conditionnel

Il exprime **l'hypothèse**, mais aussi **l'atténuation**, le **souhait**, le **regret** ou le **doute**. ex. : Si Clovis s'entraînait, il **gagnerait**.

Modes impersonnels

L'infinitif

Il permet de classer les verbes en trois groupes. Il peut exprimer un ordre ou une interdiction. *ex. : Ne pas **fumer**.*

Le participe

Il possède deux temps :

– le **présent**, (-ant) : invariable, remplace souvent une proposition subordonnée. *ex. : **Marchant** rapidement, il réussit à avoir son train.*

– le **passé**, s'accorde en genre et en nombre avec le nom, permet de former les temps composés. *ex. : Une fois **rangée**, la pièce semble plus grande.*

Le gérondif

En + participe présent : exprime une action qui se déroule en même temps qu'une autre. ex. : Il apprend ses leçons **en chantant**.

Crédits photos :

p. 136 : MAGNUM Photos / Raymond Depardon ; **p. 149** : DR / Galeria Nazionale d'Arte Moderna, Rome ; **p. 179** : DR ; **p. 188** : Aruku hito / L'homme qui marche » Jirô Taniguchi/PAPIER, 1992-2015 Avec l'accord de Furari Co., Ltd./Bureau des Copyrights Français, Tokyo. ; **p. 210** : CHRISTOPHE L COLLECTION ; **p. 221** : ROGER-VIOLLET / Lapi ; **p. 232** : CHRISTOPHE L COLLECTION ; **p. 242** : CHAPATTE, Le Temps (Suisse) 29 avril 2004 ; **p. 263** : BUREAU 233 / Stéphane Compoint ; **p. 275** : Fotofolia / aakutczenko ; **p. 282** : QUEHEN Pascal/Graphic Soul ; **p. 296** : AKG-Images / Erich Lessing, Otto Dix © Adagp, Paris 2016.

MIXTE
Papier issu de sources responsables
FSC® C022030

Nathan est un éditeur qui s'engage pour la préservation de son environnement et qui utilise du papier fabriqué à partir de bois provenant de forêts gérées de manière responsable.

Dépôt légal : août 2018 - N° de projet : 10244946
Imprimé en France par Maury-Imprimeur
45330 Malesherbes
N° d'imprimeur : 228473

IMPRIM'VERT
Votre imprimeur agit pour l'environnement